HISTORY OF MODERN EUROPE

THE AGE OF NATIONALISM AND REFORM

1850-1890

现代欧洲史

民族主义与改革的年代 1850—1890

05

[美] 诺曼 · 里奇◎著

王潇楠 王 珺◎译

Norman Rich

中信出版集团 · 北京

图书在版编目（CIP）数据

现代欧洲史．卷五，民族主义与改革的年代：1850-1890 /（美）里奇著；王潇楠，王珺译．-- 北京：中信出版社，2016.12（2018.6 重印）

书名原文：The Age of Nationalism and Reform 1850—1890

ISBN 978-7-5086-6573-3

Ⅰ．①现… Ⅱ．①里… ②王… ③王… Ⅲ．①欧洲－近代史②民族主义－历史－欧洲－1850-1890 ③体制改革－历史－欧洲－1850-1890 Ⅳ．① K504

中国版本图书馆 CIP 数据核字（2016）第 189820 号

现代欧洲史．卷五，民族主义与改革的年代：1850—1890

著　　者：[美] 诺曼·里奇
译　　者：王潇楠　王　珺
出版发行：中信出版集团股份有限公司
（北京市朝阳区惠新东街甲 4 号富盛大厦 2 座　邮编　100029）
承 印 者：北京通州皇家印刷厂

开　　本：787mm×1092mm　1/32　　印　　张：13　　字　　数：266 千字
版　　次：2016 年 12 月第 1 版　　印　　次：2018 年 6 月第 6 次印刷
广告经营许可证：京朝工商广字第 8087 号
书　　号：ISBN 978-7-5086-6573-3
定　　价：52.00 元

目 录

第三章　国家权力日益增长

第四章　“欧洲协调”的瓦解

第五章　1850—1870 年的民族革命

第六章　大英帝国与俄国的改革进程

第七章　新政府

第八章　寻求国际新稳定，1871—1890

初版前言

综观欧洲现代史，几乎每个时期都经历了某种革命。19 世纪下半叶也不例外。这一时期，已经在欧洲部分地区进行的科技和社会革命持续不断、步伐加快；在不到一个世纪的时间里，一改欧洲的社会、经济面貌，其速度之快，成效之显著，史无前例。与此同时，欧洲大陆爆发了民族革命，遍及波兰、巴尔干地区（the Balkans）、匈牙利、意大利和德意志。

民族革命在欧洲历史上并非新现象。民族主义思想曾在宗教改革、荷兰独立战争和法国大革命中有所体现。19 世纪后期，民族主义越发高涨，其神秘色彩愈加浓重，作为主要的思想力量，推动欧洲政治和社会的变化。

1815—1848 年间，欧洲各国政府在压制民族革命运动中，屡获成功。然而，一些历史学者却坚决反对用“欧洲协调”（the Concert of Europe）* 来形容当时大国间的合作,因为各国间的不和谐局面其实

* 指拿破仑战争结束后欧洲列强以会议的方式协商处理欧洲重大问题的协商外交机制。19世纪的大国战略关系主要表现为“欧洲协调”局面的出现。——译者注

更为显著。但事实上，在法国大革命和拿破仑战争的影响下，当时的政治家普遍认为，利用外交手段解决分歧比使用武力更安全。因为即使战争取得胜利，也会释放出一股他们无法控制的革命力量。因此，即使英国已经强大到可以退出“欧洲协调”，它也只是在不会因此而损害自己利益的前提下才寻求独立的。当英国的利益受到欧洲大陆的严重影响时，其政治家就会在由欧洲大国组建的委员会上据理力争。

1815 年建立的国际体系在 1848 年的革命中得以保存，然而在革命进程中，国际保守主义的极端支持者被肃清，这其中就包括克莱门斯 · 冯 · 梅特涅亲王（Prince Klemens von Metternich），他声名之大，一度曾是旧秩序的代名词。取而代之的是一批新的政治家，他们对 1789 年的法国大革命已经淡忘，或者说他们的政治抱负已经不仅仅满足于维护欧洲君主制国家的共同利益了。

新一批领导人中，最为重要的当属拿破仑三世，他在外交政策上的主要目标是把法国从 1815 年《巴黎条约》的限制中解救出来。随着克里米亚战争（Crimean War）的爆发，欧洲大国间的有效合作暂告一段落，这对拿破仑三世而言是个好机会。于是，他在存在竞争的对手国家之间鼓动民族革命，希望能够乘胜追击，领导这些民族运动，重建法国在欧洲大陆的统治地位。然而，他发现自己无法控制召集起来的军队，而从“欧洲协调”的瓦解中获利更大的，是那些比他更残暴、更精明的政治投机主义者。最终，他毁于自己辛苦召集起来的军队力量。

1871年，意大利、德意志分别以独立民族的身份取得了政治统一；在一个全新的奥匈帝国内，匈牙利也获得准独立。这些民族的成功独立为其他民族提供了全新的动力。在大英帝国，爱尔兰独立成为主要问题；俄国、奥匈帝国饱受民族分裂的困扰；在希腊推翻土耳其统治、获得部分或完全独立后，黑山与塞尔维亚（the Montenegrins and Serbs）、罗马尼亚（Rumanians）与保加利亚（Bulgars）也随即寻求独立；而后，巴尔干地区的奥斯曼帝国也开始面临瓦解的危险。当时，德意志帝国是最重要的新兴民族国家，政治地位开始凸显，军事力量欧洲领先，一改之前大国间的关系格局。德意志帝国成立后，欧洲各国政府开始了全新的合作，这些合作看似稳固，实则暗流涌动，一直持续到1914年。

同时，民族主义也发展成扩张主义。一些新兴的民族国家刚一宣布主权独立，便想征服其他民族。大国间，意大利、德意志同英、法、俄争夺扩张的战利品；而小国间，巴尔干地区的新兴民族国家也不惜同土耳其、奥地利等国争权夺利，寻求扩张。

单有民族主义是不足以引发民族革命的。这些革命爆发在前所未有的社会与经济混乱时期。工业化、人口增长、农村人口大量涌入城市，这些都促使欧洲社会与人民生活发生了根本转变。欧洲各国政府认识到，若要应对这些社会和经济变化，就要对已有的政策、法律和制度进行长远意义上的修订。简言之，就是改革。

改革的动力源于人们相信社会能发展、人类能进步。19世纪的物质进步让许多欧洲人眼花缭乱，他们把科学发明和生活水平的提高视为人类迈向更高层次、更完善的文明社会不可或缺的一步。当时人们普遍坚信，在未来，依靠科技进步和人类的理性，可以解决一切人类问题，消除所有恶习。这种乐观的态度在今天看来似乎有些天真，因为许多关于人类的幻想已经破灭。但当时，人们对人类进步抱有信心，在政治宗教运动中强调努力工作，这都大大推动了19世纪人道主义精神的发展。当时欧洲人一致认为，世界应摒弃奴隶制，摆脱折磨，消除饥饿与疾病。政府常常出于人道主义，立法缓解工业革命带来的社会压力。广大民众得知童工的惨状或土耳其帝国的暴行，大为震惊；欧洲各地民众对改革的呼声不容忽视。

由于英国的议会制政府传统悠久，多数改革者期盼国会能通过立法实现必要的改变。他们最重要的政治诉求是扩大公民权，让公众对立法产生影响。英国议会制政府中的改革者是有理由自信的，因为他们的国家平稳地度过了19世纪的社会、经济危机，未出现大的动乱。所以说，各国民众期盼以和平方式实现政治改革，英国政府在这方面做出了榜样。

在欧洲，许多建于1848年或更早时期的议会制政府，由于无法满足民众的需求和愿望而不被信任。相反，专制型政府却符合社会变革的需求，其中大多采用立宪制与议会制相结合的运作模式。欧洲大国中真正实行议会制的政府之所以失败，一方面是因为议会势力和传统的薄弱，另一方面是因为缺乏成功运作所需的必备要素，即国家的主要群体在基本问题上要达成共识。19世纪末，爱尔兰寻求独立，英国不予承认，而且在这个问题上国内没有达成共识，深受影响。大多数欧洲国家政府都面临同样的问题。例如，新兴的德意志帝国不仅要处理地主与农民、工厂主与工人的社会阶级矛盾，还要解决持续数世纪的政治和宗教分裂问题——巴伐利亚人（Bavarians）与普鲁士人（Prussians）、普鲁士人与波兰人（Poles）、新教徒与天主教徒间彼此敌对。倘若没有一个强大的专制集权政府，想要在如此大的分歧下维持一个新兴帝国的统治是不可能的，至于要有效地治理国家更是无稽之谈。

无论是议会制政府，还是专制型政府，都是由不同行政部门组成的专业管理机构执行政策。虽然管理机构是政府领导工作必不可少的工具，但不能把它与领导班子混为一谈。专业管理人员确保政府持续运转，他们可能会对政府首脑产生巨大影响，但决策权还是掌控在行政领导班子的手中。因此，一个国家中，领导班子的执政水平始终都是至关重要的。在专制型国家，一旦专制集团掌控国家的最高权力，那么统治者的个人品性将成为影响国家政策最重要的因素。因为工业革命带来了巨大的新经济和军事权力，而正是统治者最终决定是否要使用这些权力推动国家迈向现代化。

随着19世纪的发展，国家开始拥有或理应拥有更大的权力，同时也要担负起更多的责任。国家颁布法律解放奴隶，监管矿场与工厂的工作状况，为新兴城市修建下水管道和供水线路，为免费义务的基础教育配备设施。国家既保护公民免受国内动乱和国外威胁，实现爱国者对国家统一的渴望，又回应全世界人民对于辉煌帝国的要求。

随着政府扩大职能，其管理机构也扩大了职能。科技创新开始为其所用：电报、印刷机、铁路、蒸汽船、机关枪和膛线铁炮开始成为政府部门、秘密警察、陆军、海军和收税员统治国家的工具。国家实行义务兵役制，让每一个身体状况符合要求的男性青年为国效力；实施义务教育，教导公民要热爱祖国，忠于国家。

19 世纪末，国家权力空前强大，控制着人们的思想和身体。而民族主义者和改革家实际上十分认同这种来自国家的控制，因为这将是他们实现理想最有效的手段。像俄国这样的国家，政府自古带有政治压迫的特点，国内有诸多无政府主义和相关政治学说的拥护者，他们抵制国家政府的一切统治。但也有个别预言家，如德国的哲学家弗里德里希·尼采（Friedrich Nietzsche）和俄国的小说家费奥多尔·陀思妥耶夫斯基（Fëdor Dostoevsky），他们清楚预知了国家控制的最终影响。当时，乐观和自信是时代的标志，所以，人们大多也就忽视了国家政权的扩张。

地　图

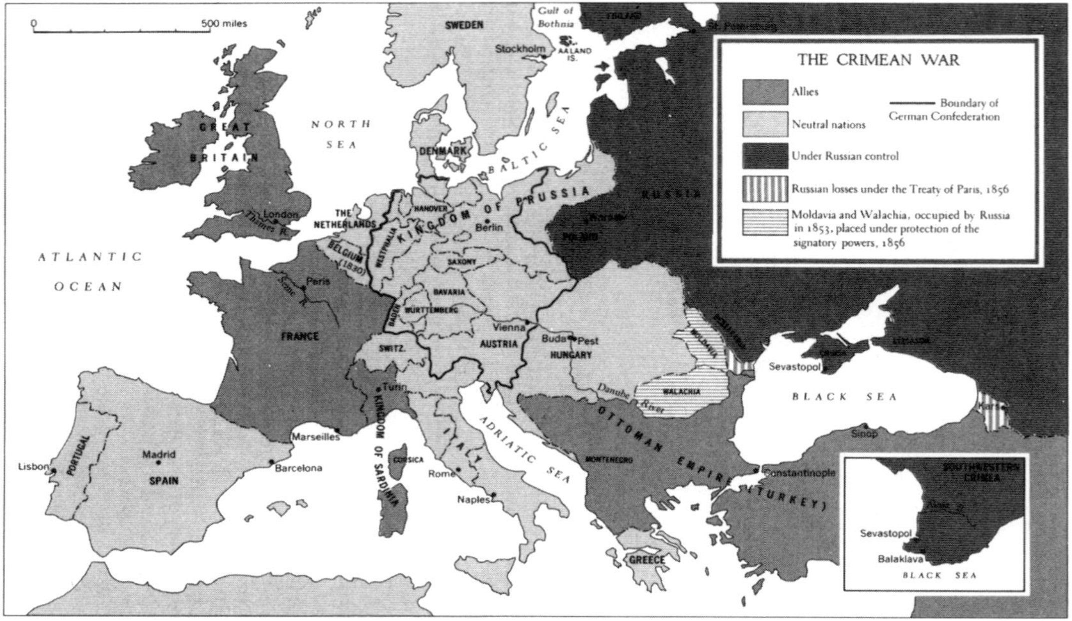
THE CRIMEAN WAR
Allies
Neutral nations
Under Russian control
Russian losses under the Treaty of Paris, 1856
Moldavia and Walachia, occupied by Russia in 1853, placed under protection of the signatory powers, 1856
Boundary of German Confederation
0
500 miles
ATLANTIC OCEAN
NORTH SEA
BALTIC SEA
Gulf of Bothnia
AALAND IS.
SWEDEN
Stockholm
DENMARK
GREAT BRITAIN
London
Thames R.
THE NETHERLANDS
BELGIUM (1830)
HANOVER
WESTPHALIA
KINGDOM OF PRUSSIA
Berlin
SAXONY
BAVARIA
WÜRTTEMBERG
BADEN
FRANCE
Paris
Seine R.
SWITZ.
AUSTRIA
Vienna
Buda
Pest
HUNGARY
RUSSIA
Warsaw
POLAND
MOLDAVIA
WALACHIA
Danube River
Sevastopol
BLACK SEA
Sinop
Kars
OTTOMAN EMPIRE (TURKEY)
MONTENEGRO
Constantinople
GREECE
ADRIATIC SEA
ITALY
Rome
Naples
Turin
KINGDOM OF SARDINIA
CORSICA
Marseilles
Barcelona
SPAIN
Madrid
PORTUGAL
Lisbon
SOUTHWESTERN CRIMEA
Sevastopol
Balaklava
BLACK SEA

克里米亚战争

- 联盟
- 中立国
- 俄国控制区
- 签订《巴黎和约》后俄国损失的领土
- 摩尔达维亚和瓦拉几亚，1853年被俄国占领，1856年受到协约保护
- 德意志邦联边界

Aland IS. 奥兰岛
Adriatic Sea 亚得里亚海
Alma R. 阿尔玛河
Atlantic Ocean 大西洋
Austria 奥地利
Baden 巴登
Balaklava 巴拉克拉瓦
Baltic Sea 波罗的海
Barcelona 巴塞罗那
Bavaria 巴伐利亚
Belgium 比利时
Berlin 柏林
Bessarabia 比萨拉比亚
Black Sea 黑海
Buda 布达
Circassia 切尔卡西亚
Constantinople 君士坦丁堡
Corsica 科西嘉岛
Crimea 克里米亚
Danube River 多瑙河
Denmark 丹麦
Finland 芬兰
France 法国
Great Britain 大不列颠
Greece 希腊
Gulf of Bothnia 波的尼亚湾
Hanover 汉诺威
Hungary 匈牙利
Italy 意大利
Kingdom of Prussia 普鲁士王国
Kingdom of Sardinia 萨丁尼亚王国
Lisbon 里斯本
London 伦敦
Madrid 马德里
Marseilles 马赛
Moldavia 摩尔达维亚
Montenegro 黑山
Naples 那不勒斯
North Sea 北海
Ottoman Empire 奥斯曼帝国
Paris 巴黎
Pest 佩斯
Poland 波兰
Portugal 葡萄牙
Rome 罗马
Russia 俄罗斯
Saxony 萨克森
Seine R. 塞纳河
Sevastopol 塞瓦斯托波尔
Sinop 锡诺普
Southwestern Crimea 克里米亚西南部
Spain 西班牙
St. Petersburg 圣彼得堡
Stockholm 斯德哥尔摩
Sweden 瑞典
Switz 瑞士
Thames R. 泰晤士河
The Netherlands 尼德兰
Turin 都灵
Vienna 维也纳
Walachia 瓦拉几亚
Warsaw 华沙
Westphalia 威斯特伐利亚
Württemberg 符腾堡

THE UNIFICATION OF ITALY

意大利的统一

1815年维也纳会议时期的撒丁王国

1859—1860年获得的领土

1860—1870年获得的领土

Adriatic Sea 亚得里亚海
Apulia 阿普利亚区
Austria-Hungary 奥匈帝国
Bologna 博洛尼亚
Bosnia 波斯尼亚
Calabria 卡拉布里亚
Corsica 科西嘉岛
Dalmatian Coast 达尔马提亚海岸
Florence 佛罗伦萨
France 法国
Gaeta 加埃塔
Genoa 热那亚
Kingdom of Sardinia 萨丁尼亚王国
Kingdom of the Two Sicilies 两西西里王国
Lombardy 伦巴第
Lucca 卢卡
Magenta 马真塔
Mediterranean Sea 地中海
Messina 墨西拿
Milan 米兰
Modena 摩德纳
Naples 那不勒斯
Nice（To France，1860） 尼斯（1860年属法国）
Ottoman Empire 奥斯曼帝国
Palermo 巴勒莫城
Papal States 教皇国
Parma 帕尔马
Piedmont 皮埃蒙特区
Po R. 波河
Romagna 罗马涅区
Rome 罗马
Savoy（To France，1860） 萨伏依（1860年属法国）
Sicily 西西里
Solferino 索尔费利诺
Switzerland 瑞士
The Marches 马尔凯大区
Tiber R. 台伯河
Trent 特伦托
Trieste 的里雅斯特
Turin 都灵
Tuscany 托斯卡纳
Tyrrhenian Sea 第勒尼安海
Umbria 翁布里亚
Venetia 威尼西亚
Venice 威尼斯
Villafranca 维拉弗兰卡

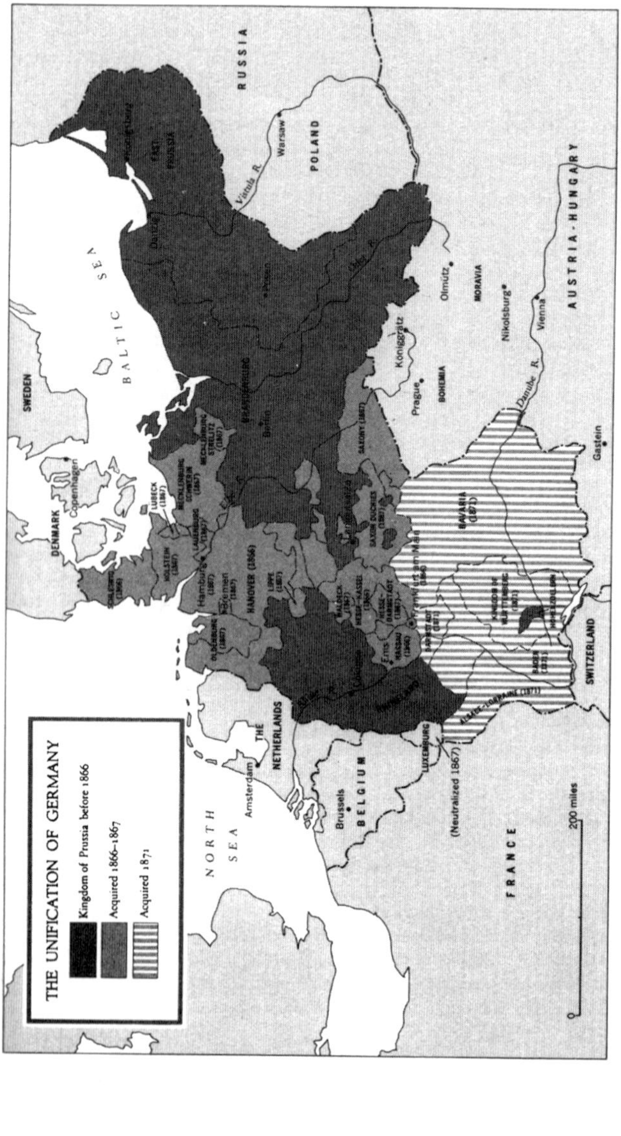
THE UNIFICATION OF GERMANY
Kingdom of Prussia before 1866
Acquired 1866–1867
Acquired 1871
NORTH SEA
BALTIC SEA
SWEDEN
DENMARK
Copenhagen
RUSSIA
POLAND
Warsaw
Vistula R.
Danzig
EAST PRUSSIA
Königsberg
Posen
BRANDENBURG
Berlin
SCHLESWIG (1866)
HOLSTEIN (1867)
LUBECK (1867)
LAUENBURG (1867)
MECKLENBURG SCHWERIN (1867)
MECKLENBURG STRELITZ (1867)
Hamburg (1867)
Bremen (1867)
OLDENBURG (1867)
HANOVER (1866)
LIPPE (1867)
WALDECK (1867)
HESSE-KASSEL (1866)
HESSE-DARMSTADT (1867)
NASSAU (1866)
Frankfurt am Main (1866)
SAXONY (1867)
SAXON DUCHIES (1867)
Elbe
Rhine R.
Cologne
Ems
THE NETHERLANDS
Amsterdam
BELGIUM
Brussels
LUXEMBURG
(Neutralized 1867)
FRANCE
ALSACE-LORRAINE (1871)
BADEN (1871)
KINGDOM OF WÜRTTEMBERG (1871)
HOHENZOLLERN
BAVARIA (1871)
SWITZERLAND
BOHEMIA
Prague
Königgrätz
Olmütz
MORAVIA
Nikolsburg
Vienna
Danube R.
Gastein
AUSTRIA-HUNGARY
200 miles

德国的统一

- 1866年之前的普鲁士王国
- 1866—1867年获得的领土
- 1871年获得的领土

Alsace-Lorraine 阿尔萨斯–洛林
Amsterdam 阿姆斯特丹
Austria-Hungary 奥匈帝国
Baden 巴登
Baltic Sea 波罗的海
Bavaria 巴伐利亚
Belgium 比利时
Berlin 柏林
Bohemia 波希米亚
Brandenburg 勃兰登堡
Bremen 不来梅
Brussels 布鲁塞尔
Cologne 科隆
Copenhagen 哥本哈根
Darmstadt 达姆施塔特
Danube R. 多瑙河
Danzig 但泽
Denmark 丹麦
East Prussia 东普鲁士
Elbe R. 易北河
Ems 埃姆斯
France 法国
Frankfurt am Main 美茵河畔法兰克福
Gastein 盖斯登
Hamburg 汉堡
Hanover 汉诺威
Hesse-Darmstadt 黑森–达姆施塔特
Hesse-Kassel 黑森–卡塞尔
Hohenzollern 霍亨索伦
Holstein 荷尔斯泰因
Kingdom of Wüttemberg 符腾堡王国
Königgrätz 柯尼格拉茨
Königsberg 柯尼斯堡
Langensalza 朗根萨尔察
Lauenburg 劳恩堡
Lippe 利珀
Luxemburg 卢森堡
Lübeck 吕贝克
Mecklenburg Schwerin梅克伦堡–什未林大公国
Mecklenburg Strelitz 梅克伦堡–施特雷利茨大公国
Moravia 摩拉维亚
Nassau 拿骚
Nikolsburg 尼科尔斯堡
North Sea 北海
Oldenburg 奥尔登堡
Olmütz 奥尔米茨
Poland 波兰
Posen 波森省
Prague 布拉格
Rhine R. 莱茵河
Rhineland 莱茵兰
Russia 俄罗斯
Saxon Duchies 萨克森公国
Saxony 萨克森
Schleswig 石勒苏益格
Sweden 瑞典
Switzerland 瑞士
The Netherlands 尼德兰
Vienna 维也纳
Vistula R. 维斯瓦河
Waldeck 瓦尔代克
Warsaw 华沙

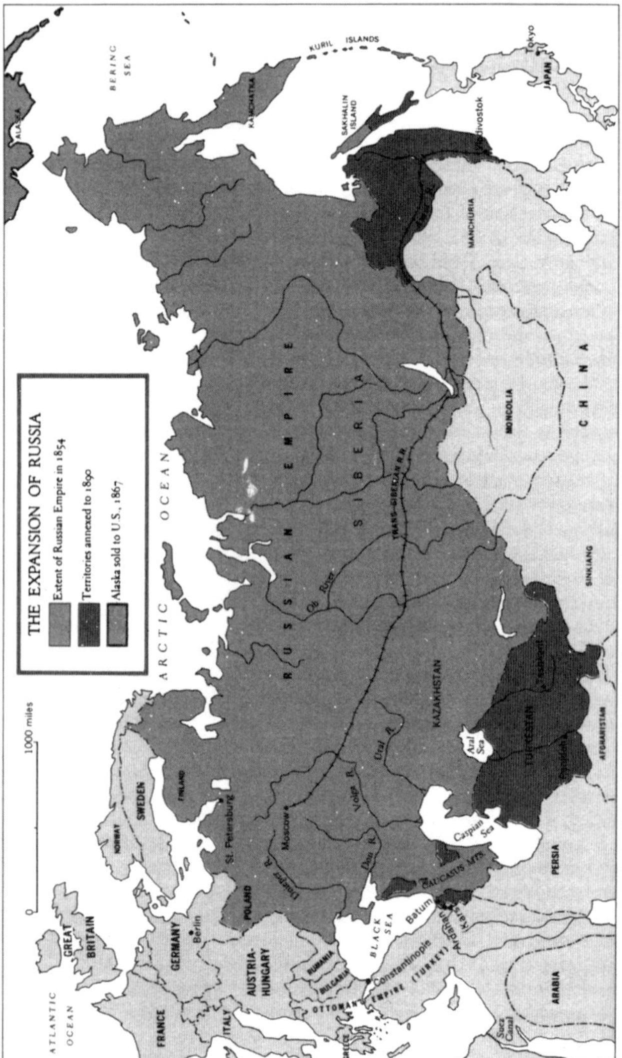
THE EXPANSION OF RUSSIA
Extent of Russian Empire in 1854
Territories annexed to 1890
Alaska sold to U.S., 1867
1000 miles
ARCTIC OCEAN
ATLANTIC OCEAN
BERING SEA
BLACK SEA
RUSSIAN EMPIRE
SIBERIA
KAZAKHSTAN
TURKESTAN
TRANS-SIBERIAN R.R.
Ob River
Volga R.
Ural R.
Don R.
Dnieper R.
Moscow
St. Petersburg
Berlin
Constantinople
Batum
Kars
CAUCASUS MTS.
Caspian Sea
Aral Sea
Vladivostok
Tokyo
KURIL ISLANDS
SAKHALIN ISLAND
KAMCHATKA
ALASKA
MANCHURIA
MONGOLIA
CHINA
SINKIANG
AFGHANISTAN
PERSIA
ARABIA
Suez Canal
OTTOMAN EMPIRE (TURKEY)
GREECE
BULGARIA
RUMANIA
AUSTRIA-HUNGARY
ITALY
FRANCE
GERMANY
GREAT BRITAIN
POLAND
FINLAND
SWEDEN
NORWAY
JAPAN

俄罗斯的扩张

- 1854年俄罗斯帝国的疆域
- 截至1890年所吞并的领土
- 1867年卖给美国的阿拉斯加

Afghanistan 阿富汗
Alaska 阿拉斯加
Amur R. 阿穆尔河（黑龙江）
Arabia 阿拉伯半岛
Aral Sea 咸海
Arctic Ocean 北冰洋
Ardahan 阿尔达汉
Atlantic Ocean 大西洋
Austria-Hungary 奥匈帝国
Batum 巴统
Bering Sea 白令海
Berlin 柏林
Black Sea 黑海
Bulgaria 保加利亚
Caspian Sea 里海
Caucasus Mts. 高加索山脉
China 中国
Constantinople 君士坦丁堡
Dnieper R. 第聂伯河
Don R. 顿河
Finland 芬兰
France 法国
Germany 德国
Great Britain 大不列颠
Greece 希腊
Italy 意大利
Japan 日本
Kamchatka 堪察加半岛
Kars 卡尔斯
Kazakhstan 哈萨克斯坦
Kuril Islands 千岛群岛
Manchuria 满洲里
Mongolia 蒙古
Moscow 莫斯科
Norway 挪威
Ob River 鄂毕河
Ottoman Empire（Turkey） 奥斯曼帝国（土耳其）
Penjdeh 平狄
Persia 波斯
Poland 波兰
Rumania 罗马尼亚
Russian Empire 俄罗斯帝国
Sakhalin Island 萨哈林岛
Siberia 西伯利亚
Sinkiang 新疆
St. Petersburg 圣彼得堡
Suez Canal 苏伊士运河
Sweden 瑞典
Tashkent 塔什干
Tokyo 东京
Trans-Siberian R.R. 跨西伯利亚铁路
Turkestan 土耳其斯坦
Ural R. 乌拉尔河
Vladivostok 符拉迪沃斯托克
Volga R. 伏尔加河

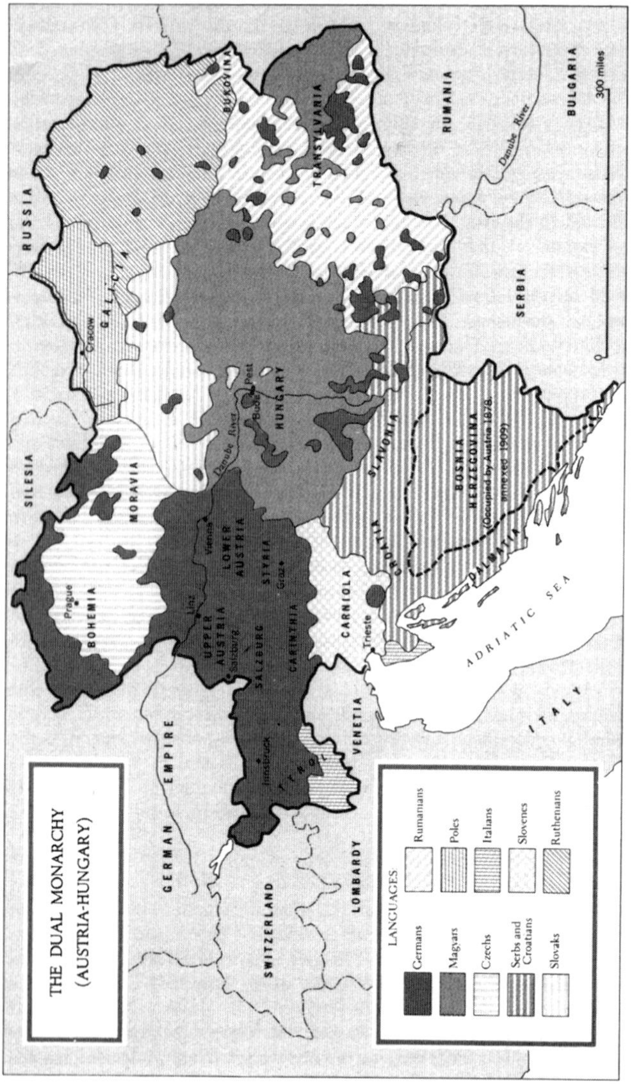

THE DUAL MONARCHY
(AUSTRIA-HUNGARY)
LANGUAGES
Germans
Magyars
Czechs
Serbs and Croatians
Slovaks
Rumanians
Poles
Italians
Slovenes
Ruthenians
RUSSIA
SILESIA
GERMAN EMPIRE
SWITZERLAND
LOMBARDY
VENETIA
ITALY
ADRIATIC SEA
RUMANIA
SERBIA
BULGARIA
GALICIA
Cracow
BUKOVINA
TRANSYLVANIA
HUNGARY
Pest
Buda
Danube River
BOHEMIA
Prague
MORAVIA
UPPER AUSTRIA
Linz
Salzburg
LOWER AUSTRIA
Vienna
SALZBURG
STYRIA
Graz
CARINTHIA
TYROL
Innsbruck
CARNIOLA
Trieste
CROATIA
SLAVONIA
BOSNIA HERZEGOVINA
(Occupied by Austria 1878, annexed 1909)
DALMATIA
0
300 miles

双元帝国（奥匈帝国）

语言：

- 德语
- 马扎尔语
- 捷克语
- 塞尔维亚和克罗地亚语
- 斯洛伐克语
- 罗马尼亚语
- 波兰语
- 意大利语
- 斯洛文尼亚语
- 罗塞尼亚语

Adriatic Sea 亚得里亚海
Bohemia 波希米亚
Bosnia Herzegovina（Occupied by Austria 1878，annexed 1909） 波斯尼亚和黑塞哥维那（1878年被奥地利占领，1909年被吞并）
Buda 布达
Bulgaria 保加利亚
Bukovina 布科维纳
Carinthia 克恩滕州
Carniola 卡尼奥拉
Cracow 克拉科夫
Croatia 克罗地亚
Dalmatia 达尔马提亚
Danube River 多瑙河
Galicia 加利西亚
German Empire 德意志帝国
Graz 格拉茨
Hungary 匈牙利
Innsbruck 因斯布鲁克
Italy 意大利
Linz 林茨
Lombardy 伦巴第
Lower Austria 下奥地利州
Moravia 摩拉维亚
Pest 佩斯
Prague 布拉格
Rumania 罗马尼亚
Russia 俄罗斯
Salzburg 萨尔兹堡州
Serbia 塞尔维亚
Silesia 西里西亚
Slavonia 斯拉沃尼亚
Styria 施蒂里亚州
Switzerland 瑞士
Transylvania 特兰西瓦尼亚
Trieste 的里雅斯特
Tyrol 蒂罗尔州
Upper Austria 上奥地利州
Venetia 威尼西亚
Vienna 维也纳

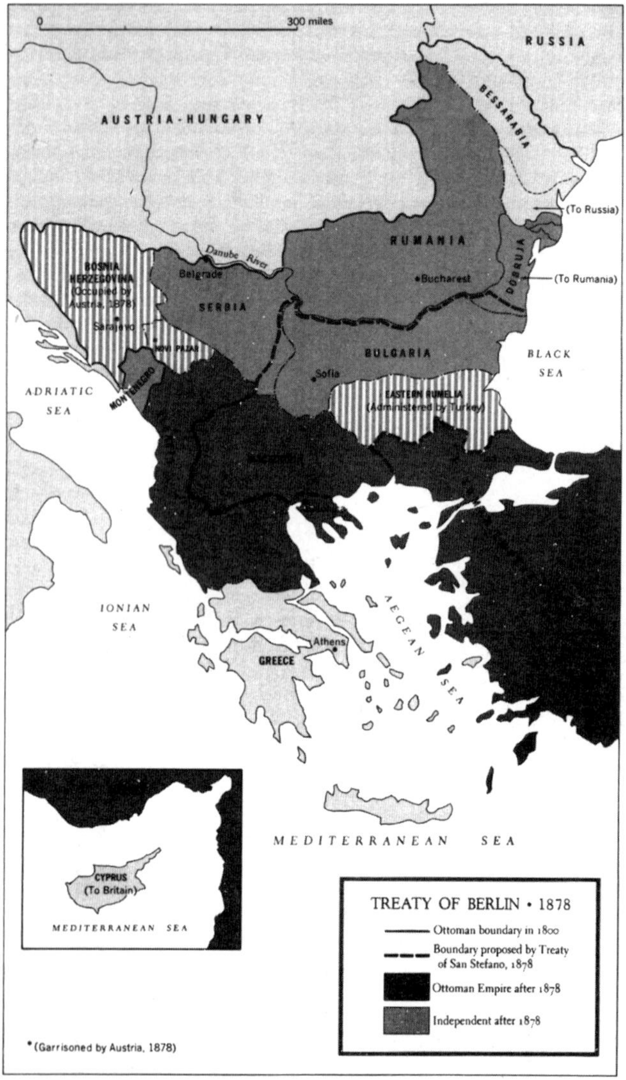
0
300 miles
RUSSIA
BESSARABIA
AUSTRIA-HUNGARY
(To Russia)
RUMANIA
Danube River
BOSNIA HERZEGOVINA (Occupied by Austria, 1878)
Belgrade
•Bucharest
DOBRUJA
(To Rumania)
SERBIA
Sarajevo
NOVI PAZAR
BULGARIA
BLACK SEA
Sofia
MONTENEGRO
ADRIATIC SEA
EASTERN RUMELIA (Administered by Turkey)
IONIAN SEA
AEGEAN SEA
Athens
GREECE
CYPRUS (To Britain)
MEDITERRANEAN SEA
MEDITERRANEAN SEA
TREATY OF BERLIN • 1878
Ottoman boundary in 1800
Boundary proposed by Treaty of San Stefano, 1878
Ottoman Empire after 1878
Independent after 1878
*(Garrisoned by Austria, 1878)

1878年柏林条约

—— 1800年奥斯曼帝国的边界

– – – 1878《圣斯特凡诺条约》划定的边界

1878年之后的奥斯曼帝国

1878年后独立的地区

Adriatic Sea 亚得里亚海
Aegean 爱琴海
Albania 阿尔巴尼亚
Athens 雅典
Austria-Hungary 奥匈帝国
Belgrade 贝尔格莱德
Bessarabia 比萨拉比亚
Black Sea 黑海
Bosnia Herzegovina（Occupied by Austria 1878） 波斯尼亚和黑塞哥维那（1878年被奥地利占领）
Bucharest 布加勒斯特
Bulgaria 保加利亚
Constantinople 君士坦丁堡
Cyprus（To Britain） 塞浦路斯（英属）
Danube River 多瑙河
Dobruja 多布罗加
Eastern Rumelia（Administered by Turkey） 东鲁米利亚（土耳其管辖）
Greece 希腊
Ionian Sea 爱奥尼亚海
Macedonia 马其顿
Mediterranean Sea 地中海
Novi Pazar 新帕扎尔
Ottoman Empire（土耳其） 奥斯曼帝国（土耳其）
Russia 俄罗斯
Rumania 罗马尼亚
Salonica 萨洛尼卡
Sarajevo 萨拉热窝
Serbia 塞尔维亚
Sofia 索非亚
Turkey 土耳其
（To Rumania） （属罗马尼亚）
（To Russia） （属俄罗斯）

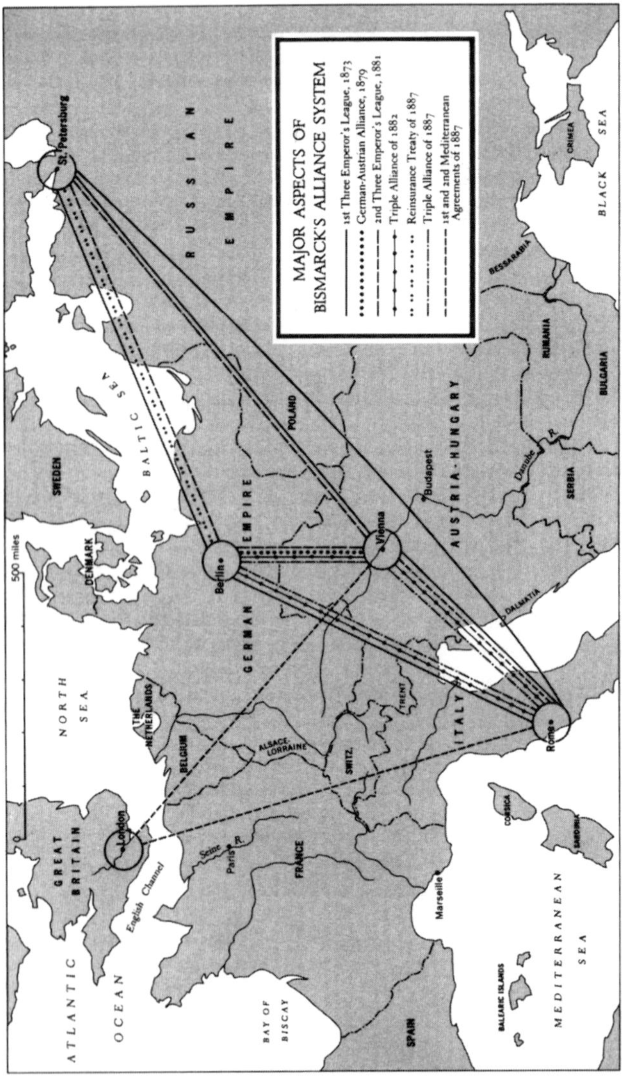
MAJOR ASPECTS OF
BISMARCK'S ALLIANCE SYSTEM
1st Three Emperor's League, 1873
German-Austrian Alliance, 1879
2nd Three Emperor's League, 1881
Triple Alliance of 1882
Reinsurance Treaty of 1887
Triple Alliance of 1887
1st and 2nd Mediterranean Agreements of 1887
0
500 miles
St. Petersburg
RUSSIAN EMPIRE
BALTIC SEA
SWEDEN
DENMARK
NORTH SEA
GREAT BRITAIN
London
ATLANTIC OCEAN
English Channel
THE NETHERLANDS
BELGIUM
GERMAN EMPIRE
Berlin
POLAND
Vienna
Budapest
AUSTRIA-HUNGARY
ALSACE-LORRAINE
SWITZ.
TRENT
ITALY
Rome
DALMATIA
SERBIA
Danube R.
RUMANIA
BULGARIA
BESSARABIA
CRIMEA
BLACK SEA
FRANCE
Paris
Seine R.
BAY OF BISCAY
SPAIN
Marseille
CORSICA
SARDINIA
BALEARIC ISLANDS
MEDITERRANEAN SEA

俾斯麦的主要联盟

——— 1873年第一次三帝国联盟
············ 1879年德奥联盟
------ 1881年第二次三帝国联盟
-·-·-·- 1882年三国联盟
·········· 1887年《再保险条约》
-·-·-·- 1887年三国联盟
--------- 1887年第一次和第二次《地中海协定》

Alsace-Lorraine 阿尔萨斯-洛林
Atlantic Ocean 大西洋
Austria-Hungary 奥匈帝国
Balearic Islands 巴利阿里群岛
Baltic Sea 波罗的海
Bay of Biscay 比斯开湾
Belgium 比利时
Berlin 柏林
Bessarabia 比萨拉比亚
Black Sea 黑海
Bulgaria 保加利亚
Corsica 科西嘉岛
Crimea 克里米亚
Dalmatia 达尔马提亚
Danube R. 多瑙河
Denmark 丹麦
English Channel 英吉利海峡
France 法国
German Empire 德意志帝国
Great Britain 大不列颠
Italy 意大利
London 伦敦
Marseilles 马赛
Mediterranean Sea 地中海
North Sea 北海
Paris 巴黎
Poland 波兰
Rome 罗马
Rumania 罗马尼亚
Russian Empire 俄罗斯帝国
Sardinia 萨丁尼亚
Seine R. 塞纳河
Serbia 塞尔维亚
Spain 西班牙
St. Petersburg 圣彼得堡
Sweden 瑞典
Switz 瑞士
The Netherlands 尼德兰
Trent 特伦托
Vienna 维也纳

第一章

经济与社会变革

生产革命

时至 1850 年，一场经济与社会革命已在欧洲持续了一百多年，其中在英国进展得最为显著。19 世纪下半叶，革命浪潮不断高涨，席卷了整个欧化国家。有人反对用“革命”来形容这场变革，因为它历时长且尚未结束；然而，纵观人类历史，用“革命”来描述工业时代的巨变，是再合适不过了。

新型农业

在 19 世纪经济与社会的整体革命中，生产力的革命至关重要，其根本在于欧洲农业的改革。以有限的土地养活迅速增长的人口，这是史无前例的创举。当时欧洲大部分地区的耕作方法仍然原始而传统，因为各地环境、需求和习惯不同，改良后的农业生产方式的采用情况、采用时间也不尽相同。更令人惊奇的是，一向保守的欧洲农场主和农民，却愿意在生产中尝试使用新技术。

欧洲农业革命初期，最重要的革新就是普及各种轮作方法。轮作就是轮换种植传统粮食作物和芜菁一类的块根作物，以及三叶草、苜蓿一类的饲料作物，其中粮食作物需要消耗大量的氮，而块根作物及饲料作物则可以恢复土壤的含氮量。这种轮作方法取代了传统的二圃制、三圃制*，即每年都要轮休三分之一甚至一半的耕地，才能维持土地肥力的传统耕作方法。新的耕作方法不仅使耕地面积几乎翻了一番，而且大大促进了畜牧业的发展。有了丰富的块根作物、饲料作物，农民能饲养更多牲畜，实现乳制品业、畜牧业的发展。而反过来，牲畜产生的肥料，又增加了土壤肥力。

随着小麦与其他传统作物品种的迅速改良，更多高效的土地利用方式得以发现，美国玉米（在欧洲称作“玉蜀黍”）等新品种作物也广泛种植。拿破仑战争期间，西印度至欧洲的蔗糖供应被切断，于是甜菜开始大量种植，成为欧洲中部、俄国和法国的主要农作物。然而，马铃薯是最重要的新品种作物（同样是从美国引进），在贫瘠的土地上也能种植，对于气候变化不敏感，而产量却是谷物的二到四倍。虽然马铃薯在整个欧洲普遍种植，却是欧洲北部和中部人民的主食，那里临近爱尔兰、俄国，生活着许多贫苦农民，当地人对于马铃薯的依赖度极高，一旦马铃薯无法种植，后果将不堪设想。

农业革命很大程度上也得益于传统农具的改良，以及采矿业、

* 二圃制、三圃制：耕地分区轮作法之一，9世纪前盛行于欧洲。二圃制将耕地分成两块，每年一块耕作，一块休耕，逐年调换以保地力，作物也轮种。生产技术进步后，二圃制由三圃制替代。但因土地、气候等条件的不同，有的地区二圃制与三圃制常同时存在。——译者注

制造业的发展，这一发展大大降低了钢、铁的生产成本，为制造农耕设备提供了条件。铁犁和之后的钢犁，还有犁身的设计改造，都有助于开出更深的犁沟，翻出新的、往往也更为肥沃的土壤用以耕种。犁翻出的土块需要用耙这种农具来打散，钢、铁力度强，容易锻造，人们便利用这一优势对耙的设计进行改良，让耙使用起来更高效。同时，旧式镰刀，刀片又短又窄，而改良后的长柄大镰刀，刀片用钢或铁制成，又长又宽，平衡对称，成为收割干草和谷类作物的主要工具。1810 年之后，收割机、脱粒机等更为复杂、昂贵的农机具开始在美国得到广泛使用。而直到 19 世纪末，欧洲才开始农业机械化，但也只是应用在极少数土地广袤、资金充裕、劳动力稀

李比希化学实验室素描图：李比希教授学生使用系统的研究技术，这些技术在19世纪后半叶成为化学教学和实践的新标准。

缺的地方。

有一些资金的农民，因为使用了骨型磷酸酶、秘鲁的海鸟粪等化学肥料，实现了土地增产。19世纪后半叶，在人们发现可以通过化学手段制造相对廉价的人工化肥后，化肥的使用便取得了突破性进展。提到将化学应用于农业生产的科学家，李比希（Justus von Liebig）* 首屈一指。当时人们普遍以为植物是从腐殖质中汲取主要的营养成分，但他通过观察发现事实并非如此：植物的营养成分主要来源于空气、土壤中诸多元素的混合物。因此，只要人工肥料中含有植物生长所需的营养物质，就可以用来促进植物生长。

李比希在进行研究的同时，也为普通化学的研究做出了重大贡献。他先后在吉森大学、慕尼黑大学建立了第一批实验室，学生在实验室里接受系统研究方法的培训，后来德国各大学和技术学校都仿效这一模式来教授化学。19世纪后半叶，欧洲和美国广泛开办技术和农业学校，大多都得到国家扶持，旨在通过科学的研究方法解决农业问题，实现了农业生产方式的重大改进：研发药物、杀虫剂来帮助动植物抵御疾病；培育改良种子和优化家畜品种；进一步改良农作物轮作方式；改进嫁接技术来提高葡萄树、果树的产量。

工业化席卷欧洲

不同经济部门之间的互动不仅是生产革命的核心，也是其持续发

* 尤斯图斯·冯·李比希（Justus von Liebig，1803—1873），德国化学家。他创立了有机化学，因此被称为“有机化学之父”。——译者注

展的主要原因。某一部门的革新会为其他部门的革新创造条件，起到促进作用。农业革命促进了粮食增产，实现了欧洲人口前所未有的快速增长，同时带动了人们日用消费品需求的空前增长。这一广阔的新兴市场鼓励新的制造方法，急剧提升了欧洲的制造能力，这就是众所周知的工业革命。

与农业一样，几个世纪以来，制造业的生产方式也有诸多改进。布匹的大批量生产是18世纪的著名发明，常常被看作是英国工业革命开始的标志，而实际上它只是长期的传统技术革新的一部分。18世纪60年代，詹姆斯·瓦特（James Watt）改良出实用的蒸汽机，这是工业革命中真正具有革命意义的发明。从此，人类历史上首次实现了不依靠人力或畜力、风力或水力等自然力进行生产。

改良蒸汽机是生产革命中不同进程间相互作用的一个典型例子。这一改良，最初是为了解决从煤矿抽水的电力问题，而人们之所以要采煤，是因为用煤炼铁比用木材（木炭）炼铁更廉价、高效。人们需要铁，是因为要在农业生产中用铁制造铁犁、铁耙、马蹄铁，以及马车车轮的轮毂和轮轴。用煤炼铁实现冶金技术的提高，是改良蒸汽机的第一步。最后，改良蒸汽机有利于制造新的采矿机械，来提高煤炭产量，而煤炭又是蒸汽机的主要燃料，就这样形成了完整循环。

在接下来的几年中，煤和蒸汽机仍然是主要的能源和动力来源，然而在19世纪末，就出现了一些新能源和新机器补充甚至是取代煤和蒸汽机。天然气自19世纪初就用于街道照明、充当燃料，1862年用于为内燃机提供动力。内燃机有轻便、可移动的优点，但因为天然气难以存储和运输，所以直到19世纪80年代，液态石油被成功开发成燃料之后，内燃机这项新发明才开始投入使用。内燃机成功

左侧是大气压力式内燃机的专利图，由尼柯劳斯·奥格斯特·奥托（Nikolaus August Otto）*、尤金·兰根（Eugen Langen）**设计。右侧是内燃机的实体照片。

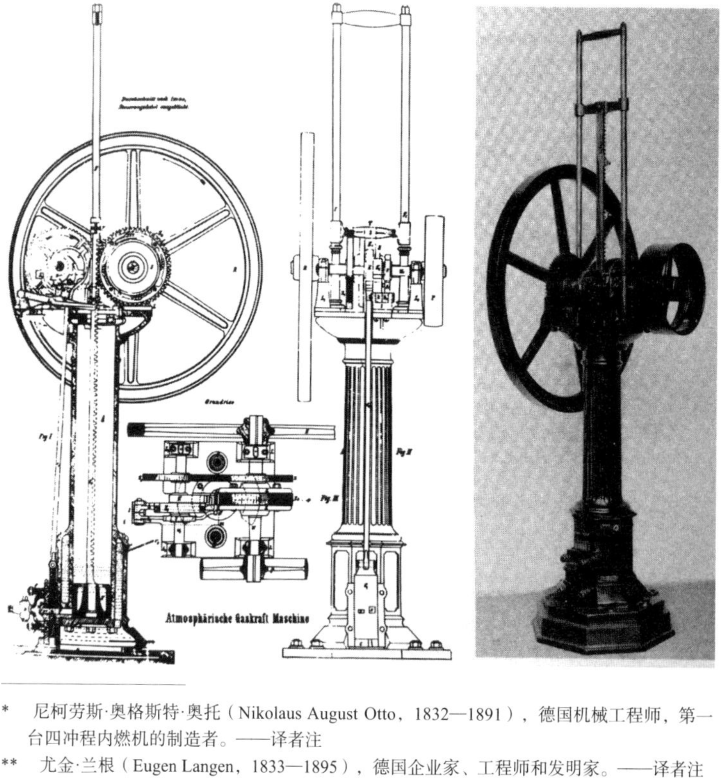

* 尼柯劳斯·奥格斯特·奥托（Nikolaus August Otto，1832—1891），德国机械工程师，第一台四冲程内燃机的制造者。——译者注

** 尤金·兰根（Eugen Langen，1833—1895），德国企业家、工程师和发明家。——译者注

投入使用之后，对石油的需求量急剧增长，同时美国的宾夕法尼亚州、俄国南部、婆罗洲（Borneo）等很多地方都发现了石油，开始运用新的钻井机械进行开采。然而到了 20 世纪，石油才成为能够与煤炭相抗衡的主要动力资源。

而当时煤炭的另一个更为直接的竞争对手是电能。早在 1831 年，迈克尔·法拉第（Michael Faraday）就证明，在一片磁场区域中，电线圈的运动可以在电线内产生电流。然而，直到 1870 年，第一台有效可用的发电机问世之后，电才成为一种实用的动力资源。随即，旋转磁场的发现，实现了电力的远距离传输，因此就大大提高了发电机这项发明的重要性。接下来的十年里，人们又发明了能够产生高压交流电的交流发电机、变压器，欧洲很多地方都建立了用于发电的中央电站。对于资源不丰富，无法使用煤炭、水力和风力发电的国家而言，电的发明可谓是一大福利。托马斯·阿尔瓦·爱迪生（Thomas A. Edison）1879 年改良白炽灯泡之后，电能成为主要的人造光源，开启了一个全新的时代。同年，维尔纳·冯·西门子（Werner von Siemens）将电能应用于铁路运输。日益重要的电能资源在用于照明和提供能量的同时，还为电镀技术等诸多科学研究、制铝等新工业生产提供了可能。

新发动机、新能源的利用，促进了机器种类的日益丰富。煤炭开采、石油钻井机械的重要性，上文已有涉及。同样重要的还有铁矿石的开采机械，铁矿石用于炼铁、而铁是工业建筑的主要金属。截至 19 世纪末，基本上所有工业领域都已经采用了革命性的新机械技术，即使是生产机械设备的工厂本身也不例外。自从 1846 年缝纫机问世之后，家庭也开始深受这场工业革命的影响，缝纫机就是第一个能够减轻家庭主妇工作量的家用机器设备。

新的采矿机械和炼制技术同时也提高了铜、铅等其他金属的可用性。1886 年的霍尔 – 赫劳尔特电解炼铝法是革命性的发现，使用电解方法从矾土中导出铝，从此，轻便可锻造、坚固难腐蚀的铝金属便能够大规模生产了。

钢、铝大规模生产技术的发展是化学领域的变革，这些变革得益于大学和技术学校的实验室研究，而这都深受李比希的影响。19

下图是贝塞麦（Bessemer）转炉炼钢法的版画。炼钢时，将熔化的生铁（中上）倒入混铁炉（左），转换炉（右）中发生氧气爆炸反应，将低品位矿的混合物转化成钢，工人再用钢水包将钢水倒入钢锭模铸成钢锭（中下）。

世纪末，化学产品制造已经独立发展成一项主要产业，其原因有两点：一是新出现的经济手段，能够生产重要的、从未生产过的稀有商品；二是引人瞩目的新发明创造硫酸、盐酸、氨、碱、肥皂、漂白剂、动植物油、药品、摄影材料，这些产品成本低廉，能够大规模地用于工业和国内经济生产。人们通过煤焦油制造合成染料，用木浆制造廉价纸和人造丝（人造纤维）。1867 年阿尔弗雷德·诺贝尔（Alfred Nobel）发明了用硝化甘油制造炸药的安全生产方法，二十年后，他将硝化甘油同硝棉组合，发明了无烟炸药，这是军火工业上的改革。化学领域的革新同时也有益于研发、生产廉价的人工肥料，后者在农业革命中的重要作用前文已有涉及。

建筑业、交通运输业、通信业

新金属的大量生产开启了建筑大规模发展的新时代。19 世纪中期，仅次于冶金业发明成果的是波特兰水泥，它品质优良，是化学领域的新产品。作为砂浆，它黏合砖、石等传统建材，便于施工建设；更为重要的是，它能够用于生产混凝土，这是一种传统的建筑材料，由水泥、沙子和石砾组成。加入新型优质波特兰水泥的混凝土，可以塑成各种尺寸、形状，具有不同强度和耐久性。不同于早期的混凝土，这种混凝土能在水下硬化，特别适用于水坝和海港的修建工程。在混凝土中加入钢筋成为“钢筋混凝土”，可以提高混凝土的力度，拓宽其适用范围，用于建造超大规格的建筑和桥梁。

交通运输业也迎来了革命性的改变。19 世纪初的一些改善包括：

加强了道路建设，铺设了高速公路，发展了欧洲运河系统。然而，交通运输领域最重要的变革标志是铁路运输的出现（蒸汽机的发明），支撑着欧洲内陆交通运输系统发展。1825 年，世界上第一条铁路线——英国境内的斯托克顿—达灵顿一线（the Stockton-Darlington line）顺利通车。19 世纪下半叶，铁路修建达到高潮，欧洲大部分的主要铁路线都是在这一时期完成的。

铁路建设为工业革命的发展注入了崭新而强大的动力。加大了对钢、铁、煤炭、混凝土和木材的需求，促进了冶金、采矿、水泥、伐木等行业的繁荣；修建铁路对资金的需求将投资比率提升到了新

1882年，伦敦，维多利亚车站。

高度，并且构建了新的投资模式，让资本过剩的人把钱投入商业公司；而对劳动力的需求又提供了大批负责建设、检修和操作的岗位，承包商、工程师和银行家之类的企业家阶层崛起。

铁路对于大城市的工业中心至关重要，人们可以通过铁路运输把大量的煤炭、原材料运往城市，还能把城市的手工制品输送到其他地方。铁路运输首次实现大规模、低成本、高速度的陆上货物配

伊桑巴德·金德姆·布鲁内尔（Isambard Kingdom Brunel，1806—1859）*，“大东方号”蒸汽游轮的建造师。照片是他同游轮巨大锚链的合影。作为19世纪最杰出的工程师之一，布鲁内尔主持修建了数条大型铁路、桥梁、隧道，其中包括世界上第一条水下隧道——泰晤士隧道。他设计了伦敦的地标建筑——帕丁顿（Paddington）车站，以及横跨埃文（Avon）峡谷的克利夫顿（Clifton）悬索桥。

* 伊桑巴德·金德姆·布鲁内尔（Isambard Kingdom Brunel，1806—1859），英国著名工程师。——译者注

送，深入大陆与国家的偏远内地，帮这些地区打入工业发展的市场，同时也打开了农业地区进入城镇市场的大门。1851 年，铁路上首次出现用木屑和冰块隔热的冷藏车，实现了易腐货物的长距离运输。1867 年，机械制冷系统问世，很快便成为远洋货轮的标准配备；然而直到 20 世纪，铁路上仍采用冰块和木屑的冷藏方法运输货物，因为这种方法费用低廉。

无论是在海上还是陆地，人口和货物都流动得更快、更远。19 世纪初第一艘实用的蒸汽船问世，但在大半个世纪里，水路运输仍使用帆船，因为这种运输工具经济实惠且运载量大。此外，早期的蒸汽轮船航行时要装载大量固体燃料，而且只能行驶在建有燃料补给站的水域，而帆船则无须这样。19 世纪末，复合式蒸汽机和螺旋桨的开发，极大地提高了蒸汽船的运作效率，使其迅速取代帆船。与此同时，铁取代木材成为造船原料；1880 年后，钢也用于建造船只。

短距离的交通运输也有所改善和简化。1879 年，第一辆电动车问世，很快取代马车，成为主要的城市公共交通工具。接下来的十年见证了汽车的发展历程，这种汽车是由内燃机驱动，以汽油作为燃料。然而，对于大多数欧洲人而言，乘坐非马拉的车子很是新鲜，但这种车价格昂贵，所以直到 20 世纪制造业推出流水线生产，降低了生产成本，人们才买得起汽车。此外，1870 年研制出后轮驱动的安全自行车，迅速成为最受欢迎的私家交通工具。自行车和汽车的发展都得益于 1889 年充气轮胎的发明，这种轮胎代替铁或固体硬橡胶材料，用于制作轮辋，使自行车骑行起来更舒适、轻便。

同交通运输业一样，通信领域的诸多发明也使欧洲人彼此之间联系得越发紧密，也加强了他们同外界的联系。1844 年电报问世，由于其在一定程度上对铁路发展产生影响，于是电报线路迅速覆盖欧洲的大部分地区。1851 年，世界上第一条海底电缆在英国多弗（Dover）和法国加来（Calais）之间铺设；1866 年，第一条横跨大西洋的电缆在欧洲和美国之间铺设；欧洲在 1870 年和 1872 年又分别铺设了到印度、香港的海底电缆。电话于 1876 年问世，在 19 世纪末，已成为大部分政府、企业和一些家庭的标准配置。19 世纪 70 年

在泰晤士河边的米尔沃（Millwall），正在建造中的“大东方号”（*The Great Eastern*）轮船。其为铁质船身，双层船体，配有螺旋桨、明轮推进器，1858年下水，成为日后远洋客轮的原型。这艘“海洋奇迹”全长693英尺，满载时排水量达到32000吨，是当时轮船的四倍之多，直到1907年，它仍是排水量最大的轮船。1865—1866年，在“大东方号”的帮助下，第一条横跨大西洋的电缆成功铺设。

代，打字机普遍应用于商业领域。欧洲各国的邮政业务得到极大改善。1875 年，万国邮政联盟（The Universal Postal Union）* 成立，总部设在瑞士，该机构负责监管国际邮政服务。

新闻的大众传播得益于印刷速度的提高和快速制版机器的完善，先后出现先进的排铸机和印刷机——1875 年的轮转印刷机、1885 年的整行排铸机和单字排铸机，以及 1889 年的直线印刷机。由于造纸成本低，这些发明意味着至少在免除报纸印刷税的国家，人们可以廉价印刷报纸。到 19 世纪末，报纸在制造公众舆论方面比此前更具影响力。

1895年，一辆汽车正从巴黎驶向波尔多（Bordeaux）。图片中是一辆奔驰牌五马力的四轮轻型汽车，紧随其后的是另一种新发明的交通工具——安全自行车。

* 万国邮政联盟（The Universal Postal Union），简称“万国邮联”或“邮联”，是商定国际邮政事务的政府间国际组织，其前身是 1874年10月9日成立的“邮政总联盟”，1878年改为现名。——译者注

经济企业的新规模

大公司的形成加快了工业生产的速度——股份公司、信托业务、企业联合实现了大规模、更高效的商品生产。尽管大规模生产的商品通常比小商铺手工制作的产品粗劣，但价格更低廉。因此，大规模生产让许多人买得起很多商品，同时也对大众市场的建立起着决定性的作用。虽然欧洲经济继续由小商业群体控制，但大公司却是工业扩张的主要推动力。

因为人们要使用新发明、新的制造工艺去兴建铁路、工厂，购置机器、设备，所以对资金的需求极大。北美西部、澳大利亚和南非发现的众多金矿和银矿，促使金银大量流入市场，一定程度上满足了这种资金需求。此外，新信贷业务的广泛应用、投资银行的大量兴起，也发挥了重要作用。而最重要的是，人们普遍认识到有限责任的重要性，这意味着即使公司破产，投资人也不用惧怕会损失自己的全部财力。这样一来，投资风险降低，资金富余的个人或机构期望获得巨额利润，便进行商业投资。企业家出售股票、债券也变得容易起来，可以集资扩大自己的企业。同时，政府也开始向公众出售债券，不用再依赖于私人银行的贷款。买卖证券的证券交易所就成了欧洲的商业中心。19 世纪末的欧洲，投资重心已经从土地变成了证券。

政府之所以放松对商业企业的限制，主要是因为到了 19 世纪后期，大多数欧洲政府都意识到，这些企业能够为提高国家实力和国民福利贡献一臂之力。因此，政府不仅逐渐放宽对经济的限制，而且采取一系列措施积极促进商业、农业的发展，如国家出资扶持银行、直接补贴、减免税收、设定关税等。同理，在欧洲大陆的国家，尤其是法国和德意志，其政府也资助公立大学、技术和农业学校培养科学人才、购置研究设备，鼓励学校在科学研究和商业领域之间建立紧密联系。

19 世纪末，尽管保护性关税明显提高，但国际贸易依然蓬勃发展，盛况空前。金本位的国际货币体系建立之后，欧洲各国间经济相互交织、联系加强，都要经历相似的周期性繁荣和萧条。例如，19 世纪 40 年代的经济萧条，是引发 1848 年欧洲革命的主要原因，而到了 19 世纪 50 年代，经济又开始繁荣发展。之后，1857 年爆发的经济危机，是历史上第一次世界性的经济大萧条。这次危机始于美国，当时欧洲在美国进行了大量投资，所以美国银行业的过度膨胀和瘫痪导致了欧洲银行业破产。欧洲金融业混乱，工业、农业的发展遭受了打击，甚至影响到南美洲和亚洲的市场。接下来，在 1859 年，欧洲经济随即复苏；而到了 1866 年，又一轮经济衰退来临，之后再次复苏；然后在 1873 年又经历了一次严重的金融危机。

1873 年的金融危机引发了长达二十年的经济大萧条，主要原因在于过度投机和生产过剩。大萧条导致经济增长放缓、失业率攀升，人们普遍感受到一种经济危机感。铁路建设速度下降，市场物资枯竭。同时，欧洲农业也受到重创，因为俄国、美国、澳大利亚的内

1898年的伯明翰（Birmingham）：经过19世纪的发展，伯明翰的人口数量从7万一跃增长至50万，成为英国最大的工业中心之一。上图清楚显示了这一时期伯明翰新建工业企业的规模。

陆地区已开通铁路，这些地方的农产品价格低廉，更具竞争力。

大萧条期间，农产品和工业制造品价格稳步下跌，许多欧洲人的实际工资其实在上涨，生活水平也不断提高。然而，价格下跌却使许多经济公司面临困难，甚至是直接破产。随着失业率不断上升，经济危机感日益加重，人们普遍不满意现任政府的经济政策，对外来竞争压力表示愤慨。放任的自由主义经济政策受到质疑，工农业领域以及劳动力都呼吁国家设定保护性关税，提供国家援助。对于这些压力，除英国以外的欧洲各国均做出了回应。因此，1873

年的金融危机开启了国家干预经济事务的新时代，这种干预一直持续到今天，并且稳步加强。而且，这次危机也促进了民族主义经济上的发展，民族主义力量迅速成长，政治和思想影响力得以增强。

工业化对社会的影响

人口变革

与生产变革相伴而生的是人口变革，虽然后者不如前者那么引人注目，但长远来看，似乎后者更加意义深远。欧洲人口数量曾经历了大起大落，虽然人口数据资料匮乏，而且当时的估计也极为不准，但可以肯定的是，1750 年之前，欧洲人口一直都增长缓慢。然而，经过 1750—1850 年一个世纪的发展，欧洲人口（包括生活在欧洲的俄国人）几乎翻了一番，从一亿五千多万增加到二亿七千万。到 1900 年，欧洲人口已达到四亿二千万，五十年间增长的人口数量达到了 1750 年的人口总量。虽然欧洲各国地理、经济、文化环境不同，造成地区性和局部性的差异，但进入 19 世纪后，除法国之外，整个欧洲的人口都在迅猛增长。

欧洲人口如此快速增长的原因并不清楚。从现有的数据来看，自 1750 年开始，欧洲的死亡率就开始稳步下降，越来越多的人能够生育后代，出生率自然就会增加。人口统计学家并不认为死亡率下降是因为公共卫生水平或医疗状况的改善，因为资料显示，这两个领域在 1850 年之后才得以发展，而且仅在欧洲西部和北部的部分地区（天花疫苗早在 1798 年就被发现，但大量接种这种疫苗还要等到多年之后）。统计学家更愿意相信另外一种说法：17 世纪，致命的瘟疫、传染病席卷欧洲，造成大规模死亡，所以在面对 19 世纪的各种疾病时，欧洲人民已经有了一定的免疫力。1820 年之后，瘟疫几乎从欧洲消失，而其他传染性疾病也越来越少。但这种说法也并不完全可靠，而且充其量只是欧洲人口迅猛增长的原因之一。

看似最为合理的解释是，人口增长与欧洲食物的丰富供应有关。因为，人口开始迅速增长的时间恰巧与农业革命开始的时间相吻合。随着饮食水平提高，大部分欧洲人都更健康，抵抗疾病的能力也增强了。1750 年之后，社会不断繁荣发展，人们的结婚年龄也普遍降低。结婚年龄变早，意味着妇女的生育期延长，而更好的营养使妇女孕期安全，胎儿存活得到更多的保障。

18 世纪末，许多欧洲人已经开始警惕人口过剩的危险，其中最知名的论著是托马斯·马尔萨斯（Thomas Malthus）于 1798 年发表的《人口论》。大约在这一时期，法国经过深思熟虑、合理规划，开始实施长期措施，控制人口数量。当时采取何种办法进行大规模的生育控制，我们不得而知；但由于避孕套、避孕药到 20 世纪才开始广泛使用，因此当时最常见的节育方法可能是性交中断，即自我节欲。19 世纪中期，随着人口增加，欧洲其他国家也开始计划生育，越来越多的人开始控制家庭人数，以确保自己获得更大的自由和更高的生活水平，其中以中产阶级最为突出。

路易·巴斯德在他的实验室里。

与此同时，微生物的破坏方法发现之后，人口数量不再受控，人类社会的生态平衡被彻底打乱。医学革命大大降低了死亡率，提高了出生率，延长了人类的平均寿命，从而改变了整个社会的人口结构。用亚瑟·库斯勒（Arthur Koestler）* 的话来说，这一改变具有“极端的、深远的影响，超越了所有技术发明影响的总和”。

* 亚瑟·库斯勒（Arthur Koestler，1905—1983），匈牙利裔英籍作家。他的作品关注政治和哲学问题。——译者注

19 世纪中期的医学革命据说是路易 · 巴斯德（Louis Pasteur，1822—1895）* 和罗伯特 ·科赫（Robert Koch，1843—1910）** 的科研成果引发的。当时人们普遍认为微生物（细菌）是自然产生的，但巴斯德和科赫经过数年研究，最终证明事实并非如此：微生物是繁殖再生的，而且是引发疾病的主要原因。巴斯德是一个制革工人的儿子，1847 年取得理学博士学位，年仅三十岁便成为斯特拉斯堡大学（University of Strasbourg）化学系的教授。之后他开始研究发酵对啤酒、果酒生产的影响，在研究过程中发现了微生物的本质属性。

科赫经过独立研究，得到许多和巴斯德相同的结论。他在哥廷根大学取得医学学位后，于 1872 年来到德国东部一个小镇担任地方医生。他利用业余时间开始研究传染病的病因。1876 年，他最终证实，炭疽病是由某种特定的细菌引起羊、牛（偶尔也有人）共患的感染病。在研究中，科赫发明了一种在纯培养状态下处理和培育细菌的技术方法。这种方法现在仍在使用，而且被证实有助于鉴定致病菌。1880 年，科赫获得了一份帝国健康署的工作，并担任柏林大学（the University of Berlin）的研究员。他拥有一批优秀的助手，此后，这些人在细菌学研究领域成果非凡。

19 世纪后期，巴斯德、科赫和他们的追随者发现了疟疾、肺结核、白喉、霍乱、黑死病和伤寒等疾病的致病菌，疾病细菌学说为

---

* 路易·巴斯德（Louis Pasteur，1822—1895），法国微生物学家、化学家。——译者注

** 罗伯特·科赫（Robert Koch，1843—1910），德国医生、细菌学家，世界病原细菌学的奠基人和开拓者。——译者注

公共卫生领域提出了新看法，促使大部分中央和地方政府制定了公共卫生法。

巴斯德的研究没有止步于对细菌的鉴定。基于爱德华 · 詹纳（Edward Jenner）* 在 1798 年发明的预防天花的免疫方法，巴斯德开始实验研究其他疾病的接种免疫方法。他分别于 1881 年和 1885 年发明了炭疽病疫苗和狂犬病疫苗，并创立研究方法论的原则，用于一系列相似的研究中。至 19 世纪末，西欧的主要地方病已经得到控制。

不同于那些有过人口激增的地区，西欧能承受大部分的新增成员。虽然在许多旧行业里，劳动力被机器所取代，但工业革命创造的就业机会，远多于它所削减的。此外，工业革命在欧洲发展得并不均衡。在爱尔兰、意大利南部和其他地区，工业革命对其影响相对较小，导致过剩的人口面临饥饿，不得不背井离乡。当时，马铃薯歉收引起饥荒和大规模移民，导致爱尔兰的人口总数下降了 50%。

实际上，与工业革命和人口爆炸相伴而生的最重要的就是人口迁移。在 19 世纪末，欧洲大约 85% 的人口都在迁移。这是迄今为止，历史上最庞大、可能也是最重要的人口迁移，至少在数量上，远超过后罗马帝国的民族大迁移。然而，同大众观点相反的是，此次最大一部分的迁移是在欧洲内部进行的，而且是从乡村涌入城市。70% 的人口参与此次城市化运动，使得欧洲的城市无论在规模上还

* 爱德华·詹纳（Edward Jenner，1749—1823）是一名英国医生，以研究及推广牛痘疫苗，防止天花而闻名，被称为“免疫学之父”。——译者注

是数量上都有大幅度增长。到 19 世纪末，西欧社会已从乡村主导型转为城市主导型了。

当时也出现了大规模的移民浪潮。超过五千万人离开欧洲，约占总人口的 15%。近四千五百万人定居美洲、澳洲、新西兰和南非。另有六百万人从欧洲迁移到人烟稀少的俄国亚洲地区，与从欧洲前往北美洲西部的移民数量不相上下。人口迁移欧化了俄国的部分地区，提高了其他地区的人口素质。

欧洲种族迁移在一定程度上是由于 1848 年农奴制的废除和交通运输业的改进，除俄国外，当时几乎所有的欧洲国家都废除了这一制度。俄国即使在此后的 1861 年解放了农奴，但其农民并没有彻底获得离开土地的自由权利。而交通运输业的改善，打开了大规模迁入内陆定居的大门。当时的人口迁移规模大，没有规划，几乎完全缺乏组织性。这种迁移基本由个人或小团体独立决定，偶尔会受到政治或宗教迫害、经济需要的影响，但大多数情况下还是自愿进行的。许多人似乎在时间合适、工作充足和工资水平高（按农村劳动力的标准来算）的时候，就已经搬入了城市。当他们存够路费，攒足了在新土地上开始新生活的资金，就移居海外。在美国工商业大繁荣时期，铁路、钢铁公司和后来的石油公司为获取廉价、无组织的新劳动力，给移民提供了各种诱人的条件。

然而，单靠经济原因无法解释 19 世纪后期的欧洲农民为何能如此克服他们的传统惯性和保守思想。工业革命引发的政治和社会思潮，以及拿破仑战争可能都起了作用；解放农奴也消除了移民的法

上图是1890年一个星期天早上的衬裙巷市场（Petticoat Lane），其位于伦敦犹太人聚居区的中心。19世纪末，伦敦的环境拥挤、肮脏，这是当时大多数欧洲城市的典型特征。

律障碍。但最重要的，也许是移民运动的自发性。敢于冒险的年轻人进城找工作，开始更刺激的新生活，用他们的实际行动激励了其他人，直到进城务工成为一种自然、可接受的行为，而这种进城行为也一直延续到今天。海外移民也是如此：先是拓荒者在国外发现土地和发展机遇，然后鼓励亲友一同前往。

女性角色的转变

直到19世纪末，绝大多数欧洲女性的职业身份还是农民，她们不仅要操持大部分家务，还要跟男性一起下田劳作。在欧洲漫长的夏季中，她们经常每天要工作至少十四小时。在冬季，对于那些全年没有土地的农民，女性要跟男性一起到手工作坊里干活，主要是纺纱和织布。当地的企业家组织起这些单独、无组织的工人进行产品生产，并按计件工资的最低标准支付工钱。

工业化和大规模生产破坏了许多手工作坊的发展，迫使农民为寻求工作向工业城镇迁移，工作场所也由田间和手工作坊变为工厂和矿场。此时，女性仍同男性一起工作，甚至一些轻工业领域更愿雇用女性，因为她们更顺从，能和男性干同样多的活儿，而且拿的工资一直比男性低。尽管在工厂工作很辛苦，但许多女性认为这种由农村生活向城市生活的转变，是在改善她们的生活质量。尽管劳动工时长，但至少时间是固定的，也把女性从繁重枯燥的农活中解放了出来，而且工厂的工资一般要比手工作坊的高一些。在工厂效益好的时候，女工们能攒下一份嫁妆甚至开个小店，让家人过上下层中产阶级的生活。

除农业生产之外，家政服务是19世纪女性就业的第二大领域。当时，富裕的家庭会雇用几十个用人，这并不夸张；而最普通的中产阶级家庭，也至少都有一位女佣。家政用人的工作环境很恶劣，工时长、报酬低。在大家族里的用人通常工作条件最好，他们能有自己的房间，用人之间会形成自己的社交圈。在不太富裕家庭里工作的女佣，条件是最艰苦的。她们不仅要负责所有的工作，还只能睡在厨房或是楼梯下面的简陋小床上，无任何隐私可言；天还没亮就要起来干活，一直做到深夜，擦鞋、生火、洗衣、打扫，听主人的吩咐，随叫随到，直到主人都休息了自己才能休息。甚至她们晚

上图为19世纪60年代，一家德国纺织厂里机器大规模生产的场景。值得一提的是，工厂的工人均为女性，她们同男性一样能熟练工作，拿的工资通常比男性低。图中唯一的男性可能是工头，但更可能是机修工，他负责机器的正常运转。

上都不能安稳睡觉，如果家里的男主人有性需求，她们还要予以满足。正因为如此，当时私生率高居不下。但即便如此，女性（男性也是一样）一般还是愿意从事家政工作，而不是去工厂做工，因为就算家政服务的工作环境再恶劣，也要好于工厂和矿场。而如果能在富人家干活，他们就能接触到上流社会，在工薪阶层中获得一个较高的地位（至少他们是这样认为的）。

19 世纪，随着中产阶级在工业社会中迅速成长，对用人的需求也迅速增加。新兴的中产阶级妇女有着自己的抱负与追求，想要从体力劳动中解放出来，至少是从最为繁重的家务琐事中解脱，而当时，家用工具还没有普及，她们要获得自由，这些工作就只能由用人来做。是否雇用仆人，是中产阶级家庭区别于下层阶级家庭最明显的特征，流行雇用仆人，便体现了这种区别。当时，中产阶级和上流社会的妇女都穿紧身胸衣、圈环裙和配有内衬的长裙，这样的穿着就表明她们无须进行体力劳动，也是生活富裕和社会地位高的标志，就如同在中国妇女裹脚也能象征其较高的社会地位一样。

但事实上，1850 年的欧洲，无论女性来自哪个阶层，她们在法律、经济和社会领域都是从属于男性的。法律规定，她们的人身自由、财产都要受其父、其夫和其兄弟的支配，无一例外。她们完全参与不到国家的政治生活中去。虽然在很多欧洲国家，男性的参政权得到了一定拓展，但仍然没有任何国家赋予女性选举权。女性不能进入政治领域，那些有着世袭女性统治者的王室例外。除了担任教师，女性不准从事其他职业，而直到克里米亚战争期间出现了弗罗伦斯·南丁格尔（Florence Nightingale）*，护士才被视为一个值得尊敬的女性职业。但对于中产阶级妇女而言，要获得一定程度的经济独立仍然极其困难。从这方面来看，工薪阶层妇女的地位就比男性更高一点，但她们大都情愿放弃这一优势。

女权运动旨在为女性争取法律、政治和社会地位方面更大的平等权利，或至少要为女性赢得更多的自由，起初这被视为 19 世纪中

* 弗罗伦斯·南丁格尔（Florence Nightingale，1820—1910），因在克里米亚进行护理而闻名，是世界上第一个真正的女护士，开创了护理事业。——译者注

期一项持续不断又意义重大的运动。但最终，女权运动大多只局限于上流社会和中产阶级中具有政治觉悟的女性群体当中。工业化带来了社会变革，欧洲自由主义思想本身又孕育着人生而平等的思想，女权运动就是这两者的联合产物。妇女在农奴解放运动中发挥了重要作用，受到农奴解放运动的鼓励，受教育的女性强烈认识到自己在男权社会中的从属地位，力求去除束缚自身的性别枷锁。对于妇女平等这一话题，英国著名政治哲学家约翰·斯图亚特·穆勒（John Stuart Mill，1806—1873）* 的论述最具说服力，他于 1869 年发表了《女性的屈从地位》一文，其中提到："规范两性之间的社会关系的原则——一个性别法定地从属于另一性别，其本身是错误的，而且现在成了人类进步的主要障碍之一。我认为这个原则应代之以完全平等的原则，不承认一方享有权力或特权，也不承认另一方无资格。"

为了争取同男性一样的妇女选举权，1848 年在法国、19 世纪 60 年代在英国，人们进行了一系列的努力，但最终无果。之后，大多数女权主义者便开始努力促进教育改革，为女性争取工作机会，以及消除女性司法上的不公正待遇。再之后，妇女争取选举权的运动到 19 世纪 90 年代又得以恢复。

欧洲各国中，英国的女权运动最为成功，影响力也最大，1890 年时，已经取得了一些重要胜利。1870 年，英国通过了《已婚妇女财产法》（分别在 1882 年、1887 年进行了修订），规定已婚妇女有权

* 约翰·斯图亚特·穆勒（John Stuart Mill，1806—1873），英国著名哲学家和经济学家，19世纪影响力很大的古典自由主义思想家。他支持边沁的功利主义。——译者注

《漫步在香榭丽舍大道》。法国著名艺术家、漫画家奥诺雷・杜米埃（Honoré Daumier，1808—1879）*的诸多作品，都讽刺了19世纪中期，巴黎妇女闲暇时华丽招摇、毫不实用的着装。

以自己的名义拥有财产，这为日后立法、最终赋予女性完全平等的财产权开辟了道路。1869 年，女性在地方政府的选举中获得投票权，也能够在地方政府担任公职，但即使女权运动人士及其支持者一直在努力争取女性在议会中的平等地位，直到第一次世界大战之后，女性才获得全国大选的投票权。虽然整个 19 世纪，教师职业

* 奥诺雷·杜米埃（Honoré Daumier，1808—1879），法国著名画家、讽刺漫画家、雕塑家和版画家。是当时最多产的艺术家，也是法国19世纪最伟大的现实主义讽刺画大师。——译者注

的大门都为女性敞开，但女性接受正规教育的机会却极少，这就导致女教师、女家庭教师普遍教育水平低和未经培训。1848 年，建于伦敦的皇后学院（Queen’s College）是第一所为女性教师提供正规、系统培训的学校，之后，女性受教育的机会逐渐增多。但若是女性想要从事其他的职业，仍然很难，备受打击，这一情况到 20 世纪才有所好转。

在欧洲大陆国家，女权运动者数量更少，取得的成效也更有限。很多国家，女孩也像男孩一样开始接受义务教育，这就需要更多的女教师来授课，也在很大范围内提升了女性的受教育水平。但就整体而言，欧洲女性的地位直到第一次世界大战之后才显著提高。为什么欧洲大陆上的女权运动不如英国的成功呢？有一点或许能够解释：欧洲大陆上激进的政治运动不断发展壮大，其中有很多都超越了女权运动，要求对现有的政治、经济体系进行彻底变革。所以，仅仅呼吁女性平等的女权运动就与这些政治激进主义者相冲突，导致女权运动势力减弱。

城市化与社会转型

工业革命在欧洲社会造成了一定的混乱，这种混乱也给人们带来了痛苦。农民从自己的土地迁移到陌生的环境；人们涌入肮脏、不卫生的公寓大楼；矿场和工厂里的工作条件极为恶劣；工人的工时长、薪水低；剥削童工和女工；缺乏安全防范措施，也无意外保险、疾病保险。工业革命酿成的恶果被暴露无遗，受人诟病，有理有据。当时，人们每天要在没有暖气的工厂里工作十四到十六小时；矿场雇用小孩子拉煤车，因为不用付太多薪水，而且这些童工个子小又能爬过狭长的竖井；工人在操作机器时哪怕打一下瞌睡，都有可能会失去一只胳膊或一条腿。他们没有保险，即使完全丧失了劳动能力，也得不到任何补偿。人们不受限制地自由开办公司，给国家和许多私人个体带来了大量财富和权力，但这种自由对于普通人而言，就意味着薪水低、吃不好、住不好的生活。经济低迷时，他们轻易就被解雇，食不果腹，毫无保障。

然而，经济发展带来的痛苦在欧洲并不新鲜，如果说工厂和矿场的工作环境充满压迫，那手工业作坊也并不轻松。人们很容易就把农村生活想得浪漫化，但事实上，19 世纪农场工人的境况普遍要比城市工人还糟糕。农村里穷人住的房子都是泥坯造的土屋，狭小昏暗，和城里的公寓一样肮脏不堪。农场工人赚得比城市工人还少，大都还是季节性的工作。很少有农场工人能经常吃得起肉和奶酪，他们通常只吃面包、土豆、萝卜，以及随季节出产的水果和蔬菜。他们基本上不被允许在当地的森林里打猎、小溪里钓鱼，如果被发现偷猎，就会受到重罚。人们进城的原因之一就是想过上更好的生活，而直到 19 世纪末，这一愿望才得以实现。

此时，大城市中工业革命带来的恶果已经让许多政府意识到必须要采取补救措施。城市人口的聚集趋势促使工人更积极地争取改革，于是工会和劳工团体组织起来一致表达不满。19 世纪下半叶，一系列的政府法规逐渐改善了欧洲西部大型工业的工作环

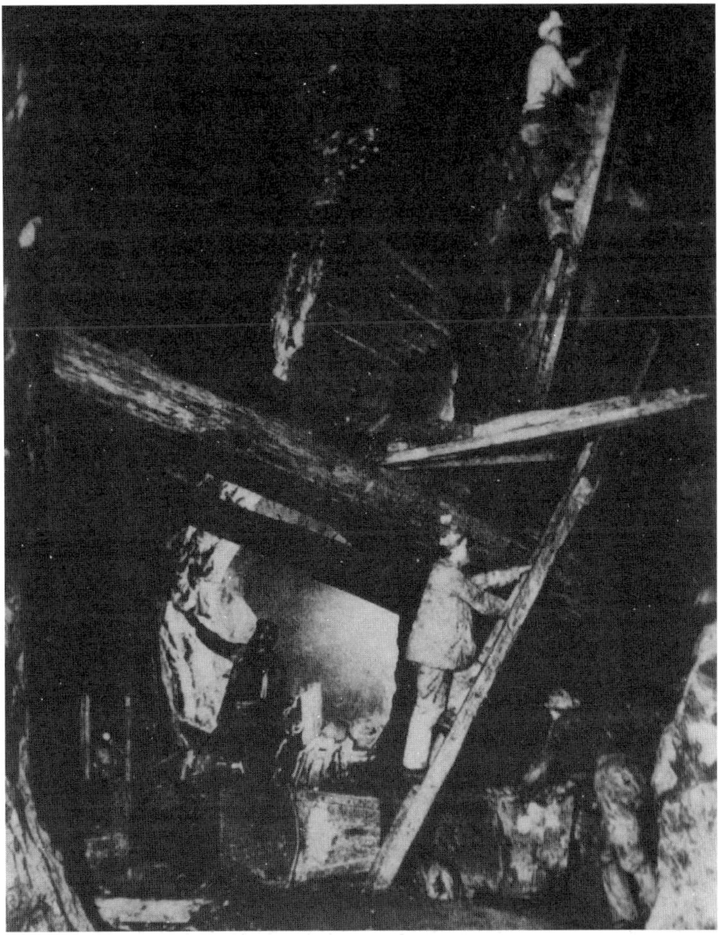

1893年位于康沃尔（Cornwall）的一家锡矿。20世纪之前，大多数矿场和工厂的工作环境都极其危险。

境。由于新颁布的法律对住房和卫生条件提出了更高要求，并引入了煤气、电灯等便利设施，城市条件的改善让城市生活变得不再那么痛苦，也更容易让人接受了。

产业工人既是市场消费者，又是劳动者。历史上第一次，劳动者能经常吃得起肉了。白糖、柑橘和可可进入大众市场；茶叶、咖啡，这些曾经的奢侈品，已成为每个阶层的常规饮品。鞋子、衣服、

照片拍摄于1877年，是给刚出狱的人员提供的寄宿房和施粥场，由当过警察的贝利斯（Baylis）先生（左）经营。他曾给予狄更斯（Dickens）和其他英国作家诸多有关伦敦下层社会的素材，功不可没。

家具和玩具大规模生产，且价格不贵，多数人都能买得起。总而言之，工业革命尽管有诸多弊端，但在社会转型期还是给大多数人带来了大量的物质财富。比较一下非产业地区与产业地区工人的生活条件，也许在一些情况下两者一样悲惨，但我们要意识到的是，向机器技术转换的过程中是获得了物质利益的。

欧洲经济革命使欧洲社会发生了重大改变。几百年来，土地都是贵族阶层的经济基础，但现在却不再是主要的财富来源。新产业、金融资本和商业贸易给中产阶级带来源源不断的财富。他们的需求愈加强烈，要求获得与自身经济实力相匹配的政治权力。在 19 世纪的大部分时间里，他们不断挑战土地贵族的政治权威。

新型工业社会中越来越多的人口来自城市无产阶级，他们既是大量的产业劳动力，又是潜在的强大政治力量。19 世纪早期，多数产业工人愿意接受中产阶层的政治领导。但 1848 年革命失败后，工人们逐渐认识到他们和中产阶级的利益分歧，开始转向工会、社会党团体之类的经济政治组织，增强自身的利益。

在欧洲西部，社会从乡村主导型向城市主导型的转变还带来了其他一些重大影响。聚集在城市的人口比分散在乡村的人口更易受到新思潮的影响。人们割断了传统的乡土情结，住进无人知晓他们的城市，寻求对事物的认同感、新归属感和情感依恋。城市成为了工业时代群众运动的重要中心，培育出民族主义和社会主义学说、新的宗教学派、戒酒社团、改革运动、革命协会，以及科学艺术领域的新运动。

第二章

思想与文化氛围

基督教会的深远影响

人们一般认为，19 世纪经济和社会的动荡、科学思想的影响，以及对唯物主义价值观的日益重视导致宗教信仰的虔诚度急剧下降，有充分的证据来支持这一观点。在欧洲各国，工人阶层中的大部分，尤其是进入大城市的务工人员，都失去了同教会的联系；而且对于许多人来说，科学发展对《创世记》(*the Book of Genesis*) 字面真实度的极大冲击，以及《旧约》和《新约》(*the Old and the New Testaments*) 在校勘中呈现的不一致性，均无可挽回地损害了《圣经》(*the Bible*) 的权威。鉴于 1850 年后教会行使的政治权力、教堂抗压和抵制迫害的能力，以及在欧洲和海外传教活动的活跃程度和范围，不难发现，基督教会在欧洲社会仍然十分强大，对人们的心智产生极大影响。

罗马天主教会是欧洲最强大、最具影响力的教会。庇护九世(Pius IX，1846—1878 年在位) 在罗马政府内推行改革，1846 年继任教皇后不久，又被誉为“进步的教皇”；两年后，在抗击奥地利的战争中，他拒绝支持意大利民族事业的发展，被视为卖国贼，遭到意大利爱国志士的谴责。紧接着，由于罗马本土发生的共和革命，庇护九世流亡他乡，1850 年重返罗马，坚决捍卫传统制度和价值观。1848 年革命后的政治回应阶段，庇护九世同一些世俗政府签订有利条约，被视为是与罗马天主教会联盟，共同对抗革命。

1864 年，庇护九世发表通谕《何等关怀》(*Quanta Cura*)，附以《错误学说汇编》(*Syllabus of Errors*)，打击了当时的主流观念：民族主义、社会主义、共产主义、共济会理念、自然科学、宗教无差别、宗教宽容、世俗教育和政教分离。我们不该相信"罗马教宗能够并且应该接受、认同进步思想、自由主义和当代文明"。

庇护九世一方面在其他领域努力捍卫现状，另一方面在教会内部也推行一系列改革措施。1869 年，全基督教大公会议在梵蒂冈(Vatican)召开，这是继 16 世纪特伦托大会(Council of Trent)之后的首次会议。会议声明，教皇在谈及信仰和道德问题上是无误的，因为他被授予了至高无上的权威。教会内部的行动旨在限制教皇的权力，并把实权转移到议会或主教手里。但是会议上提出的教皇无误的观点被接受，就标志着这些行动的失败和教皇的胜利。而同时，这也体现了教会内部专制集权的胜利。

精神事务中的教皇特权得到了认定，与此同时，教会也正失去最后仅存的世俗权力。在意大利的统一战争中，教皇国(the Papal States)于 1860 年丧失了绝大部分领土。法国出军保护罗马免受意大利民族主义人士的侵犯，但在 1870 年法国撤军，转而投身于与普鲁士的战争中。在梵蒂冈会议期间，意大利国家政府的军队占领罗马，将其定为新统一的意大利的首都。教皇仅剩下梵蒂冈这块领土，其活动范围最远只到圣彼得大教堂（St Peter's）。庇护九世和他的继任者拒绝承认罗马的沦陷，并在梵蒂冈采取自我监禁的措施，一直延续到 1929 年。

罗马和教皇国的沦陷，尽管在当时被视为教皇统治的灾难，但事实上却是教皇统治维护精神权威的新契机。格里高利一世（Pope Gregory the Great）在一千多年前设想教皇统治的情况如今能够实现：世间存有良知，无须考虑个人行为对世俗统治的影响。

庇护九世对教皇权威的认定和对当时政治和思想趋势的强烈谴责，警醒并疏远了许多世俗政府和自由的天主教会。利奥十三世（Leo XIII）从 1878—1903 年担任教皇，在教宗权威上继承前任的观点，但在教宗声明中表现得十分老练，更愿正视当时的问题。他提倡复兴托马斯·阿奎纳（Thomas Aquinas，1225—1274）的研究，其著作中涉及的许多道德问题在 19 世纪依然存在。例如，阿奎纳曾说过，真科学和真宗教彼此没有矛盾。根据这一说法，利奥十三世放松了教会对科学的反对态度，鼓励天主教科学家努力工作。

利奥十三世意识到，教会在许多国家都支持极端保守者和沦陷的君主主义事业，而这实际上有损教会的权威性。他认为，民主与天主教是可以共存的，与那些更为专制的政府也是可以共存的；真正的个人自由在天主基督教中根基牢固，坚不可摧。他相信，教会组建政党，不反对代议制政府并与其合作，才能更有效地达成目标；教会还应更加关注社会问题。在《劳工通谕》（*Rerum Novarum*，1891）中，利奥十三世主张应用基督教原则解决当时的重大社会问题。他谴责不受约束的自由企业滥用职权，工人素质随之下降。尽管他捍卫私有财产制度，但还是认为，社会主义中很多内容在原则上是源于勿爱钱财的基督教义的。他指出国家、教会和雇主有责任改善工人的工作条件，同时也鼓励工人借助天主教党派和工会的发展，实现自助。

罗马天主教会作为在死亡或腐败的基础上维系的精致上层建筑，是不会崩塌的。在19世纪同世俗权威频繁激烈的斗争中，教会展现出可以利用民众支持的能力，只有民族主义的新观念能与其匹敌。在与民族主义运动直接发生冲突的意大利，教会成功抵抗住世俗政府的攻击；在爱尔兰和波兰，教会利益常与国家利益一致，因此在努力摆脱外国统治中发挥了领导作用。拿破仑三世是当时公众舆论的风向标，他给予教会广泛的权力来为自己的政权赢得支持。在国内外政策上，他做出多个重大决定，来应对罗马天主教方面的舆论压力。在法兰西第三共和国（The Third Republic in France）建立的最初几年，教会失去了许多很宝贵的特权，然而在1890年，教会凭借新建的政治与劳工组织，强势回归。在奥地利，政府向教会寻求支持，对哈布斯堡王朝（the Habsburg empire）强制实行中央集权管理。1867年后，在反教权主义的自由政府统治时期，教会同区域性的民族运动合作，掌控着国家的少数民族群体。1879年后，塔弗政权（Taaffe regime）试图安抚这些少数民族，教会成为抵抗这一政权的壁垒。在德国，罗马天主教会被证明是唯一能够阻挠俾斯麦（Bismarck）的力量。俾斯麦曾计划破坏教会势力，结果却促使天主教中央党（Catholic Center party）团结起来，从而成为德意志国民议会（German Reichstag）中最强大、最稳固的政治党派，这是俾斯麦少数的政治失败之一。在抵抗俾斯麦和新德意志民族国家的过程中，罗马天主教会的领导人表现勇敢、坚守原则，让自由、激进的知识分子感到羞愧。在这种情况下，教会领导者得到了大多数德意志罗马天主教徒坚定、慷慨的支持。

对《圣经》的科学考证给新教造成的影响要比对天主教的影响更为严重，因为新教理念始终更为依靠《圣经》的权威性。对于《圣经》的学术批评屡见不鲜，然而，新教和天主教的神学家从象征角度阐释《圣经》，却似乎一直面对前后矛盾、不合情理的段落。有关《圣经》的批评似乎无法动摇大多数新教徒的信念，而教友的增长速度起码同总人口的增长速率一致。对于几个主要的新教国家，除了在一些城镇劳动者和少数知识分子群体中，宗教在日常生活里的角色变化甚微。在俄国，沙皇控制下的东正教教会（Orthodox Church）仍然在政治和社会中发挥重要作用。

新教教会所表现出的忠诚并没有天主教会那么显而易见。由于最大的新教教会是隶属于国家的，所以其信徒并未受到迫害。但即使是在遭受官方迫害的地方，新教教徒也勇敢执着地坚守他们的信念。在英国，来自卫理公会、浸礼会和其他抵制英国国教权威统治的新教反对者，成为自由党派的强大力量，尤其是在威尔士（Wales）

和苏格兰（Scotland）地区。自由党领导人没能足够重视这一群体的宗教感受是1874年自由党选举失败的重要原因。

基督教传教运动在19世纪最后的几十年里，热潮显著，进一步证明了基督教会在持续壮大。交通运输不断发展，曾经只有最勇敢的旅者才能进入的领地也实现了新开通，为海外传教活动提供帮助。事实上，大量传教士远赴异国他乡，冒着生命危险在未知、不健康、危机四伏的土地上传教，这表明，欧洲人不仅对人类拥有进步能力抱有普遍的乐观情绪，而且也坚守着他们的信念和献身精神。

当时最重要的传教活动是由法国完成的，它提供的传教士和资金支持，比其他欧洲国家提供的总和还要多。主要借助法国传教士的传教活动，罗马天主教会于1875年、1884年、1886年和1891年分别在中国、北非、印度和日本建立了完备的教会等级制度。

19世纪末，约有4万天主教徒、1.8万新教徒（包括所有分支教派）和2万俄国东正教徒作为传教士，进入非洲、亚洲和太平洋地区。天主教会估计他们已在这些地区使约四千万人改信天主教。这一数字本身微不足道，因为大多数教会所提供的数量都会有所夸大，而且皈依天主教的教徒质量也有很大差异。然而，不容置疑的是，欧洲传教运动十分活跃，并获得了来自国内教会的强有力支持。

欧洲本土的传教活动也不可忽视。罗马天主教会宣称在新教国家使大量信徒改信天主教，但是新教教会也宣称其教徒在数量上有所增加。欧洲内部教徒皈依的数量同海外皈依天主教的教徒数量一样，也是有所夸大，但大量的信仰改变是事实，也暗示着基督教持续受欢迎的情况。

基督教掌控着人们对于信仰的忠诚，势力强大。然而，基督教会和所有传统权威的形式一样，在19世纪愈来愈陷入防守的状态。人们普及科学理论，挑战了大众所能接受的有关人类所处时空位置的说法；宣传政治理论，质疑了有关人类社会地位的传统观念，这些做法对当时经济和社会动荡产生的文化冲击、影响愈加猛烈。

物质主义和现实主义：新权威原则

19世纪后半叶，物质发展进步巨大，人类更加考虑物质需求，因此，这一时期被称为物质时代。在各个社会阶层，人们似乎热衷于积聚物资，以物质财富作为标准来衡量自身和友邻。许多知识领袖倡导实证主义的哲学观，即包含心理和精神品质在内的一切都是自然力的产物。1864年，庇护九世认为必须要谴责这种观念："其他的力量，若不是有关物质方面的力量，那就不该被承认……这些力量以一切可能的方式，牺牲一切的欢乐，用来积聚、增加财富。"

教皇是有理由担忧的。19世纪并非一直遵守道德，但还是很注重道德发展的。社会各阶层大都能追求到的欢愉是很少受人指责的。积累财富不会被看作一个人享受生活的方式，而是被看作他并没有虚度时光或追求无聊事物的标志。在这一点上，19世纪的中产阶级同16、17世纪的加尔文教派（the Calvinist）信徒的态度相似。

同物质主义观紧密相连的就是，人们相信必须要“现实地”看待这个世界与其带来的问题。至少在大众心中，科学的胜利来自对事实证据的客观分析，人们对此印象深刻，于是很多人摒弃了抽象概念，为直面事实，了解世界的本来面目而感到自豪。这种观点被1848年革命失败后处于理想幻灭期的政治家们广泛接受，当时革命的失败通常归因于革命领袖过于空幻的理想主义。19世纪末，善于表达的政客十分看重现实主义，后来的历史学者愿意从表面上接受对这种看法的当代评价。他们对于俾斯麦和加富尔（Cavour）的治国才能有了更实际的新认识，承认武力在实现政治成功上做出的卓越表现，愿意抛开那些不切实际、毫无关系的道德观念和理想主义。这种政治现实主义与科学现实性、艺术现实性是一致的。

然而，新现实主义在19世纪末真的盛行吗？俾斯麦、加富尔对政府利益的评估，会比梅特涅、卡斯尔雷（Castlereagh）这些数十年前的外交家更现实吗？他们会比拿破仑更敏锐地感受权力的重要性吗？他们会比塔列朗（Talleyrand）更愿意摒弃传统的道德标准吗？

甚至，我们有更多理由去质疑当时各具特色的思想力量——自由主义、民族主义、社会达尔文主义和马克思社会主义，除去科学研究的幌子，这些思想理论真的是现实主义的吗？人们相信代议制政府、民族独特性或权威性、无产阶级的胜利，以及国家统治的消亡，这些全都依赖于信念，宗教信仰更是如此，因为世俗的信念更容易受到事实的挑战。

艺术方面亦是如此，这一时期的现实主义既不那么现实，也非独创，亦没有同时期和之后的艺术家所设想的那样被普遍接受。小说家埃米尔·左拉（Émile Zola）和画家居斯塔夫·库尔贝*（Gustave Courbet）热衷现实主义，把这种思想融入传统悠久的欧洲艺术流派中。此外，他们歌颂卑俗生活，显示了强烈的浪漫主义元素。

当时真正流行的艺术，远非现实主义的，坦率地讲，是伤感、逃避现实的；现实派的作家、画家让大众受到（或者假装受到）极大震撼。居斯塔夫·福楼拜（Gustave Flaubert）在小说里描绘了通奸情节，不顾明显的社会道德约束，结果他被拿破仑三世流放，难以成为两性道德的典范。另一位法国人，爱德华·马奈**（Édouard Manet），敢于描画裸体女性，且没有把她们装扮成仙女或神话人物，于是被归为道德变态，遭到批评家和公众的诽谤贬低。

总而言之，19世纪的人们看重物质价值和现实主义，同历史上的其他时期一样，都变得伪善起来，受到情感和思想力量的影响。

信仰科学：达尔文与达尔文主义

科学在欧洲社会经济变革中扮演着重要角色的同时，也给欧洲知识阶层带来了同样重大的影响。由科学发明衍生的产品层出不穷，在欧洲人民的生活中俯拾皆是。当时，科学开始一一解密那些曾被

* 居斯塔夫·库尔贝（Gustave Courbet，1819—1877），法国画家，写实主义美术的代表。——译者注

** 爱德华·马奈（Édouard Manet,1832—1883）是19世纪印象主义的奠基人之一。——译者注

视作奇迹的自然现象。实际上，科学为解读生命和宇宙提供了一个全面的视角，而与启示宗教的宇宙论相抗衡。很多人甚至将科学本身视作一种宗教。

在这一时期，信仰科学并不是少数知识分子的专利，而是成为那个时代主流文化的一部分。尽管人们的教育和社会背景天差地别，但他们都成群结队地去听关于新发明和新理论的公开演讲，而那些演讲者自身，大多也如传教士般狂热。正因为科学普及者们的努力，加之当时杰出的科学成就，人们开始普遍相信，科学最终将能解释世间万象，最后消除贫困、根除疾患，甚至避免死亡。

然而，科学家却并非如此乐观。最负盛名的科学家中，有些人也充分了解到自身的局限，他们意识到科学可能永远也无法解释一些谜团，诸如宇宙起源和生命起源之类，因此这部分人仍然转向启示宗教，以寻求万物存在的终极解释。不过大多数人，包括一些激进的科学普及者在内，都断然摈弃一切超自然理论。他们认为，所有无法用理性和科学断定的事物都是永远不可知的。

尽管19世纪出现了许多具有革命性的科学发现，但自艾萨克·牛顿（Isaac Newton）时代至这一时期，科学行业的方法论和目标发展甚微：科学研究都是基于实验、观察和系统的实证积累。科学家将大自然视作客观存在，他们相信人类可以发现自然现象运作的基本原理。19世纪人们发现了许多诸如此类的基本原理，似乎证实了科学家的这种假设。早在1791年，安托万·拉瓦锡

（Antonie Lavoisier）* 就开创了物质不灭（守恒）原理，随后宇宙原子构成理论、生物体细胞构成理论，以及细菌和植物生长性质理论等原理相继出现。其中，1847 年赫尔曼 · 冯 · 霍尔兹曼（Hermann von Helmholtz, 1821—1894）** 提出能量守恒定律，即宇宙间的总能量和物质一样，都是恒定的。这可以称得上是对 19 世纪自然科学最重要的一次科学归纳。能量守恒定律为之后的发现打下了基础，即诸如热量、光、电和磁力等明显不同的现象，其实只是物质和能量相互作用的不同形式（如热力学定律和光的电磁理论）。

科学的方法论同样也应用到了人类社会研究中，因为人们相信，不仅可以在自然现象中找到普遍原理，在人类行为中同样可以。社会学创始人奥古斯特 · 孔德（Auguste Comte，1798—1857）*** 创造了"实证主义"这一术语来阐述自己的观点。他认为，人类实质上也不过是一种自然现象，因而也受到自然法则的支配。在孔德看来，人类的所有特质，包括理性、精神、想象和创造力等，都是自然力量的产物，都可以用科学方法衡量。之后，新一代社会科学家中的著名代表人物卡尔 · 马克思（Karl Marx）就是沿袭了这一思路。

到 19 世纪末，科学领域本身发生了一次变革，旨在推翻先前关

* 安托万·洛朗·德·拉瓦锡（Antoine Laurent de Lavoisier，1743—1794），法国贵族，著名化学家、生物学家，被后世尊称为"近代化学之父"。——译者注

** 赫尔曼·冯·霍尔兹曼（Hermann von Helmholtz，1821—1894），德国物理学家、生理学家。——译者注

*** 奥古斯特·孔德（Auguste Comte，1798—1857），法国著名哲学家、实证主义创始人，被尊称为"社会主义之父"。——译者注

于自然世界的假设。通过这一时期开始进行的科学探索，物理学家不得不承认，宇宙的基本结构远非固定或恒定的，而是处处皆处于变化之中，而且他们的宇宙定律及原理也被概率论和相对论取代。一位科学史学家曾对此总结道："直到 1890 年体系才得以建立，而 1890 年后，体系就被证伪。"

然而，在 19 世纪中叶，对科学的信仰非但未因这些疑虑而蒙上阴影，欧洲各地人们对于科学成就的赞赏之情反而愈来愈浓。科学的地位不断提升，人们也越来越相信科学的启示作用。正是在这

图为45岁的查尔斯·达尔文，摄于1854年。

种知识氛围下，自然学家查尔斯·达尔文（Charles Darwin，1809—1882）的理论如风暴般席卷而来。他提出的生物进化理论为地球上生命的发展提供了科学的解释。达尔文并非进化观点的初创者，在此之前的哲学家早就已想出“进化”这一概念，而且地理学家和自然学家也已在此方面积累了大量实证。但最终是达尔文汇编出首部大规格书籍来支持生物体进化的假设，这部书就是发表于1859年的《论借助自然选择的方法的物种起源》（*Origin of Species by Means of Natural Selection*），简称《物种起源》。也是他第一次将进化与自然选择理论（亦非其原创）相联系，以此来解释演化性变化是如何发生的。达尔文认为，世界绝不是有序和谐的，恰恰相反，所有的生物一直都在为生存而斗争。在这种斗争中，那些在捕食、繁殖或自卫方面能力最出众者被自然选择获得生存机会。随后从这一理论衍生出了“适者生存”准则，达尔文理论的普及者视之为支配所有生命的科学定律。

如果要考量达尔文的理论对19世纪观念的冲击，首先必须分清达尔文和达尔文主义的区别。达尔文本人以审慎的态度提出自己的理论，并对其主要观点提出了保留意见和限制条件。达尔文晚年身体状况不佳，很少参加科学会议，也较少参与到因自己的理念引起的争论之中。而达尔文主义则是由达尔文的推崇者所创，他们将达尔文的理论简化为简单易懂的口号。达尔文曾对他的一个追随者说：“你的勇敢有时让我震颤。”由此可见，对这一时期知识氛围影响最深的，是达尔文主义而非达尔文本人。

对许多与达尔文同时代的人而言，达尔文主义最显著的影响是其对基督教和社会公德带来的威胁。因为它否定了《创世记》中关于万物初创的解释，并将其他动物与人列为同等地位，可以说从根本上动摇了基督教教义的根基，撼动了基督教道德基础——人在神圣的世界秩序中是独一无二的。事实上，达尔文主义对基督教造成的威胁远未到许多人担心的那种程度。神学学者早已赋予《圣经》中的部分内容象征或寓言的意味，大部分基督徒在最初的震惊过后，都能轻松地协调进化论的观点和他们的宗教信仰。

达尔文主义对公众的社会态度带来了更为深远的影响。“适者生存”的理论风靡一时，“社会达尔文主义”也被用来解释各类社会现象，比如社会各阶层的存在。达尔文主义的忠实拥护者认为，穷者之所以穷，是因为他们既不聪明又不主动，而且他们不同于那些更优越的社会成员，缺乏后者拥有的干劲。而富裕者则是得到了上天的馈赠。在那个时代，当人们因贫困问题和社会压力而良心有愧时，这种假设可以让人宽慰——当然，穷人除外。

达尔文的理论不仅被用来解释单个社会中的不平等问题，还被用来解释各个社会间的不平等问题。他的观点受到民族、种族和帝国主义者的强烈拥护，他们用之以证明某些国家或社会群体是优于他者的。适者生存的观念也让许多法国人、英国人和德国人相信，他们目前的国际地位就证明了其所在国能够生存下来并统治世界的“适应”能力。这个观念最重要的一点，莫过于使这些国家产生了一种道德强制，迫切地为其“适应”找寻更多证明。而许多民族主义者认为这只能够通过战争来展现。1870—1871 年普法战争中德国赢得胜利，由此很多德国人自鸣得意，认为自己在智力、道德和生理上都比法国人优越。而法国人则极其渴望一场漂亮的翻身仗来重获自尊。种族适者论则断言白色人种优于黑色人种，盎格鲁—撒克逊人优于高卢人，日耳曼人优于斯拉夫人。这些民族主义及种族主义观点并不一定是达尔文主义的产物，但达尔文主义似乎为其提供了理性而科学的辩护，证实了人类最古老且最被重视的一个信仰，那就是，自身所处群体是上天的选民。公众广泛接受社会达尔文主义，这也解释了 1914 年以前欧洲帝国主义和强硬的民族主义盛行的原因。

古典自由主义的黄金时代

科学理论和假设还渗透到政治思考中，并给自由主义政治理念留下了不可磨灭的印记，自由主义的影响力在这一时代达到巅峰。与科学理论类似，大多数自由主义理论也是基于对人类理性的信念，基于人们相信存在一种自然秩序，理性能帮助更好地理解这一秩序并造福整个人类。

自由主义，顾名思义是有关自由的理念。这一理论相信，在外部权威最少干预的情况下，人完全可以自我克制并处理好自身事物，无论这一权威是教会、国家、行会还是工会。每个人都会随自身意愿追求最大化的利益，到头来，所有这些个体的努力汇总起来便会造福全社会。自由主义反映出的是个人主义，因为自由主义分支可以说和自由主义者数量一样纷繁。自由主义作为一种政治运动，最大的缺陷在于，其追随者缺乏统一和一致性。

尽管自由主义非常重视个体的自由，但却并不追求无政府主义。自由主义理论承认人是社会中的成员，而且人在追求自身自由时可能会侵犯他人自由。因此自由主义强调法律、成文宪法和权利法案的必要性，这些可以保障每个个体的权利、自由和财产，保护他们不受专制政府的干涉和其他人的巧取豪夺。

自由主义者在理论上很务实，在实践中更是如此。大多数自由主义者自称相信可以通过代表机构实现自治，但他们中只有极少数人支持完全的民主和普选。自由主义温和派普遍认为，政治代表应只限于受过良好教育的财产拥有者，其实这指的就是他们自己，因为只有这些人才会明智地负责地使用自己的政治权利。很多人担心，如果那些没受过教育或没有财产的人拥有了投票权，他们会轻信煽动者的蛊惑。不过，尽管许多自由主义者坚信教育的力量，他们还是愿意考虑扩大投票人群体的，前提是提高识字率。

由于大部分活跃的自由主义者都来自中产阶级，而且自由主义符合中产阶级的利益诉求，因此它一直被视作中产阶级的政治理念。1848 年革命失败后，自由主义者开始放弃以武力来实现其政治目标。革命已表明暴力是无效的，同时还揭示了由无产大众发动革命的危险性。激进的革命纲领要求取缔私有财产，实现经济、政治权利平均分配。这无疑使中产阶级感到惊恐，毕竟如果发动社会政治革命，在现有的社会秩序下他们承担着更大的风险。因此，1848 年后中产阶级强调要建立或完善代议制政府，以此享受更多的政治权利，因为当时在大部分欧洲国家仍是土地贵族专制。在获得政治上的权利后，中产阶级想通过有序、合法、和平的方式进行政治和社会变革。

大多数自由主义者相信经济活动中企业的自由经营（法语称为laissez-fair，意为自由放任）。他们希望政府能取消国内限制，允许最大限度的经济活动范围，各国实现自由贸易，从而创造出尽可能大的商品市场。与此同时，他们又希望政府保护私有财产。除此之外，尽管自由主义实业家反对政府干预，但他们在向政府申请补贴和贷款时却很干脆。国际竞争激烈时，他们则迅速鼓动采取关税保护措施。国外投资受到威胁时，他们就要求政府进行军事干预。

不管是出于什么原因，宗教或人道主义也好，现实原因也罢，很多自由主义者都站在19世纪社会及政治改革的前线。他们致力于废除奴隶制和农奴制；他们努力减轻工人阶层的痛苦；他们也意识到普及大众教育和改善卫生设施的必要性。开展社会改革，政府必定得干预个人事务，因此自由主义者常常在这个问题上和自己的本心角力。不过，到了19世纪末，他们中的许多人乐意支持政府增加管控来改善人们的生活。的确，自由主义者与社会改革联系日益紧密，乃至如今自由主义者的身份常常与社会主义者或共产主义者混淆，而实际上后二者的理念同自由主义是截然对立的。

社会主义；马克思与马克思主义

19世纪，在一众倡导政治变化和改革的理论中，尽管自由主义扮演着主导角色，但并未完全一统江山。其中最大的挑战者便是社会主义理论。后者同样是贯穿着科学假设，并在1848年革命之后影响力扩展迅猛。社会主义从本质上否认自由主义的观点——若给予人们极大自由，则他们可以解决自身问题，给社会带来巨大效益。社会主义者在理念上如同自由主义者一样，内部存在各种派别，尽管如此，他们普遍同意要有更高程度的社会管理。他们认为自由放任制度混乱不公，因而更倾向于通过生产和分配手段帮助劳动者更公平地分享劳动果实。许多社会主义政治思想家赞同自由主义者的一个观念，那就是社会中的确存在特定的自然法则。但他们并不像自由主义者那样，认为政府是阻碍这些法则良好运行的最大障碍。相反，他们认为人们有责任发现这些法则，然后通过政府行为来组织社会运转，使之顺应自然法则。

社会主义理论发展历程中最杰出的人物当数卡尔·马克思。他所开创的历史理论为打开人类社会的过去、现在和未来之门提供了一把钥匙，马克思认为这也是唯一的一把钥匙。马克思用发展的观点看待历史，他认为自己在描述人类社会的发展进程时，为人类历史所做的努力正如达尔文为自然历史所做的努力。马克思的挚友及亲密伙伴弗里德里希·恩格斯（Friedrich Engels，1820—1895）曾在马克思墓前的悼词中说："达尔文发现了有机自然发展的规律，马克思则发现了人类历史发展的规律。"马克思的重要作品《资本论》（*Das Kapital*）于 1867 年在德国出版，他曾想将其中第一卷的英文译本赠给达尔文，然而达尔文一向谨慎，婉言谢绝了。

与达尔文的情况相似，马克思的观点并非完全原创，而其理论也不是完全有条理成体系。他的文章大多含混不清，自相矛盾。因此，马克思的支持者经常修改其观点来满足自己的需求，使之符合自己的预断。正如要区分达尔文和达尔文主义，我们必须要仔细区分大师和他们的解读者，区别出马克思本人和马克思主义（或反马克思主义）。

以对马克思最近的一些解读为例，它们主要源于马克思 1844 年在巴黎的手稿，以及 1857—1858 年间形成的经济理论。尤其是其中

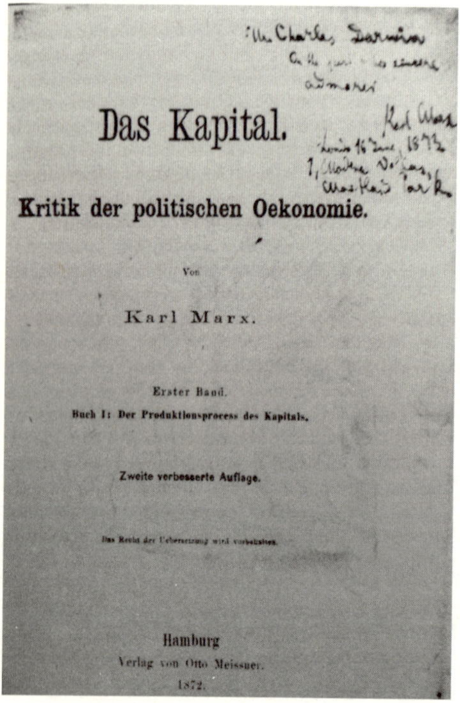
Das Kapital.

Kritik der politischen Oekonomie.

Von

Karl Marx.

Erster Band.

Buch I: Der Produktionsprocess des Kapitals.

Zweite verbesserte Auflage.

Das Recht der Uebersetzung wird vorbehalten.

Hamburg

Verlag von Otto Meissner.

1872.

图为马克思赠予达尔文的《资本论》第一卷，上书马克思亲笔："赠给查尔斯·达尔文先生。——你真诚的仰慕者卡尔·马克思。"之后马克思将这本书的英文译本赠给达尔文，但达尔文婉言谢绝了。

的巴黎手稿，引起了当代学者的关注。因为手稿中表现出强烈的人道主义情怀，且十分关注资本主义社会中人的异化问题。然而，马克思本人从未想要公开发表这些手稿（事实是这些文稿直到近一个世纪之后才公开），之后他也很快不再强调人道主义，而转向他认为对人类境况更为严肃、更为科学的分析。马克思发表的作品是 20 世纪下半叶以前马克思主义的主要载体，其中的中心主题是在解读历史进程时，要用务实而“物质主义”的观念取代乌托邦式的“理想主义”观念。《资本论》即将印刷出版时，马克思曾对他的好友恩格斯坦承，他的作品肯定有许多不足之处，但他也坚信整本书的整体理论框架完整，可谓“德国科学的胜利”。可能正是因为马克思清楚其作品的不足之处，之后便孜孜不倦地完善自己提出的规律，所以最终没能写完《资本论》。但不管如何，直到晚年他都始终确信其基本理念是正确完整的。

马克思有一个首要观点，同时也是他其他一切理论的基础假设：经济是人类一切活动的动力发条，社会的经济结构是法律和政治机构、社会道德及文化的基础。他曾说，在所有的社会中，“物质生活中的生产模式决定了社会、政治和精神生活的基调”。通过从经济角度解读社会，马克思认为自己已经发现了历史的基本模式，那就是阶级斗争。他认为，历史上最关键的矛盾不是政治领域或国家间的矛盾，而是奴隶与奴隶主之间、平民与贵族之间、农奴与地主之间，以及工人与资本家之间的矛盾。

尽管马克思认为阶级斗争是一切历史矛盾的关键，他却并不希望这种斗争无限期地持续下去，也不认为这是永恒的历史现象。恰恰相反，他相信最终的阶级大斗争，或者说经济上的“哈米吉多顿”战场（Armageddon，《圣经》中世界末日之时善恶决斗的最终战场）已经到来。资本主义体系本身不断激化工人与资本家间的矛盾。世界的财富总量集中在少数几个人手中，导致极少数的资本家越来越富有，而越来越多的人受生活所迫沦为最下层阶级。这种社会矛盾将不可避免地发展成为革命。但这也将是一场终极革命，因为新社会将遵循马克思提出的科学经济规律，这样一来矛盾和革命的根本源头就不复存在了。

马克思的经济理论中最重要的一条是剩余价值理论。该理论认为，任何商品的真正价值由生产商品所消耗的劳动决定。在资本主义社会，劳动者非但得不到补偿，其创造的剩余价值反而流入了资本家的口袋。通过革命，劳动者作为财富的实际创造者，将能掌握生产和分配方式，获得劳动创造的所有价值。

马克思认识到，如果要按照科学的经济规律来组织社会运作，那么必须进行某些监督管控。因此在革命结束后不久的这段时期，政府仍需存在。一旦规律运作顺畅，经济阶级不复存在，阶级斗争也随之结束。这时政府会变得多余，逐渐消失。新社会摆脱了政府管控，马克思把摆脱了政府管控的新社会描绘成一个联合团体，“每个人的自由发展是所有人自由发展的前提”。虽然最乐观的自由主义者都不一定认同，一个完全只受自然规律支配的社会能完美运行而不再需要政府，但马克思描画的社会秩序与自由放任体制的理想观念的确惊人的相似。马克思承认，社会矛盾解决后并不能完全平息人类的争端，但他认为未来的分歧会集中在知识和文化领域，而非财富和权利方面。

马克思为社会主义运动打下了理论基础，同时更灌输以革命激情。他敦促工人阶级随时做好全面的准备，迎接革命，推翻资本主义制度。在遭受了几个世纪的镇压和忽视之后，工人们需要帮助，来看清他们切身的利益。应该提供这种帮助的正是社会主义政党，他们应教育大众，带头迎接革命到来；应该要教大众认清，政府、法律、宗教和传统道德标准都是资本家创造出来，用来欺骗和镇压他们的产物。工人要学会识破这种诡计，认清自己的阶级。他们要明白，在资本主义体制下，所有为提升自身地位而做出的努力都是在背叛阶级利益。哪怕通过商会斗争或政府立法可以增长些许薪水或是改善工作环境，但这些实际上是有害的。这些小恩小惠只能延缓革命，最终的革命将能公平地分配财富。工人必须拧成一股有纪律的抗争力量，不断发动阶级战争，直到赢得最终的革命。

马克思犯的基本错误在于忽视了社会非经济因素的重要性，这包括宗教、情感、声望、天分、愚钝，以及类似气候和地理等因素。他的经济理论本身是建立在静态经济的过时观念。剩余价值理论未能充分考虑资本硬件、行政能力、主动性，以及冒险精神这些因素的重要性。资本主义工业革命非但没有迫使越来越多的人进入贫困的社会底层，反而极大地提高了产量，进而提高了所有人的基本生活水平。必须承认，在工业化程度最高的国家，无产阶级正快速消

马克思和妻子燕妮·冯·威斯特法伦（Jenny von Westphalen），摄于1860年。燕妮是一位普鲁士官员之女。马克思是一位尽职的丈夫和父亲。尽管他对资产阶级充满藐视和厌恶，自己却是来自典型的资产阶级家庭。他的女儿埃莉诺（Eleanor）这样描述他："世上最活泼、最快乐的人……最和蔼、最体贴、最具同情心的人。"

失。那些马克思理论衍生的重大革命并不是爆发在他所希望的工业社会，而是出现在了经济极为困窘的农业社会。在所有受马克思主义影响的革命中，政府都发挥着重组社会的作用，而且也没有迹象显示这些政府会逐渐退出舞台。

社会主义政党发现，很难让工人保持持续的革命热情。除此之外，马克思主义理论认为革命不可避免，但又呼吁工人为此做好准备，这本身存在一个矛盾：如果革命不可避免，那么为什么需要如此迫切地做好准备呢?

尽管马克思理论中有谬误和矛盾，他的预测显然也并不正确，但我们也应该清晰地认识到他的理念在人类的伟大思想中占有重要地位。他从经济角度解读历史，即使并非原创，但其解读例证丰富，具有强大的说服力，让人不得不信服经济的确与人类事物的方方面面息息相关。虽然不是所有人都认同经济是社会的基本动力，但哪怕是最激进的反马克思主义者都无法再忽视经济的重要性。同样，他的阶级斗争理论为研究历史和社会提供了宝贵的新思路，引导人们对历史事件和现实问题做出了重要的二次解读。马克思呼吁革命，为社会主义政党做出定位，这些都为世界各地的反对党派提供了理论支持和动力。

马克思不只是一个政治或经济理论家，他也是一个预言家，更是一个真正的信念创立者。他曾预言，革命会毁灭一切，新的完美社会将来临。但马克思主义并不仅仅依托于信念。因为它有科学武装，所以吸引自称为理性主义者的人；因为它承诺社会公正，所以吸引人道主义者；因为它呼吁革命，所以吸引不满现状、心理失衡的重要社会群体，他们想通过革命发泄能量。虽然马克思主义存在一些矛盾，但这并不妨碍它震慑人们的心智，不分种族和国籍都是如此。因此马克思主义与民族主义一齐位于当代世界最强大的革命性力量之列。

民族主义

在 19 世纪的欧洲，尽管传统价值和科学的新兴吸引力影响很大，各种流派的自由主义和社会主义也发挥主要作用，但毫无疑问，最流行最活跃的思想力量是民族主义。在民族主义原则的基础上，德意志和意大利完成了统一；匈牙利摆脱奥匈帝国赢得独立；塞尔维亚、黑山共和国和罗马尼亚脱离土耳其取得完全独立。在那些没有确立民族意识的地区，民族主义无论在国内还是国际政治中，都成为最具破坏力的力量。

这些新兴国家的胜利并不是绝对必然的。以德意志为例，它完全可能会因为国际力量均衡而一直保持分裂，或者说，法国和俄罗斯原本可能直接合力阻碍邻国成为新兴强国。德意志也有可能纳入奥匈帝国版图，这样一来整个奥匈帝国可能会免于崩塌，其中的少数族裔保持统一。如今德国再次分裂，统一前景渺茫。俄罗斯的帝国版图已经延伸至曾经由奥匈帝国统治的少数民族聚集区，同时俄罗斯对这一地区的民族独立运动进行残酷的镇压。

民族主义本身也并非绝对必然。人并不是生而拥有民族自觉。

人的自然天性就包含成为群体的一员的渴望，并希望保持对群体的忠诚。但效忠的对象视年龄和国家而异，这些对象包括部落和宗族、城邦国家、王国和帝国。根据神律或自然法则所言，国家绝非人类社会中基础和唯一的要素。在19世纪，国家由民族主义宣传者代表，仅是诸多社会组织形式中的一种。

在某个特定社会的民族情感发展初期，通常只有少数受教育和了解政治的群体拥有民族自觉。19世纪初期的德意志和意大利就是如此，近代的亚非发展中国家也存在类似情况。大部分人只是开始逐渐充满一种民族主义精神。

有些国家的国民受到外国力量统治，在外国政治压迫和经济剥削之下，民族敏感在憎恨的情感下生根发芽。因此这就更难解释，为何在19世纪末的欧洲各地民族主义都发展成大众运动。但显然，这与当时剧烈的经济和社会剧变有关。大量的欧洲农民移居城市，这意味着他们切断了同教区和土地的联系，远离了熟悉的思维和行为模式，随之而来的便是情感和心理上安全感的缺失。这些背井离乡的人找寻着新的联系和依恋，以及新的身份认同和群体归属。民族主义则似乎满足了许多人的需求。

然而，基督教的持续蓬勃昭示着对昔日的依恋仍然顽强，欧洲各地的许多人仍固执地依赖传统的政府和社会，以及地方权威和习俗。但此外，科学和社会主义这些知识及意识力量也是强有力的竞争力量。为了克服民族主义的反抗并给其人民灌输恰当的忠诚感，一些政府通过国家控制的教育体系、义务兵役，并操控媒体及当代国家可以使用的所有手段，来进行刻意的高强度教化，这在那些昔日归属感仍然很强的新兴国家尤为如此。在某些国家，并不是由某一民族掌控政府，比如爱尔兰和昔日奥匈帝国的许多地区。这些国家的民族教化工作则由民族革命性团体或文化社团完成。不管是上述哪种情况，在向大众传达民族主义精神方面，教化都发挥了主要作用。

民族教化的一个重要内容就是形成理论来证明国家的民众源自相同的种族，拥有一致的文化与历史传统，历经同样的民族悲痛与巅峰。因此 19 世纪历史学的兴盛并非偶然，这一时期的历史学者重民族起源和欧洲民族的发展，且对民族传说、神话和音乐有着强烈的兴趣。比如在德意志，“格林兄弟”（The Brothers Grimm）——雅各布 · 格林（Jacob Grimm，1785—1863）和威廉 · 格林（Wilhelm Grimm，1786—1859）搜集那些古老得几近被遗忘的民间童话；理查德 · 瓦格纳（Richard Wagner，1813—1883）* 根据日耳曼民族的史诗创作歌剧。民族主义的杰出学者汉斯 · 科恩（Hans Kohn）曾写道：“东欧和中欧的民族是由诗人、文献学家和历史学家创造的。”

文化民族主义的代表是约翰 · 戈特弗雷德 · 赫尔德（Johann Gottfried Herder，1744—1803）** 及其追随者。他们认为每个民族都有

* 理查德·瓦格纳，德国浪漫主义作曲家、著名古典音乐大师，代表作有《黎恩济》《漂泊的荷兰人》《汤豪舍》等。——译者注

** 约翰·戈特弗雷德·赫尔德（Johann Gottfried Herder，1744—1803），德国思想家、作家及文艺理论家、狂飙运动理论指导者，著有《关于近代德国文学的片段》《批评之林》等，曾编纂《民歌集》。——译者注

公共雕塑呈现出民族主义风格的不断变化。主导19世纪上半叶的文化民族主义转变为政治军事民族主义，两幅图片展现了这种对比。左图为1857年建于魏玛的歌德和席勒纪念像，这一时期德意志的大部分公共纪念碑仍然是纪念文化英雄。右图为1891年建于汉堡的俾斯麦像。

独一无二的民族精神，值得留存。到了19世纪，这种思想被政治民族主义取代，后者认为，要想有效保存每个民族的民族价值观，必须建立一个主权国家。同一时期，政治理想派中的自由民族主义被更为自大而褊狭的民族主义取代。前者将建立单一民族国家视为实现代议制宪政的一种途径，以此保障所有公民享受到自由和公正。而后者相信民族的优越性，这其中种族主义是关键因素。后一种观念的支持者越来越希望通过牺牲法制和个人权利来取得单一民族国家的强盛和荣耀。

一些人似乎能从自己归属于某一优越民族或种族这种想法中获得极度的满足，这无疑是当代民族主义最大的魅力。另一个更大的魅力则可能是一个相伴而生的观念，即自身所属的优越民族是上帝的选民，或在世俗中承担着独特的使命。这种民族使命的概念满足了人类的一个需求：感觉自己参与到比个人本身更伟大、更高尚的事业中，这种事业值得做出牺牲和奉献。这种需求甚至比身份认同和归属感更重要。意大利伟大的民族主义倡导者朱塞佩·马志尼（Giuseppe Mazzini，1805—1872）* 对民族主义这种弥赛亚式的特性做过生动的描述："民族是上帝赋予人的人道使命，是最终必须完成的使命和任务，以此在尘世完成神圣使命。"

抗议之声：尼采

每个时代都会产生进步人士，以其独立的思想反抗当下的主流政治思想浪潮。自 18 世纪后期开始，大多艺术家和作家都怀揣浪漫主义精神，视反抗社会现状为己任。到 19 世纪尾声的几十年间，抗议之声已达到高潮。批量生产、大众化教育及意识形态似乎都在摧毁人的个性和创造精神，将欧洲文化多样性削减至最低。无政府主

* 朱塞佩·马志尼（Giuseppe Mazzini，1805—1872），意大利革命家、民族解放运动领袖，意大利建国三杰之一。——译者注

义者、艺术家、哲学家、诗人以各种方式表达其对当代世界的憎恶，其中以德国哲学家弗里德里希·尼采的表现最为瞩目。

同任何时期的反抗者一样，尼采只是他所处时代的代表人物之一，但他所厌恶的社会曲解并滥用他的思想，犯下了作为思想家最不能容忍之罪行，这一点使他有别于他人。这主要归咎于他的妹妹伊丽莎白·福尔斯特·尼采（Elisabeth Förster Nietzsche）。在尼采陷入精神疾病直至去世以后，其妹获得其作品的保管权，并篡改其尚未发表的手稿，使尼采变身为德意志民族主义和种族主义的代言人。直至 1935 年伊丽莎白·福尔斯特·尼采离世，才有可靠学者获得了尼采的原稿，至此，尼采的全新形象终于得以呈现。

尼采远不是日耳曼民族优越感和种族主义的信徒，他将德意志民族主义和种族仇恨抨击为“心灵疥疮和败血症”。他反对“德意志帝国正盛行的这一完全错误的民族自负感和扭曲民族观”，在他看来，对于一个历史感浓厚的民族而言，这种观念理应受到加倍的蔑视。尼采预言，新的德意志民族国家将会湮没德意志精神。德意志人民痴迷于权力感，不惜用民族文化换取国家强盛，其做法无异于自我毁灭，不值一顾。

同时，尼采反对欧洲当时的普遍学术风气：道貌岸然、才疏学浅却自命不凡的平庸之才遍布社会。学者们目光短浅，沉溺于文学批评，对历史的细枝末节纠缠不休；科学家们热衷于探索自然世界，以求重大发现。但这些都无益于解决具有普世意义的永恒问题。他们的发现有何成就？他们试图达成何种目标？究竟意义何在？

尼采认为，追求价值应该是思想家们永久关注的基本问题，因为对价值的定义不能一劳永逸，必须不断检验。荣誉不属于敢于坚定信念的人，而属于敢于质疑信念的人。

尼采所追求的最高价值在于文化和文化创造。他心目中的“超人”并非野蛮的德意志种族主义者或征服者，而是一种创造精神，如艺术家、哲学家、政治家们用才华带他脱离凡尘俗世，用思想和作品为他的生活注入美好与价值。米开朗琪罗（Michelangelo）、歌德（Goethe）、贝多芬（Beethoven）、恺撒（Caesar），都是尼采的“超人”。

尼采对文化有自己的贡献，他提出的人类行为理论在诸多方面意义深远，甚至超过了马克思或弗洛伊德（Freud）的思想。尼采认为，人类的根本驱动力不是经济，也并非性，而是权力意志（Will to Power），人的本性都从属于这种权力意志。权力意志也是人类创造力的基本要素，使“超人”有别于常人。缺乏坚强意志、激情和冲动的人，其所能创造的美好事物无外乎阉人生孩子。尼采并未颂扬权力本身。人类掌握权力的最高标准在于其有能力控制权力，化冲动为创造力，将精力投入更有意义的活动中去。“手无权力且性格软弱的人不愿受到风格的束缚……他们认为自己及周遭环境必须具有自由的本质——狂野、任性、古怪、无序、惊人、随心所欲、惊心动魄。”真正具有创新精神的人，如贝多芬和米开朗琪罗，能够颠覆旧传统，既能打破风格和创作的定律，又能创造并遵守新定律、新形式。“只有强硬、专横的人才能在此种压制下获得最大的满足感，受益于自己创造的定律。”

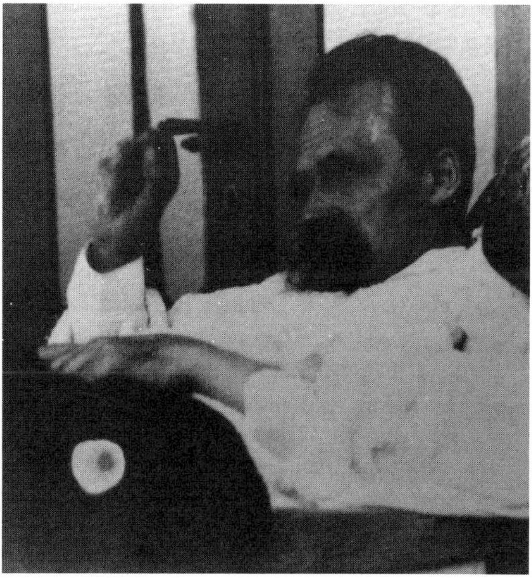

右图为尼采，由汉斯·奥尔德（Hans Olde）摄于1899年，一年后尼采去世。尼采一生饱受疾病煎熬，1889年精神崩溃，未曾恢复。

当代乐观主义者视发展为进步，相信人类终将达到完美状态，而尼采对此表示蔑视。人的价值有所提高了吗？美好的事物有何进展了吗？审美价值有所上升了吗？再过一千年或两千年，又会有何种进展能够超越苏格拉底和耶稣、莎士比亚和歌德的生平和著作呢？历史事件已然“凝结为标记”，历史名人贯穿始终。历史本身并非简单的前进过程，而是一则永无结局的寓言，重大历史问题是其永恒的主题。

艺术

后续事件表明，尼采对社会发展和完美人类持悲观态度合乎情理，但他同时以自身实例证明，19 世纪后期的政治、学术环境并未阻断人类创造力的洪流。即使艺术家们或遭到社会排挤，或受到审查，或饱受奚落，但当时的文化作品，无论量与质，都极为引人注目。

科学技术领域的革命性发现同样不容忽视，它们是人类精神的重要产物，为提高欧洲人民生活水平做出了史无前例的贡献。如果将享用文明成果的人数作为衡量文明程度的标杆，那么 19 世纪的欧洲很有可能已经达到了前所未有的文明高度，因为在此之前，能够享用当代物质文化成果的人口数量从未如此庞大。这正是工业文明的特殊贡献。

流行艺术与官方艺术

工业文明在其他方面亦有影响。19 世纪后期，两种艺术之间出现明显分歧，一种是流行艺术，另一种则被称为“为艺术而艺术”。批量生产首次创造出大众市场，并无可避免地迎合大众品位。通过广告营销、市场促销，批量生产商得以在工业社会的城市中心推广商品，大众品位由此形成。多数生产商本身并不具备成熟的审美素质，他们的商品灵感往往来源于公立学校、艺术学院，以及富裕贵族们经常惠顾的商店（至今仍是多数欧洲国家的时尚指标）。因而不

上图为《遗弃》（*Abandoned*），由丹麦艺术家卡尔·卡尔森（Carl Carlsen）所绘,描述了一个颇具道德色彩的故事。该作品工艺精湛，顺从流行趋势，具备获得成功的必要条件。该作品同时呈现了流行于19世纪中期的室内装修风格。

难理解，当时的大众品位与官方品位最为贴近；而当时批量生产的物件、家居装饰品、家具及周日服饰*，因模仿顶级时尚商店中的相似商品，并不显得廉价和庸俗。尽管官方品位一直以来博采众长，不拘一格，但在19世纪后期大体趋于传统、保守，从而促进了官方艺术的普及。按照政府和富有买主的要求，艺术作品应该明显体现出高超的技艺和精湛的手法。他们同追随他们的百姓一道，无法接受

* 周日服饰：在星期日或其他特殊场合穿的最好的衣服。——译者注

部分艺术家违背既定标准或大众预期，反对那些对艺术鉴赏力产生刺激的作品风格和作品主题，因而选择无视它们、讥讽它们，甚至毁坏它们。

各个阶级的富人（不止受人鄙视的暴发户和资产阶级）都毫不掩饰对财富和排场的渴望。建筑也许是对某一时期审美标准的最好体现。无论是哥特式城堡、中国古塔，还是瑞士小木屋、希腊神庙，人们都能够惟妙惟肖地加以仿造，并配以同样富丽堂皇的室内装潢：在公共建筑与私人房屋的墙面和门廊处，明亮的马赛克玻璃、彩色玻璃与经典雕塑及画作的复制品交相辉映。木制家具或铁艺家具装饰精美并配以软垫；装饰的荷叶边从床上、沙发上及灯具上垂落而下。屋内满是图案复杂的披肩与东方地毯，鸟类标本、填充玩具、绘有田园美景的瓷器、盆栽棕榈，以及鸵鸟羽毛遍布角落和覆满桌子。

批判理论提出了画作鉴赏的新标准，即画作不仅要起到装饰作用，还应提升鉴赏者的道德情操。颇具影响力的艺术评论家约翰·拉斯金*（John Ruskin，1819—1900）对此标准表示极大的肯定。他认为，越是能够启迪人心的艺术作品，其艺术价值就越高。因此，在《维纳斯诞生图》《戴安娜沐浴图》一类的传统学院派作品、画廊作品与描绘竞技场中的基督殉难者、保卫贞操的经典女英雄的作品之间，即使两者都在致力于心灵启迪的同时大胆呈现了女性裸体，但前者仍受到了后者的道德挑战。在作品中提升道德情操

* 约翰·拉斯金（John Ruskin，1819—1900），英国作家、艺术家、艺术评论家，还是哲学家、教师和业余地质学家。——译者注

也获得了大批民族主义画家的支持，他们提供给爱国者们的画作中充分展现了激动人心的民族历史场面和民族领袖的英勇身姿。当时叙事性画作最为流行，如《赌徒的妻子》（*The Gambler's Wife*）、《士兵的告别》（*The Soldier's Farewell*）以及《等待医生》（*Waiting for the Doctor*）。此类作品与其他经典画作被大量复制，版式众多，价位不尽相同，频繁出现于各阶级家庭的墙上。

在大众品位的形成过程中，报纸与杂志产生了最大的影响。报纸与杂志之所以能够大量发行，主要归功于三点因素：批量印刷技术的发明，多数欧洲国家取消纸张及出版物税收，义务教育的引进扩大了阅读群体。晨报与晚报价格低廉，犯罪、绯闻、体育等板块划分明确，便于阅读。风格与版式不断完善，为读者的单调生活增添了激情。但其也善于迎合并利用大众的喜好和偏见，如强有力地煽动民族主义精神，使其坚定地活跃于19世纪后期，最终引发大众对于帝国主义的兴趣。

当时，几乎所有最具名气的小说都以连载形式刊印在大众期刊上。时常会有大批读者聚集在纽约码头，只为等待查尔斯·狄更斯（Charles Dickens，1812—1870）小说的最新连载。然而，当时大众文学的总体水平远不及狄更斯，大多属于消遣文学或爱情故事、冒险故事。这类故事往往特色鲜明，即女主角纯洁柔弱，男主角强健有力。然而，尽管男子气概十足，但男主角和故事中的其他正面角色都会以最高道德标准行事，因为文学作品也有义务提升读者的道德情操。但维多利亚时代的读者和观众更喜欢能激发其想象力的作品，于是，像《后宫的爱》(*The Loves of a Harem*)、《女裁缝》(*The Seamstress*)或者《英格兰的白人奴隶》(*The White Slave of England*)这样的书名就使 G. W. M. 雷诺兹（G. W. M. Reynolds，1814—1879）一举成为畅销书作家。

长久以来，维多利亚时代的流行艺术浮华而庸俗、情感夸张、偏重说教，因而饱受揶揄。一位著名艺术评论家称其为“审美标准的最低点”，但这一评论稍显大胆，因为当时各艺术流派正竞相寻求改变，力求突破几个世纪以来的审美标准。这些流行艺术大多技艺精湛，饱含热情与生机，显示了整个时代的乐观主义精神。然而，避开审美标准不谈，这些流行艺术为历史学家们提供了宝贵史料，帮助其建立起不同时代之间的联系。相比后期更为成熟的艺术作品，当时的畅销书、大量发行的期刊及艺术复制品，能够更加精准地反映当代社会的态度与主张。

细数欧洲 19 世纪后期的美学贡献，人们往往会忽略源于人类创造力的产物。这些作品注重实用价值，而非艺术效果。当时的许多技术发明，如蒸汽机、机床、光学设备，充分展现了人类的创造力。其技艺之精湛，设计感之强烈，被称为艺术佳作当之无愧。当时的代表性建筑并非职业建筑师所造的仿古建筑或哥特式建筑，而是铁路桥和高架桥。尽管这些建筑也时常装饰浮夸，但其中不乏工程奇迹，以其存在证明混凝土和铁能够应用于建筑领域。这些建筑物能够解决自然界中的实际障碍，而且大多体积庞大，建造难度大，相比于古罗马时期备受称赞的高架渠，在很多方面更加令人叹

上图为克利夫顿悬索桥，位于英国布里斯托，由工程师布鲁内尔设计。

为观止。

铁和混凝土以其较高的强度替代了此前的巨大支撑物，创造了一种全新的建筑类型。位于英国布里斯托的克利夫顿悬索桥建成于 1864 年，但早在数年之前就已由杰出的工程师兼企业家伊桑巴德 · 金德姆 · 布鲁内尔设计而成。克利夫顿悬索桥横跨埃文峡谷，跨度达 705 英尺，是史无前例的建筑成就。其桥身轻，设计简单，铁索设计高贵优雅，堪称世界上最美丽的建筑之一。水晶宫于 1851 年建成于伦敦，是首届万国工业博览会的场馆。其设计者也并非专业建筑师，而是一位名为约瑟夫 · 帕克斯顿 *（Joseph Paxton，1801—

* 约瑟夫·帕克斯顿（Joseph Paxton，1801—1865），英国建筑设计师。初为德文郡公爵的园林工人，后成为主人的家务总管。——译者注

1865）的园艺师。水晶宫是一座巨大的拱形建筑，长度超过凡尔赛宫（Versailles），全部由预制铁和玻璃材料建造而成，以其独特的建造方式成为建筑史上的里程碑。同样，著名的埃菲尔铁塔也是一座设计新颖的建筑。它由工程师居斯塔夫·埃菲尔（Gustave Eiffel，1832—1923）设计，为迎接1889年在巴黎举办的国际博览会而建成。埃菲尔铁塔全身由铁构成，在第一次世界大战结束之前一直是世界最高的建筑。

然而，即使是在更为传统的艺术领域，19世纪后期的流行艺术也大多经久不衰，至今仍举世瞩目，例如狄更斯的小说和朱塞佩·威尔第*（Giuseppe Verdi，1813—1901）的音乐。狄更斯和威尔第代表了一众杰出小说家、诗人及其他艺术家，他们的作品没有与历史划下明显的界限，而是传承并发展了历史的优秀传统。

有些艺术家的作品虽经受得住时间的考验，却仍被排除在主流文化之外。虽然这些作品常常以反抗社会为主题，但其不受欢迎的主要原因并不在此，而在于他们无视大众品位，执意于自己的艺术追求。这些19世纪的艺术家渴望发掘并尝试新的表现手法和形式，探索不同的生命体验。就此而言，这些颇具创造力的艺术家更像科学家和发明家，但终究会凭借自己的实力被归类为艺术家。

这些创造型艺术家实际上深受科学的影响，试图把他们所信奉的科学方法和科学理论应用于自己从事的领域。自视为现实主义者

* 朱塞佩·威尔第（Giuseppe Verdi，1813—1901），意大利作曲家，享有“意大利革命的音乐大师”之称。——译者注

的艺术家们受到的科学影响力最大，他们认为科学方法的本质是积累、实验和不假臆测的事实分析。一位现实主义的拥护者曾于1863年写道，艺术的目的应该是“以科学的准确性对生命与自然的各个阶段、各个方面进行质量检验”。

文学：现实主义与象征主义

现实主义文学的主要形式是小说。19世纪，小说超越戏剧和诗歌，成为最受欢迎的文学表现形式。如前所述，现实主义文学并不具有独创性，只是在某一时期重新上演乔叟时代或更为久远的时代。简·奥斯汀（Jane Austen，1775—1817）及伟大的法国作家司汤达（Stendhal，1783—1842）、奥诺雷·德·巴尔扎克（Honoré de Balzac，1799—1850），是现实主义文学的典型代表。他们在浪漫主义的全盛时期进行写作，其成就无人能及。实际上，当代现实主义文学作品仅有的创新性贡献就是对于科学的强调。据当代文学理论家所言，小说如今“呈现科学方法、承担科学义务”，因而被冠名以“自由而直白的科学”。

法国小说家埃米尔·左拉将这些要求及责任贯彻得最为彻底，在他的大型系列小说《第二帝国时期一个家族的自然史和社会史》（*A Natural and Social History of a Family under the Second Empire*）中，他尝试用科学方法分析社会问题。左拉是实证主义理论的坚定信徒，认为人类的精神和身体素质受自然法则的支配，他力求通过客观详细的观察证明人类行为由生理学及生物学原理决定。他说，

上图为小说家埃米尔・左拉的画像，由其友人爱德华・马奈绘于1868年。值得注意的是，画像背景包括马奈臭名昭著的《奥林比亚》（*Olympia*）的复制品、伟大的西班牙现实主义画家委拉斯贵兹（Velázquez）某一画作的复制品、一座日本屏风上有一幅日本版画。日本版画色彩鲜明，以新形式展现现实主义，对当时的欧洲艺术家产生了深远影响。

作家就像外科医生或药剂师，能够公正地断开或建立人体组织中的因果关系。左拉一直无法脱离科学，这对他的艺术作品而言堪称幸运。他实为一名社会意识极强的道德家，不理智的激情爆发以后，他开始展露惊人的才华，用尖刻的语言描述人类社会的不幸。但是，左拉并不是一位彻底的悲观主义者。正如他所相信的那样，人性不过是一种纯粹的生理现象，自有生理的方法能够治愈人性的创伤，一旦科学找到这种方法，人性就能趋于完美。

同为法国作家的居斯塔夫·福楼拜则要比左拉循规蹈矩得多。一部《包法利夫人》（*Madame Bovary*）使这位现实主义小说家声名鹊起。在这部作品中，一位乡镇医生的妻子对爱情抱有浪漫幻想，陷入了并不幸福的婚外情，最终以自杀收场。此书一经出版便引来非议，但并非主题之过——毕竟在法国文学中类似的主题并不少见，而是因为作者拒绝赋予人物道德判断力。“作者在其作品中必须要扮演上帝的角色，”福楼拜说，“无处不在却又不得一见。”实际上，没有几个作家会选择现身于作品之中，他们认为，作家的义务不单单是将其观察记录加以汇集，不论这些记录有多准确或多详尽。这些记录若要以艺术作品的形式呈现，或者说，要实现现实主义价值，还需作者凭借能力对其加以分析，取其精华。与左拉相比，福楼拜对人类行为的科学理论关注较少，但他希望他的作品风格能够“像科学语言一样精准”。

19世纪，人们对于科学的迷恋引发了极大反响，这种反响在伟大的俄国小说家费奥多尔·米哈伊洛维奇·陀思妥耶夫斯基的作品中表现得最为强烈。陀思妥耶夫斯基年轻时曾参与革命，而后发展成一位极端保守的沙文主义者。他认为，俄国的使命就是通过联合并统治欧洲各国以“协调欧洲矛盾”，而东正教的义务就是带领世界各国人民踏入正义之路。同尼采一样，陀思妥耶夫斯基也极度鄙视当时愚蠢的乐观主义精神。他反对对人类理性抱有信心，对改革者所信奉的性善论和人类终将完美的说法不屑一顾。《罪与罚》（*Crime and Punishment*）、《卡拉马佐夫兄弟》（*The Brothers Karamazov*）、《群魔》（*The Possessed*）是陀思妥耶夫斯基最伟大的几部作品，这些作品的主题表明，人性既不善良，也不理性，人性本恶；人类能够约束自己罪恶的本质，是因为他们信仰基督教，害怕在来世遭到报应；人类一旦摆脱原则束缚，按照自己的意志行事，就会变成洪水猛兽。陀思妥耶夫斯基说：“很明显，罪恶在人性之中埋藏之深，已经超乎万能的社会主义者的想象……支配人类精神的定律神秘而难以捉摸，没有任何医生或法官能够给出明确的方案或判决，只有一个声音说：‘我会回来报仇的。’”

陀思妥耶夫斯基将所有现实主义资源运用于他的小说中，堪称奇才，足以跻身最伟大的现实主义小说大师之列。但在探索人类内在动力的过程中，他摒弃了对科学决定论和人类理性的肤浅解释，转而强调潜意识和非理性的作用，包括对人类理性过分自信的极端非理性。随着陀思妥耶夫斯基对人性深层的不懈探索，他开辟了文学领域的心理学研究之路，而讽刺的是，这也使他成为了人类行为学研究的领头人。

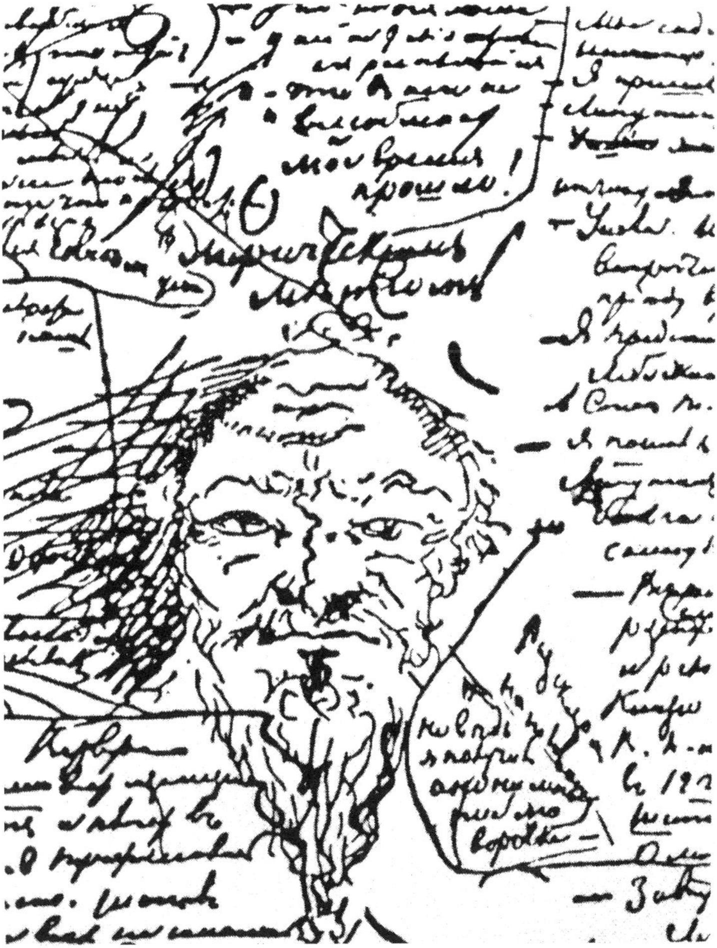

上图为陀思妥耶夫斯基小说《群魔》的手稿片段，中间绘有作者的漫画形象。无论是这些笔迹、涂鸦，还是书，都能显示出作者的艺术激情和自我怀疑精神。

19 世纪后期，还有一批作家，既排斥科学，又抵制现实主义，进而创造了全新的文学形式。他们运用各种新型文学表现手法和表现形式，开创了一种此后被称为象征主义的文学运动。

象征主义运动受到了诗人夏尔·波德莱尔*（Charles Baudelaire，1821—1867）的直接启发。同陀思妥耶夫斯基一样，波德莱尔试图对人性进行深入探索，并发现其本质就是罪恶与堕落。波德莱尔的成就并非心理学研究，而是其高超的诗歌技艺和对意象的运用。他说，人类被一系列符号所包围，这些符号的气味、色彩和声音之间彼此熟悉、相互映衬，因而可以被视为一个单一实体的多重符号。波德莱尔所提出的符号关系赋予了符号代表颜色、声音，甚至感觉、情绪及思想的作用，为象征主义运动提供了理论基础。象征主义者也深受作曲家理查德·瓦格纳的理论影响，尤其是他提出的整体艺术观（Gesamtkunstwerk）。该观念主张艺术应该兼收并蓄，包罗万象，涵盖音乐、诗歌、戏剧、视觉艺术等多领域，并以统一的最高艺术形式得以呈现。

斯特芳·马拉美**（Stéphane Mallarmé，1842—1898）是象征主义运动中的主要代表人物，也是其中最伟大的诗人和主要理论家。他年轻时曾遭受信仰危机，那时“可怕的科学之光尚未到来”，但他找到了另一种永恒的信仰，即“美……以及对美的完美诠释——诗歌”。马拉美对语言的不同功能进行区分，反对将叙述、描写和说明作为

* 夏尔·波德莱尔（Charles Baudelaire，1821—1861），法国19世纪最著名的现代派诗人，象征派诗歌先驱。——译者注

** 斯特芳·马拉美（Stéphane Mallarmé，1842—1898），法国象征主义诗人和散文家。——译者注

诗歌的任务。他说："描写不足以展现古迹之壮丽、海洋之辽阔、长相之俊美，无法深层展现其所有特点与意义；它只是一种形象再现，或是一种间接的暗示。"

意象、符号的运用在欧洲文学的方方面面都有所体现。象征主义诗人主张采用完全不同的表达方式。除文字以外，他们还借助于节奏、韵律、标点、文字的位置，甚至诗歌的载体来表达思想和情感。这种表达上的新技巧几乎同时被应用于散文，而能够自主运用象征符号最终成为了每一位创作型作家的必备技巧。

绘画：现实主义与印象派

美术领域也有类似的尝试与创新，并同样深受科学理论与科学方法的影响。如同在文学领域一样，当时许多极具天赋的原创画家为追求真理，踏上了现实主义之路。

19 世纪中期最伟大，同时也是最夸张的现实主义画家非居斯塔夫·库尔贝（Gustave Courbet）莫属。他天资聪颖，色彩感和形式感极强，热情奔放、精力充沛。他的作品水平参差不齐，但各种绘画形式都曾有其杰作，其不朽著作涵盖了肖像画、裸体像、风景画等题材。1861 年他开设了自己的画室，大量学生和支持者慕名而来，这使他成为了现实主义学派的中心人物。

库尔贝的现实主义被称为艺术领域的革命，人们认为其"在理论上和实践上均实现了对已有标准的彻底颠覆"，但这一评价实则更贴近库尔贝的自我评价（他曾高度评价自己的艺术贡献），而并

上图为库尔贝著名的现实主义代表作《采石工》（1849）。该作品向全世界苦难人民致敬，对改变大众对劳动人民的普遍看法具有里程碑式的意义。

不符合其在艺术历史上的真正贡献。从很多方面可以看出，库尔贝是一位非常传统的画家。他大量借鉴艺术先贤的范例与方法论，而他的作品也并不属于传统的欧洲现实主义流派。此外，他的现实主义远不够客观。同左拉一样，他社会意识极强，关心穷人和受压迫者。他的作品《采石工》（*The Stonebreakers*，1849），尽管具有现实意义，却也对工人表达了诗一般的颂扬，唤起了大众对其悲惨处境的同情，而这显然是热情的社会主义者的理想主张。

同为法国画家的爱德华·马奈对现实主义画作的理解则更为客观、新颖。马奈同样深受先贤画家的影响，他的作品《奥林比亚》

臭名昭著，好似一幅拙劣的仿作，画中主人公与卢浮宫中数不清的斜倚女子别无二致。画中的女子斜靠在床上，其姿势与提香*（Titian）的《乌尔比诺的维纳斯》（*Venus of Urbino*）中的女子如出一辙。不同的是，她并非奥林匹斯山上的某位女神，而只是一位相貌平平、略显庸俗的年轻女人，可能是任何人的妻子或情妇，神情冷漠；她旁边的黑人仆人手持鲜花，大概由女子的爱慕者所送；一只黑猫坐在床尾，肮脏的爪印在床单上清晰可见。然而，马奈并不认为这是一幅仿作，但也没有像库尔贝那样迫切地期望它能引起轰动。《奥林比亚》所突出的只是黑与白的色彩对比研究，是马奈正在试验的绘画新技巧，而画中的女性不过是普通的人物，场景只是普通的场景，无关人文主义。这幅作品在第二帝国的道德公民间引发了怒潮，一位评论家甚至称其为“对极端庸俗的蓄意展现”。这令马奈这位富裕并稍显保守的资本家感到十分震惊。但以当时的评判标准而言，这种怒潮是可以理解的。马奈的作品不是客厅里的装饰画，没有传递任何道德内涵，更没有提升观赏者的道德情操，甚至没有体现出任何社会意识。它只是一幅现实主义作品，对其感到震惊才真正令人震惊。

时至19世纪60年代末，马奈成为了一众画家中的核心人物，他们后来被定义为“印象派画家”，但其各自目标不尽相同，因而按照风格进行分类并无意义。这些印象派画家被色与光的科学理论所影响（实则是他们的误解），发明了自认为“科学”的

* 提香（Titian，1490—1576），意大利文艺复兴后期威尼斯画派的代表画家，被誉为“西方油画之父”。——译者注

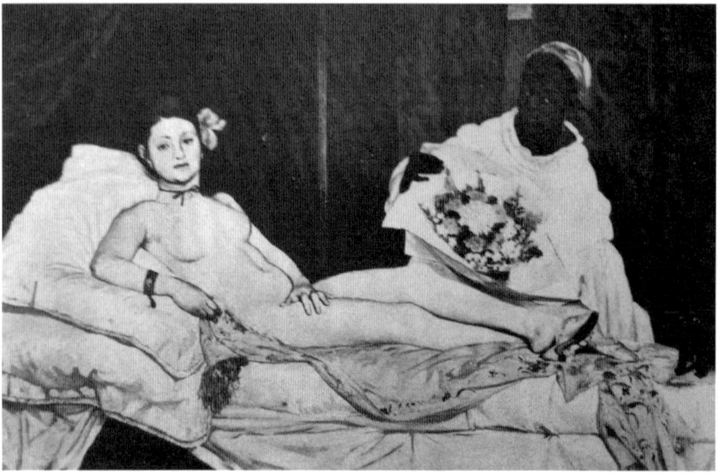

上图为马奈的作品《奥林比亚》。同期评论家都或真或假地对这幅作品表示震惊，因为画中的裸女并非传统画作中的古典女神或寓言人物形象，而是以真实的形态呈现在人们眼前。

调色板。他们利用未经混合的三原色，通过将互补色并置于画布上，创造出了混色的效果。为了捕捉稍纵即逝的“印象”，记录当前的心情，他们绘画速度极快，用短小而方向不一的线条来描绘光的结构，突出其不断震动的特点。鲜有画家能够一生坚持创作印象派画作，而伟大的印象派画家克劳德·莫奈（Claude Monet，1840—1926）就是其中之一。莫奈认为，若要描绘光的真实特点，必须要走出画室进行户外作画，当然，颜料管的发明为此提供了便利。莫奈曾劝说对室内作画产生怀疑的马奈效仿自己的做法。时至19世纪70年代，户外作画已然成为多数印象派画家的信条。

一些学院派艺术家斥责印象派画家缺乏绘画技术，视其为社会的敌人。但部分敏锐的评论家能够理解他们的意图（追求一种全然不同的、更逼真的现实形态），并赞赏其作品的非凡美丽。几年之后，这种赞赏的态度逐渐被多数艺术爱好者所接受。

一些造诣极高的印象派画家并不满足于颜料的迅速普及所带来的成果，反对人们忽视线条和轮廓的作用。奥古斯特·雷诺阿*（Auguste Renior，1841—1919）通过色彩技术，赋予色彩以光度。他主张运用干净的线条、注重作品的形式，使作品回归古典。保罗·塞尚**（Paul Cézanne，1839—1906）一直以来兼顾形式与色彩，并将其视为所有绘画的本质。他主张减少能够分散创作者注意力的细节，以达到理想的设计效果和色彩效果。他的目的不是单纯地用绘画记录事实，而是将画家眼中转瞬即逝的景物的基本结构描绘出来。他采取故意失真的方法来达到他所追求的效果。他的一些追随者将他的主张贯彻得更为彻底，他们单单专注于作品的形式和色彩，完全放弃了对客观实体的呈现。相比库尔贝，塞尚才是现代绘画史上真正的革命性代表，因为是他证明了现实主义之下的艺术仍具有多种可能性。

相比印象派画家，乔治·修拉（Georges Seurat，1859—1891）的做法完全不同，他将光与色彩的科学理论应用得更为教条化、系

---

* 奥古斯特·雷诺阿（Auguste Renior,1841—1919），法国画家，印象画派成员之一。——译者注

** 保罗·塞尚（Paul Cézanne，1839—1906），法国著名画家，从19世纪末便被推崇为“新艺术之父”。——译者注

统化。他不采用快速作画的方式，而是煞费苦心地将颜料以圆点的形式点在画布上，从远处看来，不同的颜色恰好达到混色效果。这种画法被称为点彩画，但这有别于修拉自己的叫法。这也代表了画家们对科学理论的又一严重误解，尽管如此，修拉的创作仍引起了非凡的瞩目。他朴素而缜密的构图营造了一种安稳平静的氛围，作品的形式甚至比塞尚的更为简单。为数不多的几位当代评论家对他

下图为塞尚的作品《浴女们》（*The Large Bathers*，1898—1905）。该作品展现了作者对刻板的现实主义画作的摒弃，转而将注意力集中于基本的轮廓、形式和色彩之上。该作品现陈列于费城艺术博物馆。

的作品表示高度赞扬，对此他说："有人说从我的作品中读出了诗意，实则不然。我只是用了我的方法，这就是全部。"

与塞尚截然相反的是伟大却又不幸的画家文森特·凡·高（Vincent van Gogh，1853—1900）。凡·高的作品并没有受到科学的影响，他只是通过作画表达内心深处的感受。同塞尚一样，他没有遵守"正确的"绘画方式，只求达到他所追求的效果。他写道："我不愿将我眼前的事物精准地再现，我随心所欲地运用色彩，只为更有力地表达我的感受。"尽管凡·高在世时没有受到任何关注，但他的观念，即艺术是情绪的表现，对其追随者产生了深远影响，而他的理论也成了后期表现主义画派的主要灵感来源。

音乐：浪漫主义和民族主义

不同于其他艺术形式，19世纪后期的音乐并没有冲破浪漫主义的框架。但音乐领域也有其尝试与创新，最为显著的就是谐波结构和节奏技巧的运用，这赋予了音乐更鲜明的色彩和更强的表现力，在管弦乐作品中尤为如此。管弦乐队中有新乐器的加入，而旧乐器经过重新设计变得更加响亮、灵活，不同乐器之间相互融合，达到了前所未有的洪亮程度。1844年，一本名为《管弦乐配器法》（*Treatise on Instrumentation and Orchestration*）的教科书的出现引起了人们对色彩效果和音调效果的追求，其作者艾克托尔·柏辽兹*（Hector Berlioz，

* 艾克托尔·柏辽兹（Hector Berlioz，1803—1869），法国作曲家，法国浪漫乐派的主要代表人物。——译者注

1803—1869）自身就是当时最富于创造力的作曲家之一，同时也是音乐史上最伟大的管弦乐编曲大师之一。

音乐通常被定义为最缥缈、超俗、“纯净”的艺术形式，然而，只需在脑海中上演一曲军队进行曲或是爱情赞歌，就会发现这种描述并不正确。实际上，没有哪种艺术形式能够比音乐更加震撼人心，而激发情绪也正是音乐一贯以来的意义所在，其中以宣泄世俗情怀居多。而时至 19 世纪，音乐被应用于民族主义事业，其对唤起民族主义情感、激发民族意识所起作用的重要意义无可估量。爱国歌曲和颂歌大多创作于 19 世纪，在当时众多“民间”歌曲中独占鳌头，而在公众集会上吟唱这些歌曲也成了一种仪式（如起立唱国歌），代替了之前的基督教赞美诗。对于遭受外族统治的国家而言，国歌则是维系（或唤醒）民族情感、开展民族革命运动的重要工具。

正式的音乐作品同样深受民族主义影响。在欧洲，到处都有极具责任感的作曲家自发创作“民族”音乐，这些作品通常不受外来影响，致力于表现本国人民的独特智慧。尽管以民族主义为主题的美术或文学作品大多平庸无奇，但民族主义却催生了 19 世纪某些最伟大的音乐，令人称奇。

19 世纪最伟大的意大利作曲家朱塞佩 · 威尔第是一位激进的民族主义者。他的早期歌剧创作于意大利尚未统一时期，当时意大利的部分领土仍受奥地利统治，他在作品中深情地表达了对祖国的热爱以及对摆脱外族压迫、重获自由的渴望。威尔第终其一生坚持独立的音乐风格，谴责其同胞音乐家的作品深受外国理念影响，尤其

右图为中年时期的艾克托尔·柏辽兹，当时他正在创作其伟大的歌剧《特洛伊人》（*The Trojans*）。

是德意志帝国。而在德意志帝国，理查德·瓦格纳谨慎地避开古典主题或外国主题，将日耳曼传奇作为其大部分歌剧的主题。他备受欢迎的歌剧《纽伦堡的名歌手》（*Die Meistersinger Von Nürnberg*）是对中世纪德国的一曲颂歌，这部作品不仅没有受到外来影响，还最终以一曲赞歌落幕，歌颂德国艺术永垂不朽。

威尔第和瓦格纳都是在民族音乐传统极其强盛的环境下创作民族主义音乐的，因而无须借鉴别国的民族音乐形式。然而，有些国家的民族音乐传统完全被外来影响所覆盖，民族作曲家们不得不探索民间音乐、宗教音乐的和声与节奏，研究民族语言，以求获得音乐灵感。但这些作曲家大多受训于传统作曲方法，普遍按照正统的作曲规则改编这些民间曲调。久而久之，鲜有作品能像他们所预期的那样，带有原创“民族”感。尽管如此，它们仍是欧洲主流音乐的一部分。

19 世纪的俄国作曲家创作了一些极具特色的民族音乐，以穆捷斯特·穆索尔斯基（Modest Moussorgsky，1839—1881）为杰出代表。穆索尔斯基原是一名公务员，没有接受过正规音乐教育，但他通过自己的努力，学会了用钢琴弹奏旋律与和声。他参考俄国礼仪音乐的形式，潜心研究其中的无韵律圣歌，并从俄国民歌的多音和声中寻求灵感。这些音乐与当代西方音乐全然不同，因而，他在创作歌曲的过程中，试图通过调整音乐来搭配俄语的音质。不同于西方音乐家，穆索尔斯基没有通过递进的旋律来达到音乐高潮，而是借助于感官上的重复和不断累积营造出同样的效果。最终，他创造出了 19 世纪最大胆、最新颖的音乐作品。然而，因为太过新颖，穆索尔斯基的同胞尼古拉·里姆斯基·科尔萨科夫*（Nikola Rimsky Korsakov，1844—1908）认为有必要对其进行改写，剔除其中的“糟粕”，以便于欧洲听众接受。因此，直至穆索尔斯基去世多年之后，他的戏剧杰作《鲍里斯·戈东诺夫》（*Boris Godunov*）等其他伟大作品才得以以原型上演，他的真实才华与创造力才终于得到了欣赏。

* 尼古拉·里姆斯基·科尔萨科夫（Nikola Rimsky Korsakov，1844—1908），俄国作曲家、音乐教育家。——译者注

尽管19世纪最伟大的作曲家们（穆索尔斯基除外）普遍遵守欧洲音乐的传统形式，但为了呈现更富情感的音调和音色，他们所采用的各种手法仍然震惊并迷惑了许多听众。柏辽兹和瓦格纳的动力学和不和谐音，以及约翰内斯·勃拉姆斯（Johannes Brahms，1813—1897）的复杂和声表明，这些晚期浪漫主义作曲家表现出了对传统音乐的革命性背离——当然这种说法略有夸张。尽管如此，这些作曲家仍已达到浪漫主义的极限，他们甚至强迫任何标榜自身创造力的音乐家放弃熟悉的旋律、音调和形式，寻找新的音乐风格。其他领域的艺术家已经对新形式进行了很长时间的试验，作曲家进行类似的尝试，这也很自然，而音乐也将很快经历革命性变化。

艺术领域的创新为各领域的艺术表现和艺术理解提供了可能性。但从某一重要角度看，这一结果并不乐观。新的诗歌、美术、音乐所运用的手法陌生，术语晦涩难懂，不仅难以吸引大众，还会激发其敌意和恐惧。最终结果就是，艺术家严重脱离社会，艺术与美学在日常生活中的重要性明显降低，这正是现代世界最可悲的一方面。

第三章

国家权力日益增长

国家的新要求

民族主义和改革时代最显著的特征之一是国家威望和权力的增长。民族主义者将国家视为自己的延伸，视为抵抗外来敌人的守护者和成就民族理想的工具。对于外族统治下的少数民族者，民族主义领袖的主要目标是建立自己的民族国家。在民族主义革命运动威胁下的多民族国家中，政府领袖义无反顾地将新权力分配给国家，以对抗民族主义颠覆。

改革者普遍意识到国家本身就拥有权力和行政机构，能在全国范围内执行改革，并且在违反反对派既得利益的情况下也要将改革进行下去，同时克服大众的冷漠和惰性，而这些常常是发生改变时遇到的最大障碍。国家权力机关和众多政府官员须要执行这些主要的改革，比如废除农奴制，规范管理儿童和女性劳动力，并引进矿井和工厂的安全措施。

甚至那些反对国家控制、干涉市民私人事务的教条主义者也逐渐发现，国家的权威延伸到了许多领域，他们指望国家能够维护个人利益并促进其增长。由于正在经历工业化和城市化的快速变化，许多社会问题变得过于笼统和复杂，以至于当地县市政府或私营企业无法解决或解决成本太高。人们呼吁国家保护国内外私有财产，提供稳定货币，促进经济型企业发展，在经济滑坡时通过直接或间接的补贴刺激经济，建立关税壁垒对抗外来竞争。同时，需要国家权威和国家援助修建铁路和公路，建设堤坝和港口设施，开采煤矿，提供充足的污水管道系统和水资源，经营邮电办公室。大体上，国家需要建设学校、培训教师，以推行义务教育。也只有国家可以筹集财力和人力装配维持陆军和海军。由于以上种种原因，国家需要钱财，而这些钱财只能来自完善的国家支持的税收体系。

官僚政府的扩张

人民希望国家提供服务的需求日益增加，相应的，国家对人民的需求也逐渐增加，这便需要招募更多的公务员，于是便导致了官僚主义扩张到各地。这一时代的经济技术发展需要官僚主义的政府的扩张，同时也使其变得更加容易。营业手段和会计系统的改善使得税收程序更加高效；运输和交流方法的改善促使政府能够更加有效地监管其下属机构，尤其是那些与税收有关的机构。生产力的普遍提高增加了税收的额度，以支付政府日益增加的开销。

军队与新型武器

站在政府人员和税收人身后的是军队，它们以武器武装自己，代表着这个时代的科技发展。由于只有国家能负担得起军备武器的大规模采购，所以武器日益增加的效能成为国家权力增加的主要原因。

后装式枪支的射速远远大于老式前膛枪，并可以俯卧装弹和发射。这一武器于 1840 年引进普鲁士军队。紧接着线膛枪马上被发明出来，它比滑膛枪射程更远，精准度更高。连发步枪应用于美国内战尾声。大炮也是如此，线膛武器和后装式武器取代了滑膛式前膛炮，定装炮弹取代了实心炮弹。格林机关枪是一种原始的机枪，发明于美国内战时期。1867 年，法国军队获得了老式机枪，这是一种每分钟射击 125 发的炮兵武器。同时，电报提供了一种协调庞大军队运动的方法。铁路的出现为流动性提供了新的策略，这一策略迫使各国设计师重组现有的军事设施，并制订新的动员计划和活动方案。欧洲许多新的铁路线都是出于军事原因修建的。

海军比陆军发生了更加本质性的变化。帆船让位于蒸汽船，木材让位于钢铁。和陆军相似，海军也采用了后装线膛枪；由此产生的攻击性优势被钢铁电镀技术给部分抵消了，而电镀保护成为所有战船的标准装配。鱼雷和潜水艇的发明本应该在海军中产生更大的变化，但直到第一次世界大战，这些新型武器的重要性才被海军战略家充分赏识。

为确保有足够的人力使用大批量生产出来的武器，也为训练市民使用新型军备武器。欧洲所有主要大陆国于 1871 年以后采用了义务兵役制，那时普鲁士（Prussia）战胜欧洲的事例也说明了采用这一制度的必要性。

大规模军队和更多致命武器的引进使得人们要为战争付出比以往更大的生命代价和金钱代价。近世纪末时，一大批政治家和军人警觉到战争可能带来的后果，以及人类濒临大规模军队引发社会革命的危险，于是，他们开始搜寻更加行之有效的方法维持和平。其他人认为，恐怖平衡可能在大国中无期限维持下去，因为没有人敢冒险挑起重大冲突。然而，总体来说，战争仍被普遍认为是一种贯彻国家政策的可行、正当和光荣的方法。

不论人们对战争有怎样的看法，军事战略家一致认为有必要认真做好防御和攻击的军事准备。战略被赋予极大的重要性，是基于这样一个假定：一个国家如首先动员军队并迅速攻击敌人，便可赢得下一场战争。几乎没有人认为战争会持续很久，人们无法想象国家经济难以承受这样一场冲突带来的金钱成本和人员伤亡。

在国内，新型军备武器使小部分受过训练的人得以更加轻松地对付混乱无纪的暴徒。1850—1890 年之间，欧洲大国中没有发生过成功的革命事件，除了发生过政府和军队在对外战争中被击败的情况，例如 1870 年的法国。

义务教育

政府不完全依靠体力维持自身运转。通过官方审查制度和操纵媒体，政府有办法控制人民的身心。但是，义务教育是达到这一目标最有效的手段，并已经于 19 世纪后半叶在所有主要的欧洲国家开展起来。

引进义务教育并不一定是由于愤世嫉俗的政治算计。所有国家的人民普遍相信教育具有提升和补正作用，并且教育赞助者经常受到利他主义精神的鼓舞。自由党和民主党人士将教育视为为全体人民提供平等机会的最有效的方法，甚至保守派人士如法国政治家和历史学家弗朗索瓦·基佐*（François Guizot，1787—1874），宣称“开一个学校等于关一座监狱”。在拥有代议政府的国家，人们越来越相信教育对于训练人们合理负责地使用政治权力是必不可少的。各处的重要人物开始认识到，教育对于工业时代的工人和需要处理现代战争日益复杂事务的士兵来说，具有实际的必要性。

从一开始，就有人认为在国家监控中，教育是教化的理想化工具，在实践中，政府资助的教育项目（这一项目中，义务兵役制扮演了重要角色）普遍向市民灌输了忠于国家的思想。国家教育的这一特点立刻在基督教教会的领导人中显现出来，19 世纪之前，这是欧洲主要和唯一的教育源头。由于国家具有越来越多的教育功能，教育控制的挣扎，以及人民思想和忠诚的挣扎，在教会和国家之间的冲突中变得十分关键。

正如教会在很多情况下所见到的，国家发现教育可以产生意想不到和并非一直想要的结果。比如，在奥匈帝国（Austria-Hungary），教育大大唤起了各种族人民的民族自觉，后来，在英国和法国的殖民

* 弗朗索瓦·基佐（François Pierre Guillaume Guizot，1787—1874），法国政治家和历史学家，于1847—1848年间任法国首相，是法国第二十二位首相。——译者注

地亦是如此。在所有国家，教育使得群众接触到革命性的和其他各种形式的反政府宣传，因而促进了颠覆性的政治组织的发展。

义务教育重要的一面是为男孩提供教育机会的同时，也为女孩提供了教育机会，这不仅提高了女性的文化水平，也使教书成为女性的新职业。这些发展是女性政治和社会解放的主要进步。

义务教育的所有内容最初只局限于小学水平。19 世纪末之前，将义务教育向高水平延伸及建立免费职业学校和技术学校才刚刚起步。

帝国主义

19 世纪欧洲国家权力的极佳展示是将权力继续扩张到欧洲以外的区域，这是规模极大的帝国主义。第一次世界大战前夕，欧洲或欧化国家几乎直接或间接地控制了世界上的所有地方。

人们普遍认为，在 19 世纪的前 75 年间，欧洲帝国主义活动呈现明显的衰落。接着在其最后 25 年间，又出现了新的大规模扩张。仅当帝国主义被狭隘地定义为正式建立海外地区管辖权时，这一理论才具有一定的有效性。但即使这样，也出现了不少例外。实际上，许多帝国主义活动发生在 19 世纪前四分之三时间内，包括夺取海外领土。英国人从荷兰人手中接管了开普殖民地（Cape Colony），他们占领或吞并了新西兰、马来亚联合邦（Malay states）、香港、塞拉利昂（Sierra Leone）、冈比亚（Gambia）、拉各斯（Lagos）和黄金海岸（Gold Coast）。他们从英属印度（British India）的基地扩张到旁遮普（Punjab）、信德（Sind）、贝拉尔（Berar）、奥德（Oudh）、克什米尔（Kashmir）和下缅甸（Lower Burma）；他们从开普殖民地扩张到巴苏陀兰（Basutoland）、格里夸兰（Griqualand）和纳塔尔（Natal）。在同一时期，法国吞并了阿尔及利亚（Algeria）、马克萨斯群岛（Marquesas）、塔希提岛（Tahiti）和太平洋其他岛屿；他们开始征服印度支那（Indochina），并且试图在墨西哥建立帝国。

而如果将帝国主义的定义进行扩展，涵盖向相连地域的扩张和经济学帝国主义，那么19世纪前75年间欧洲帝国主义活动衰退的理论就显得十分荒谬。因为这期间，俄罗斯人征服和吞并了中亚、东亚和黑海东岸及西岸的大片领土。在北美、澳大利亚和新西兰，白人定居者以土著居民为代价继续进行稳步扩张。

在世界范围内，由英国人领路，欧洲人通过各种形式的经济学帝国主义继续扩大影响。通过与他国进行贸易和收入抵押获得战略性立足点，以此在许多国家建立了自己的影响力，包括许多最近正式从西班牙、葡萄牙的统治中解放出来的中美和南美国家，奥斯曼帝国（Ottoman Empire）及其在巴尔干半岛、北非的准独立附庸国以及亚洲许多地区。当欧洲人的影响力遭到抵抗时，他们会毫不犹豫地运用政治或军事手段强制进入海外市场。英国人和法国人强迫开放中国口岸以获得进入中国市场的机会，欧化美国人也对日本做了同样的事情。整个过程逐渐被人熟知而称作“自由贸易帝国主义”，因为这比直接统治的代价和危险性要小。只要保持有效性，那么它就是一种优先选择的控制系统。仅当非正式手段无法为欧洲企业提供必要的安全框架时（内乱，拒绝向欧洲投资者清偿债务），正式建立统治权的问题才会出现。

在19世纪最后几十年，正式建立统治权的非欧洲领土显著增多，而且就一部分欧洲民族和政府而言，扩张主义企业的利益激增，这被称作“新”帝国主义。

欧洲帝国主义本质的变化反映了欧洲自身政治局势的变化，民族主义情绪的增加伴随着国家革命、新的国家竞争，以及对国家安全、军事力量和国格更大的关注。1871年之前，尤其在1848年革命之后的变迁时期，大陆国家，包括俄罗斯，将注意力放在欧洲上。1871年之后，人们渐渐意识到，西欧近来不会出现重要的重新调整，于是民族抱负转向欧洲以外的领土。英国人在19世纪早期享有海外扩张的实质性垄断，此时却要面临更多来自法国和俄罗斯的因紧张怨恨而产生的竞争。两个新欧洲势力国家，德国和意大利，进入了这一领域，甚至如比利时这样的小国也加入了抢夺帝国的行列。于是，新帝国主义成为了新民族主义的表现，欧洲国家竞争扩张到世界其他地区。

对国家安全的关注稳步增加且不时呈现病态，这产生了一些理论，即一个国家保持强国地位（对于幸存下来的自由主权国家，这是基本条件）依赖于它拥有多少领土，以及这些领土可以提供多少战略优势和经济资源。殖民地被视为制造现代武器所需原材料的核心来源，以及保护贸易线路和战略补给线的海军基地。再者，获取这样的领土的需求变得日益迫切。因为世界上的土地总数有限，在土地仍有剩余时，国家必须要以尽可能快的速度获取尽可能多的土地，以防土地落入竞争对手的手里。杰出的法国政治经济学家保罗利莱·博利厄*（Paul Leroy Beaulieu，1843—1916）认为殖民地化对于法国来说，已经成为“一件生死攸关的事：法国要么成为非洲强国，或者一到两个世纪之后最多只能成为欧洲中等强国，其世界地位就如希腊或罗马尼亚在欧洲的地位”。英国历史学家约翰·西莱**（John Seeley，1834—1895）提出了相似的观点，他预测，50年之内法国和德国这样的国家将被俄罗斯和美国比下去，并且警告说，如果英国不继续维持并扩张帝国，也会落到如此下场。用英国政治家罗斯伯里伯爵（Lord Rosebery，1847—1929）的话说，整个过程属于“把未来要求的土地用木桩标出地界”的情况。

竞争性的经济民族主义为殖民帝国的扩张提供了进一步的刺激和动力，这种扩张似乎能够保证免费提供市场和原材料。另一个刺激与动力则是人们的担忧，即部分参与竞争的欧洲国家的保护主义最终将引起本国经济衰退。1873年金融危机之后的长期经济衰退期间，除英国之外的所有主要欧洲国家，都已经抛弃了自由贸易并设置了关税壁垒以避开外来竞争。海外观察家相信，一旦英国工业家纷纷抢得先机进入世界市场，并开始感受到海外竞争的层层热浪，

* 保罗利莱·博利厄（Pierre Paul Leroy Beaulieu，1843—1916）,法国经济学家，瑞典皇家科学院成员。——译者注

** 约翰·西莱（Sir John Robert Seeley，1834—1895），英国评论家和历史学家。——译者注

也会诉诸设置关税。

欧洲帝国主义企图实现宗教和人道方面的理想主义，这不容忽视。数以千计的欧洲传教士常常冒着生命和损害健康的危险去到世界每个角落，将异教徒转化为基督教徒，并建立学校和医院。许多欧洲管理者自身充满了传教士般的热情，热切关心着废除奴隶贩卖的事情，在他们管辖区范围内引进他们所认为的更高标准的法律和政府，并常常将欧洲文明带来的利益送去给那些运气不好的人。

19 世纪末之前，帝国主义像民族主义一样，已经发展成为一种大众崇拜。殖民地变成国家强大和威望的标志，每个经济和社会阶层的民族主义者都想拥有。帝国主义思想正如民族主义本身，

下图为德国讽刺杂志《同步漫画》（*Simplicissimus*）中的一幅漫画，表现了德国对于英国帝国主义的看法。漫画中，一个英国人将威士忌酒倒在一个黑人嘴里，一个同事在尽可能榨取他身上所有的财产；一个基督教传教士站在一边虔诚地读着《圣经》，斜着一只眼看那些正在获取的利益。

已经被空想家、理论家和预言家激起火焰；随后，它被利益集团、爱国社团、殖民团体以及具有民族主义色彩的媒体滋养。但是，依然同民族主义一样，帝国主义似乎也需要在心理上对人们进行不同的兴奋刺激，使个人感到自己是国家集体的一员，这一集体正在世界舞台上提升自己并证明自己优于其他民族和种族。对于几百万的欧洲人来说，对帝国的需求变成一个信仰问题，没有任何一个欧洲政府、民主人士或其他人能够忽略公众舆论对充满活力的扩张主义政策的呼吁。所谓公众，不是被孤立的个体或小的利益集团，而是在帝国主义中没有直接的政治或经济危险的大众。

欧洲帝国主义的主要因素也是其成功最重要的原因，即在讨论的开端便强调的欧洲文明的特征：欧洲权力。几个世纪以来，欧洲人对于世界其他民族来说享有权力优势，这使得他们能够经营大规

下图表达了德国人对本国帝国主义的观点。漫画讽刺了德国人对秩序和纪律的热情。

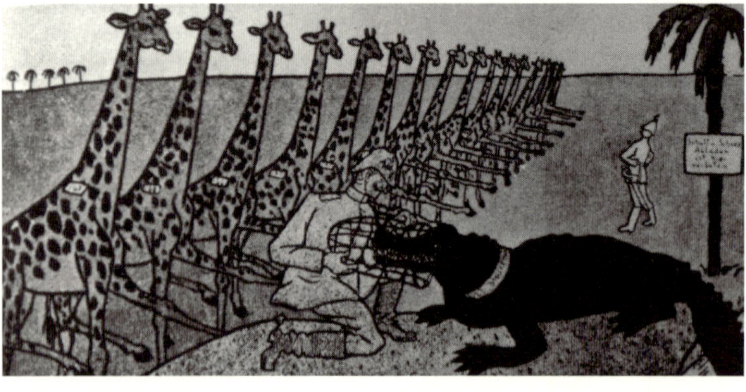

模的帝国主义企业，但是这种优势随着工业和技术革命的到来无限增加。人类历史上从来没有任何人像 19 世纪的欧洲人一样拥有如此至高无上的权力。权力不仅体现在优越的武器上，而且源于现代欧洲国家机构提供的政治、经济和军事组织。

一小部分欧洲人以连发枪、机关枪和大炮武装自己，乘坐坚固的炮船抵达国外海岸，他们能够轻易打败大部分武装着原始武器的亚非军队。欧洲势力非常强大，以至于有时并没有必要使用武力。仅仅炮船或武装着欧洲枪支的欧洲特使就足以劝使当地统治者签署条约，或发出最后通牒，使欧洲人能够完整或部分控制他国的民族和领土。

整个 19 世纪，欧洲人展示了许多不同的权力使用方法，以及不同地建立了对另一个民族或另一块领土的控制方法：通过彻底征服，如俄罗斯夺取中亚的可汗领土和奥斯曼帝国的部分领土；通过建立对当地政府的“保护领地”，如英国对埃及的做法和法国对突尼斯的做法；通过建立完全的殖民政府，如英国、法国和德国对中非的做法；通过商业进行监管，如英国对印度的做法，一直延续到 1858 年，以及比利时对刚果的做法，一直延续到 1908 年；通过主导一个区域的经济，如英国对南美的做法；通过大规模移民，如白人定居者对北美、澳大利亚和西伯利亚（Siberia）的做法；通过在一个国家建立“势力范围”，通常发生在与其他欧洲强国签订条约之后，如一些欧洲国家对中国的做法。

在欧洲帝国主义活动的全盛期，帝国主义不仅是欧洲势力的反映，也为这一势力做出了主要贡献。而这并不意味着所有欧洲殖民者的合资企业都有利可图。大多数在“新”时期获取的海外殖民地正在失去利用价值。尽管一小部分商人和投资者从它们身上榨取利益，但它们通常花费祖国和人民的东西去安抚和管理，这比带来的收入还要多。与这些殖民地的交易数额很小（例如，德国与殖民地的贸易，总数只达到外贸交易总额百分之一的一半），它们也没有吸引投资，且大部分不适合大规模欧洲移民。

然而，欧洲作为一个整体，利用所有形式的帝国主义无疑收获了巨大的利益。欧洲成为了世界制成品和资金最重要的供应方，最重要的发货人和承保人，并从显性和隐性的出口中获得了巨大收入。更重要的是，欧洲吸收世界资源并从生产这些资源的廉价劳动力身上获取利益。来自世界每个角落的肉类和谷物、咖啡和茶、白糖、罐头、橡胶、棉花和石油流进欧洲，以供养欧洲迅速增长的人口，支撑不断发展的工业经济。

就国家安全而言，战争时期海外殖民地的利益获得方局限于那些拥有海军的欧洲国家，这些国家的海军力量足以使得通往殖民地的通道保持开放，结果证明只有英国和它的同盟国有这样的优势。英国吸收殖民帝国资源的能力（正式或非正式）是第一次世界大战同盟国胜利的主要因素。那场战争中，海外殖民地对德国无用，德国在获取殖民地时引起的全球敌意是一次外交灾难。

不论在经济盈利能力方面，还是国家安全方面，欧洲帝国主义最重要和永久的形式，就是获取那些由欧洲人征服和定居的领土。

俄罗斯帝国源于向连接领土的扩张，是仅有的完整的欧洲帝国，也是仅有的保持世界强国之一地位的欧洲国家。有些欧化国家，比如美国和澳大利亚，没有被其大多数居民当作帝国，但是在那些被强占土地的人看来，这些国家作为典型的欧洲帝国主义的邪恶范例凸显出来，因为他们的征服和定居伴随着现有人口大规模的灭绝。

在作为一个整体的世界中，欧洲扩张最重要的结果是欧洲文化帝国主义，这是非欧洲民族的人无法摆脱的。欧洲人将工业革命带到世界各地，他们建起工厂和铁路，开发煤矿，引进政府、官僚集权、高效税收体系等欧洲方式。他们训练当地士兵使用欧洲武器和用兵方式。最重要的是，这些地方的人民拿来欧洲人的思想体系，这些思想中最具影响力的不是基督教信仰或欧洲传教士、修道士或俗人试图传授的法律和自治的原则，而是民族主义和马克思社会主义，生活在国外政治经济统治下的人们无意识地被这些思想所吸引。

在欧洲，现代欧洲国家的影响最直接且最普遍，工业化和帝国主义滋养了欧洲国家的权力。尽管它的影响并不经常被厌恶，并且在很多情况下甚至不被承认，但国家却以前所未有的程度不断地蚕食着市民生活的方方面面。不断增加的官僚权威、义务兵役制、义务教育、大规模的杀伤性新型武器和蓬勃发展的大众传媒，为欧洲政府提供了比以往更有效的控制和操纵人口的方法。悲观的预言家如历史学家雅各布·布克哈特*（Jakob Burckhardt，1818—1897）想知

* 雅各布·布克哈特（Carl Jakob Christoph Burckhardt，1818—1897），瑞士艺术文化历史学家。——译者注

道，还需要多久，新“利维坦”（Leviathan）* 会将人类所有努力作为工具吸收或使用。

对于大部分人来说，物质进步掩盖了所有的恶兆。所以人类独创性的产物给人以深刻印象，似乎夺去了政治观点的光彩。但是，准确来讲，因为做好事或做坏事的权力掌握在了国家手里，所以政治观点变得前所未有的重要。

* 《旧约》中记载的一种怪兽，后被英国哲学家霍布斯在其著作《利维坦》中用来比喻强势的国家。——译者注

第四章

“欧洲协调”的瓦解

1815 年拿破仑战败后，欧洲直到 1853 年都没有发生过重大战争。1815 年后建立的“欧洲协调”，尽管带有许多弱点和缺陷，却被证明是君主间有效的联盟，各国君主承认共同利益，一同抵抗当时的革命力量。他们一致支持 1815 年的国际调解，并联合起来反对任何破坏现状的尝试。作为维持欧洲稳定的方式，君主团结的政策代表着政治上的现实性，远比 1848 年后出现的所谓现实的政治家，如施瓦岑贝格（Schewarzenberg）、加富尔和俾斯麦，要有更深远的影响。这些后继的现实主义者在政策上具有革命性；他们永久地粉碎了君主彼此间的信心，而且他们也无法恢复信心或重建真正的和谐。

1848 年的革命做出的警告本应该能使“欧洲协调”起死回生：不断威胁君主的权威，以及扩大对团结性和警惕性的需求。此外，法国拿破仑三世*在欧洲政治上遇到了新的不确定因素。“欧洲协调”最初是为了保护欧洲各国免受法国统治，而新一世拿破仑的崛起，同民族革命一样，可能也被期望去鼓舞其他君主团结起

* 夏尔·路易·拿破仑·波拿巴（Charles Louis Napoléon Bonaparte，1808—1873），又称为拿破仑三世（Napoléon III），法兰西第二共和国总统，法兰西第二帝国皇帝。——译者注

来。但这却没能实现，最主要是因为法国惧怕俄国的势力不断增长，俄国的强势掩盖了法国的崛起，这一新的威胁对旧秩序造成了影响。

路易·拿破仑与法国新统治

1848 年 12 月，拿破仑一世的侄子，亦即夏尔·路易·拿破仑·波拿巴（Charles Louis Napoléon Bonaparte），成为了法兰西第二共和国的总统，但被许多同龄人当成小人物，不予重视。他目光呆滞、眼睑下垂、面无表情，显出一副愚笨迟钝的模样；他性格内向，没有任何秘密却又十分神秘。维克多·雨果（Victor Hugo）作为当时最有名气的作家，在其作品《小拿破仑》中，路易·拿破仑的形象被打上了永远的烙印。

这种低估被证实是个严重的错误。路易·拿破仑从不是一个伟大的政治家，但他绝对是 19 世纪一名颇为能干的政客。他天赋异禀，能感知和利用民众力量，执着追求目标，他信念坚定地要去完成统治法国的任务。

路易·拿破仑一举成为新创建共和国的总统，不是因为他的政治能力或信念，而是他的姓氏。理想主义多于政治智慧的共和党议员，把普选权条款加入到了 1848 年 12 月的宪法里。在随后的大选中，路易·拿破仑成为法国选民唯一熟悉的候选人名字。尽管拿破仑这一姓氏主要作为一项政治资产，但它也是一项决定命运的遗产，因为它本身就拥有活力。“拿破仑”代表着法律和秩序，代表着政治稳定，在更大程度上代表着军事胜利、荣耀和帝国。为了不辜负自己

1848年12月20日，路易·拿破仑宣誓就任法兰第二共和国总统。图为康斯坦丁·盖伊斯《一位见证者的素描》（*An Eye Withess Sketch*）。

的姓氏，路易·拿破仑准备在国内振兴家族帝国，开始海外冒险，而这使得法国突然陷入了政治灾难。

尽管他把心思隐藏得很好，让一些人奇怪为何他什么想法也没有，但是不容置疑的是，自从当了总统，他就打算废除共和国，重振他叔叔的帝国。“我们还没有登上顶峰，”在宣誓就职总统当天，他曾跟一位老友说道，“这只是前进路上短暂的停留，是一处歇脚的地方，可以在这里凝视远方的地平线。”路易·拿破仑在采取进一步行动前常这样说道。担任总统的第一阶段，他在法国政界不熟悉的领域里谨慎行事，还没有准备好挑战新兴的共和体制。

总统与议会

路易·拿破仑最明显的政治对手来自议会代表。1849 年 1 月，曾草拟过 1848 年宪法、由共和党掌控的议会不情愿地投票解散。五月的新大选致使一大批保守的君主派人士归来，反映了民众对于激进主义和政治动乱的普遍恐惧。然而，君主派人士的胜利并不意味着波拿巴独裁主义的胜利。相反，多数新代表支持波旁王朝或奥尔良王朝候选人的复辟，果断反对新兴拿破仑帝国的要求。

三年间，路易·拿破仑稳步培养其追随者，巩固其政治权力，他把自己信任的军官安排在政府、军队和警局的重要职位上，精明地分配政治援助的资源，让法国民众相信他代表人民，最好地保证了社会秩序，对抗革命势力。他采用现代政治运动家的做法，经常在国家节日、阅兵典礼、新建大桥和铁路线的奠基仪式上公开露面。

他在这些场合的演讲旨在吸引听众。他同金融家和工业家谈论兴建工程项目、商业扩张，跟地主和农民谈论农业补贴和提高农产品价格，跟军人谈论过去的辉煌和对未来的憧憬。他谈论所有他看重的有关社会治安和好政府的优点。

从更实际的层面来讲，他通过重点提拔，争取到了一批重要的军队官员；他提高军官和士兵的工资和额外配给，保证他们对自己的忠诚；他派遣军队前往罗马，力挺教皇对抗共和党的革命者，并支持立法，实现教会对国内教育更大的掌控，从而赢得教会的支持。他镇压任何社会革命或政治动乱带来的威胁。“现在正是要让好人安心，让恶人害怕的时候。”他这样说过。

1849 年 10 月底，路易 · 拿破仑感觉自己的权力强大到可以解散奥尔良王朝（Orleanist ministry）的政府部门，这些部门是他在上一年 12 月选拔的，当时立法机关仍由共和党控制。此外，他还任命了一个“只效忠自己”的政府部门。1851 年 1 月，他解除了坦率支持议会、时任巴黎军事司令的尼古拉斯 · 尚加尔涅将军（Nicolas Changarnier，1793—1877）*。同年晚些时候，他指派自己的亲信担任军事部长、警察局长和内务部长等重要官职。

由君主主义者控制的立法大会同时也开始了反对总统的行动。这些君主主义者意识到路易 · 拿破仑普选权的优势，他们通

* 尼古拉斯·尚加尔涅（Nicolas Changarnier，1793—1877），法国将军和资产阶级政治活动家，君主主义者；制宪议会和立法议会代表；1848年6月后为巴黎卫戍部队和国民自卫军司令，曾参加驱散巴黎1849年6月13日的示威游行。——译者注

过立法，剥夺了三百万人的公民选举权，对议会和媒体的自由强加限制。路易·拿破仑默许了这些做法，也没有采取任何行动废除议会的权力。相反，他任由君主主义者同自由党、共和党人一起败坏名声，这些人自然是支持议会制政府的。1851 年 5 月，总统要求废除新选举法，恢复普选权利，但被议会中大多数保守派否决了。1851 年 7 月 15 日，议会直接挑战了总统的权威，拒绝修改能让总统连任的宪法提议。这意味着路易·拿破仑将在四年任期结束时，即 1852 年被迫离职；他也将结束自己作为国家元首的生涯。

1851 年政变

无论出于什么目的，路易·拿破仑也许曾尝试借助合法手段扩大势力，但议会最终还是拒绝了他连任的要求。1851 年 12 月 1 日夜，效忠总统的军队攻占了巴黎。政府大楼、军事设施和战略据点被占领；警察逮捕了 78 位可能领导反对派运动的重要政治人物。12 月 2 日清晨，在庆祝拿破仑一世加冕周年和奥斯特里茨战役（Battle of Austerlitz）* 胜利之际，巴黎城张贴出公告，宣布总统解散了议会，宣称议会剥夺了民众的选举权和政治自由。又称，总统正在恢复普选权，并将在宪法中寻找民众对根本改变的支持。

* 奥斯特里茨战役（Battle of Austerlitz，1805.12.02），因参战方为法国皇帝拿破仑·波拿巴、俄国沙皇亚历山大一世、奥地利皇帝弗朗茨二世，又称“三皇之战”，它是世界战争中的一场著名战役。——译者注

1851 年 12 月 2 日的政变使路易 · 拿破仑成为法国的独裁者，巴黎和外省的反对派被无情镇压，全国约有十万民众被捕，年底约有两万人被判入狱或遭到流放。12 月 21 日，法国民众进行全民公投，赞成政变并授权总统草拟新宪法。拿破仑充分利用权力影响投票者，但毋庸置疑，“赞成”的票数以压倒性的优势胜出，代表了大多数法国民众的意见。

1852 年 1 月 14 日，新宪法直接仿照拿破仑一世的“领事宪法”（constitution of the Consulate），宣称国家元首要“对国家负责”，但同时也给予国家元首“自由、不受约束的权威”去管理国家事务。国务院由总统任命，草拟总统提出的法案；参议院也由总统任命，有义务捍卫和修正宪法。成年男性普选出立法机构，但机构的主席由总统指派。宪法规定不允许进行公共演讲，立法流程概要只有经政府批准才能向媒体发布。拿破仑手下的一名部长和宪法的主要编写人告知奥利地大使：“我十分愿意接受普选权的洗礼，但我不打算生活在这种环境中。”

法国的行政机构实际上是由专业公职人员管理，这些人通过法国大革命时期创立、拿破仑一世完善过的高度集权的行政体系选拔出来。地方行政长官由中央政府任命，担任由国家划分出的各部门的行政主管。中央政府借助地方长官和各自部门的行政人员，把立法规定传送到全国各地。在普鲁士，政府从根本上依靠公职人员和军队进行管理。

克里米亚战争，1854—1856

路易·拿破仑还需要去实现这个国家的荣耀，而这荣耀与他的姓氏紧密相连。这位法国统治者意识到，要想取得荣耀，恢复法国在欧洲的传统优势，他必须打破 1815 年《巴黎条约》(*Treaty of Paris*) 对法国的限制。他还意识到，俄国是 19 世纪那些条约的主要支持者，而俄国正在利用这些条约在欧洲大陆建立自己的优势。拿破仑很幸运，在他执政时期，欧洲各国对俄国的恐惧要多于对法国的恐惧；而且他很快就发现，法国在奉行反俄政策中，是不会缺少盟友的。

在欧洲历史上，害怕俄国并不是什么新鲜事。自彼得大帝时代起，欧洲的政治家看到东方巨大权力的崛起，看到俄国边界向四面八方逐渐、稳步地延伸，心里就愈加担忧。位于波罗的海 (Baltic) 东岸的芬兰 (Finland) 及波兰的大部分地区，都在 18 世纪末 19 世纪初受到俄国的控制。在这两百年里，俄国和土耳其几乎每二十年就会爆发一场战争。随着俄国进攻奥斯曼帝国，它把自己的影响力也扩大到中东、巴尔干和地中海地区。只要俄国在经济和科技上落后，那些比它弱小的国家就有可能对它造成阻碍。但是，如果克服这种落后，俄国凭借丰富的自然资源、庞大的人口，是会以绝对优势证明自己强于西欧各国的，尤其是，如果它的势力稳固建立在波罗的海地区、巴尔干半岛及君士坦丁堡 (Constantinople) 的战略要地，整个地中海盆地将会被它控制在手里。

为防止俄国掌控巴尔干半岛和君士坦丁堡，克里米亚战争打响了。这场战役的悲剧在于其目的本可以依靠外交手段达成，而实际上也是如此。克里米亚战争最重要的一个影响就是永远地摧毁了“欧洲协调”。

俄国出现在1848年的革命年代，俨然成为了欧洲的调停者：普鲁士的朋友，奥地利的卫士，所有君主派、保守派政府的拥护者。俄国的实力，或者表面上的实力，被证明是严重的政治阻碍，因为它总是容易让其他国家怀疑俄国的政策，并促使他们焦虑，防止俄国的影响扩大。尽管奥地利在1849年抗击匈牙利时，跟俄国借用了大量军力，而且在1850年对抗普鲁士时，也向俄国寻求过外交支持，但是奥地利并不渴望成为俄国的受保护国。为了保持国家的政治独立，奥地利领导者寻求加强同其他大国的外交联系。他们对俄国的态度用奥地利首相施瓦岑贝格公爵的话来说就是，“我们将通过我们的忘恩负义震惊这个世界”。在腓特烈·威廉四世（Frederick William IV，1840—1861年执政）* 犹豫不决的领导下，普鲁士在这一时期的外交方面扮演着微不足道的角色，但是普鲁士惧怕俄国势力也是事出有因的，因为普鲁士对俄国在德意志帝国事务上支持奥地利怀恨在心。

奇怪的是，大英帝国地理位置距俄国最为遥远、受到的威胁最

* 腓特烈·威廉四世（Frederick William IV，1795—1861），普鲁士国王（1840—1861）。腓特烈·威廉三世之子。1848年在柏林三月革命的压力下，被迫召开立宪会议，但随后予以解散，并颁布了保守的“钦定宪法”。——译者注

小，却成为俄国在欧洲最强大的竞争对手。英国害怕俄国威胁到欧洲各国的均势状态，害怕俄国可能建立对奥斯曼帝国的控制，并随后危及他们通往印度的路线、近东（Near East）* 的贸易，以及地中海的海军力量。英国这样害怕是由于相信俄国已经掌控了“欧洲协调”，而奥地利、普鲁士和其他保守派势力已经落入俄国的统治中。因此，英国支持路易·拿破仑的反俄政策，同时也支持他在 1851 年作为奥斯曼帝国中基督教圣所的主要卫士对俄国发起的挑战。

针对圣所的纠纷并非国家荣誉层面上的空谈，而是关乎近东权势的问题。凭借扮演着保护圣所和基督徒的角色，一个国家能借口干涉奥斯曼帝国的内部事务，获取了在土耳其统治下提高自己地位的宝贵手段。

法国凭借贸易、传教和对土耳其政府的经济援助，已经在近东地区发挥了强大的影响力。1851 年，拿破仑利用这股影响力，敦促获取与圣所相关的特权。这些特权是由苏丹授予的，苏丹也清楚这一事实：与邻近的俄国相比，遥远的法国只是一个对基督教没那么危险的保护者。沙皇采取报复行动，要求对俄国做出新的让步。土耳其人听取英国的建议，拒绝了俄国的要求，于是沙皇攻占了土耳其的摩尔达维亚省（Moldvia）和瓦拉几亚省（Walachia）（两地之后合并成了罗马尼亚国），以此支持他的主张。英法两国作为回应，派舰队前往地中海东部。当时局势十分紧张，但困境似乎可以依靠外

* 近东（Near East），欧洲人通常用来指亚洲西南部和非洲东北部地区，但伊朗、阿富汗除外。近东通常指地中海东部沿岸地区。——译者注

交方式解决，因为这是自 1815 年起惯用的解决方法。经过复杂的协商后，沙皇坚持说，只有俄国在奥斯曼帝国的现存条约权利得到保障，他才会保证从摩尔达维亚和瓦拉几亚撤军，并避免在土耳其进行直接干涉。俄国的态度如此温和，让路易·拿破仑没理由拒绝。但是英国内阁在这个问题上存在分歧，反俄势力在伦敦盛行。俄国的提议被回绝，1853 年年底，英国舰队受命前往君士坦丁堡。土耳其人深信英国的支持，于是在 1853 年 12 月 4 日对俄宣战。

土耳其军队暂时坚守抗击俄国，但是在 12 月 30 日，一支土耳其的海军分舰队在黑海港口锡诺普（Sinop）* 被俄军击沉。锡诺普海战展示了木质战舰最终走向灭亡的结果，一艘配有最先进火炮枪的俄国军舰把土耳其战船炸成了碎片。然而，俄国自身也没有吸取锡诺普战役的教训，不然克里米亚战争的过程和结果也许会截然不同。即便如此，英法仍建造全木质的军舰。如果俄国封锁住敌军进入黑海的入口，在博斯普鲁斯海峡（Bosporus）入口占据防御位置，那么就可能阻止敌军或至少把困难重重、盟军占领的海上航线交与克里米亚处理。

实际上，锡诺普战役产生的最重要的影响是对英国公众舆论的影响。俄国完全合法的战争行为被英国谴责成一种背叛的大屠杀行径，英国的报纸呼吁发动战争对抗“没人性的”俄国人，要求帕默斯顿勋爵（Lord Palmerson）恢复职位。此人是个好战的反俄内阁成员，曾经

* 锡诺普（Sinop）：位于土耳其北海岸，因为处于君士坦丁堡到巴统航线中间位置，所以一直是土耳其的重要港口和海军要塞。——译者注

在伦敦得知锡诺普消息的当天宣布辞职（因反对选举权改革的法案）。法国的反应更拘谨些，但是拿破仑不能忽视这个跟英国结盟从而消灭俄国的机会。

1853 年 12 月，英法舰队进入黑海，保护土耳其海岸，清除停留在黑海的俄军战舰。1854 年 3 月 28 日，大英帝国和法国正式向俄宣战。

关于克里米亚战争的起因，最大的谜团是英国对俄宣战的原

如图，轻骑兵第八团正在烧饭。照片由罗杰・芬顿（Roger Fenton）*拍摄。他最早成功拍摄了战地照片。尽管芬顿有大量资料展现克里米亚的战争惨景，但他并不确定英国公众是否愿意看到支离破碎的尸体和脏乱的战地医院。相反，他主要拍摄军官和士兵。图片中的女人在军队中负责后勤餐饮，卖些零食茶点。

* 罗杰•芬顿（Roger Fenton，1819—1869），英国人。现存最早的战地照片就是他1855年拍摄的克里米亚战场。被人尊称为“第一位战地摄影师”。——译者注

因。对法国而言，这场战役既是对1815年《巴黎条约》的打击，也是重建法国在欧洲政治优势过程中的重要一步。对土耳其而言，来自英法的支持为反击一直侵占奥斯曼领土的俄国，提供了绝好的机会。但是，为何英国要在沙皇同意其解决近东问题的主要条件后，仍然诉诸战争？即使在锡诺普战役后，沙皇提出从摩尔达维亚和瓦拉几亚撤军，并与各大国协商达成共识了，英国仍坚持开战。

英国这样做有两个明显的原因。一是因为英国民众战争欲望强烈，希望本国能重振在欧洲大陆的势力。二是因为一些有影响力的英国政治家的态度，尤其是帕默斯顿和英国驻君士坦丁堡大使斯特拉斯夫子爵（Lord Stratford de Redcliffe）。后者不相信俄国的誓言，认为战争是恢复欧洲权力平衡的唯一方式。1854年5月26日，帕默斯顿写信给内阁成员约翰·罗素伯爵（Lord John Russell），要求把俄国驱逐出摩尔达维亚和瓦拉齐亚，信中写道："就像是你刚把一个小偷赶出你家，他又在一个更合适的时机回来了。保证欧洲未来和平的最佳、有效的安全途径就是把俄国与格鲁吉亚（Georgia）、切尔克西亚（Circassia）、克里米亚地区、比萨拉比亚（Bessarabia）、波兰和芬兰这些俄国后来获取的边境领土隔离开……俄国虽然还很有实力，但对邻国也无法轻易发动侵略了。"帕默斯顿的理由跟许多发动防御战支持者的想法相似。然而他忘记了，英国及其盟国可能没有实力把这样的条款强加给俄国，纵使俄国暂时（实际上是不可能）被剥夺了侵略的权力，那么也会有其他国家取而代之。克里米亚战争结束后，帕默斯顿对法国的崛起首先表现出焦虑，接着很快就谈到了对法国的防御战问题。

战争实况

克里米亚战争的策略如同其起因一样毫无意义。对于英法两国而言，对抗俄国的首要问题在于找到一个便于进攻的地理位置。1854 年 8 月，迫于奥地利的外交压力，俄国从摩尔达维亚和瓦拉几亚撤军，持中立态度的奥地利迅速占领这片区域。这样一来，英法联军无法围攻俄国，俄国也无法穿越巴尔干半岛各国讨伐土耳其。英国派遣一支海军中队和一支联军舰队，分别用于攻打俄国位于波罗的海与白海的要塞，还威胁俄国的太平洋属地，但鲜有成效。联军最终决定在俄国的克里米亚半岛展开进攻，这一地点便于联军行动，因为黑海在其海军的管辖范围之内。

联军领导人大概只对克里米亚半岛的地图进行了一番浅显的研究，就断定其舰队能够轻易持枪占领地峡，隔离半岛于大陆。若非地峡两侧水深只有两至三英尺，这一策略本该奏效。联军发现身陷窘境，入侵克里米亚半岛迫在眉睫。

联军于 1854 年 9 月 14 日登陆克里米亚半岛，并于 9 月 20 日在阿尔玛河（Alma River）击败俄军。但联军未能一路保持胜利，否则就有可能一举攻占庞大的俄国海军基地塞巴斯托波，也就是这场战役的主要目标。而事实证明，在首轮进攻中未能占领塞巴斯托波对联军而言是一件幸事。由于他们的延迟，俄国得以利用这段时间加

上图为巴拉克拉瓦（Balaclava）港口。1855年，首条军用铁路修建于此，用于从港口向塞巴斯托波（Sebastopol）前线运输人力和物资。

强城市防御力、培养援军。最终围攻塞巴斯托波可能是消耗俄国资源的最有效策略。联军靠海，补给和增援相对方便；而俄军尽管是在自己的领土作战，却不得不面对远途补给、路况不良、天气恶劣等问题。运往克里米亚的兵力和物资需横跨大陆，费用之高，令人咋舌。长途跋涉异常艰苦，冬天尤为如此。在为期三个月的长征之后，只有十分之一的俄国士兵能够最终抵达前线。据俄国医疗部门估计，俄国损失人口约 50 万，相比之下，英法两国损失人口仅约 6 万，其中三分之二死于疾病。俄国经济损失也不亚于此，为保卫塞巴斯托波，国家几近财力耗尽。对联军而言，这一策略无可匹敌，但完全是意外之举，也并非联军所望，因为伦敦和巴黎的政客们渴望获得戏剧性胜利以抚慰民心，而漫长的包围战难以迎来光荣胜利。

战争中并未出现功绩显赫的军事指挥官，但俄国工程师爱德华·伊万诺维奇·托德莱本伯爵（Eduard Ivanovich Totleben，1818—1884）是一个例外，是他指挥了塞巴斯托波的保卫行动。法国第一任指挥官初到克里米亚时便已行将就木，其继任者虽然是一位合格的将领，但缺乏足够的魄力和威望，难以对其英国盟军部署任何联合战略。而英国指挥官拉格兰勋爵（Lord Raglan，1788—1855）在滑铁卢战役中失去了一只手臂，已有四十年未参战，坚持称敌人为“法国人”。军事领导力低下的一大表现就是英国轻骑旅的灾难性冲

下图为著名英国护士弗洛伦斯·南丁格尔在君士坦丁堡附近的斯库台（Scutari）的一家医院照顾病人的景象。此后几年中，她带头领导了英国医院体制的整体重组。

锋，这场屠杀源于一位糊涂的传令官将糊涂的指令传达给一位军官，而这位军官竟愚蠢地执行了指令。只有一个人，一位女性，在克里米亚战争中获得了英雄般的荣誉，她就是护士弗洛伦斯·南丁格尔。她整顿战地医院，而后又推进了英国医院体制的整体重组。在她的影响下，护理专业成为一项受人尊敬的女性公共事业，这也是女性朝着公众生活中更为平等的地位实现的首次跨越。

克里米亚战争对作战方法产生了重大影响，着实引发了一场海军革命。黑海上的作战行动最终证明：蒸汽船优于帆船，螺旋桨推进优于明轮推进，木制军舰无法抵御膛线炮的火力。为解决这一难题，法国创造了首批装甲战舰，作为塞巴斯托波包围战中的浮动堡垒。

陆战领域的军事创新则稍显逊色。联军配有更为先进的米尼式线膛枪，而俄军仍在使用滑膛枪。铁路首次应用于军事，负责将联军军队和作战装备运往塞巴斯托波前线。人们还试图将电报这项新发明应用于战争，以便于伦敦和巴黎远程指挥克里米亚的军事行动，但这一尝试极不成功，很快便夭折。英国战地记者将电报应用于更重要的领域，他们报道了战士们因军事补给不足而遭受的痛苦，引发了大众舆论，从而催生了大规模军事体制改革。

1855 年 3 月，沙皇尼古拉一世（Tsar Nicholas I）去世；9 月，塞巴斯托波沦陷；12 月，奥地利以加入联军为由迫使俄国投降。新沙皇亚历山大二世（Alexander II）面对消耗殆尽的作战资源，既担忧国家反叛，又担心奥地利入侵，决定投降，定于 1856 年 2 月 25 日停战。

战后余波

在 1856 年 3 月 30 日签订的《巴黎条约》中，俄国仅交出一块其战前不愿放弃的领土，即位于多瑙河（Danube）河口的比萨拉比亚（Bessarabia）的部分战略性区域。俄国同意将多瑙河置于国际共管之下，不再宣称对奥斯曼帝国基督教徒具有保护权。最为重要的是，俄国同意黑海中立化，这意味着俄国不得在黑海驻扎海军或设立海军基地，从而无权在这片区域使用攻击性武器和防御性武器。俄国也同意不对波的尼亚湾（Gulf of Bothnia）的奥兰群岛（Aaland Islands）设防，并将要塞城市卡尔斯（Kars）归还给土耳其，该城市位于黑海东海岸附近，由俄国在战争期间占领。签字国承诺保护多瑙河流域的摩尔达维亚和瓦拉几亚两公国，并尊重奥斯曼帝国的独立权和领土完整权。

这些条款本应为俄国向欧洲和土耳其的进一步扩张制造永久性障碍，但国际协议没有“永久”可言。和平谈判期间，对俄国实施《巴黎条约》的联盟已经开始解体。1870 年，俄国拒绝接受条约中的黑海条款，于 1877 年与土耳其再次交战，并于 1878 年重新获得比萨拉比亚和卡尔斯。

克里米亚战争带来的最为持久的战果就是欧洲同盟的瓦解。历经四十年的和平共处后，四场战争接踵而至（1859—1871），带来了欧洲大陆权力结构的变革。战败的俄国感到屈辱，决定打破《巴黎条约》的限制，由此成为一个修正主义国家。然而，在后来的二十年中，俄国忙于国家内部整顿，并未对欧洲事务进行主动干预。俄国首相戈尔恰科夫（Gorchakov）公爵解释道："俄国不是在生闷气，她是在默默地聚集力量。"英国从这场并不光彩的战争，以及未成定局的和平中幡然醒悟，采取了同俄国相似的态度，即退出欧洲事务。奥地利则受到孤立，克里米亚战争期间，交战双方都曾自信地以为会得到奥地利的支援：俄国认为奥地利会反抗法国意愿、支持 1815 年的和平协议，并偿还一笔债务以感谢俄国的军事及外交援助；而英国和法国则确信奥地利会认识到阻止俄国向欧洲南部扩张的必要性，因为这威胁到奥地利的重要利益。而奥地利的中立态度引起了所有交战国的敌意，直至 1879 年，奥地利在列强之中仍无一位盟友。普鲁士的战时政策软弱不堪，国家力量十分微弱，很难再成为主要力量。

法国似乎是这场战争中的最大赢家。法国军队在对塞巴斯托波的最后进攻中赢得了最受人瞩目的胜利。1815 年的国际格局及其限制已被一扫而空，法国取代俄国成为了欧洲的主导力量。但法国的地位并没有其表面看起来那般强大。英国对法国的复兴感到忧虑，担心法国在欧洲大陆上重建霸权。俄国在克里米亚战争中已招致各国不满，又受惊于拿破仑关于"波兰独立"的言论，这意味着俄国将失去波兰领地。奥地利和普鲁士也做出了相同的反应，因为他们都拥有大批波兰少数民族人口。此外，这些国家也憎恶拿破仑对德国和意大利内政的干涉。法国同奥地利一样，受到列强的孤立，而拿破仑始终无法理解这一局面。他实施的对外政策野心勃勃，自信地以为法国的力量和威望能够克服一切障碍，然而，他的这一幻想即将残酷地破灭。

仅有一国从克里米亚战争中获得了外交优势。1855 年 1 月，意大利北部的萨丁尼亚王国（Sardinia）加入联军一方，正式参战，以反对奥地利争夺意大利主权。足智多谋的萨丁尼亚王国首相加富尔已经清楚地看到，一旦奥地利与西方列强形成排外性联盟，那么萨丁尼亚王国对意大利的野心将会陷入永久性危机。为预先阻止这一危机，同时取悦渴望赢得军事荣誉的君主，加富尔同意向克里米亚派遣萨丁尼亚军队。国王维克托·伊曼纽尔二世（Victor Emmanuel II）对法国大使说："一旦我方军队与你方结盟，我就不会再把奥地利放在眼里。"

加富尔的政策大获成功。在英国和法国看来，萨丁尼亚王国的无条件参战与奥地利的中立立场形成了鲜明对比，值得赞誉，因而萨丁尼亚王国获许以列强的同等地位参加和平会议。英国和法国代表支持加富尔对意大利政治环境的谴责，实则是在控诉奥地利对意大利内政的干涉。尽管萨丁尼亚王国在克里米亚战争中没有任何实质性收获，但它在法国和英国面前建立了信誉，这对日后对抗奥地利具有重大的战略意义。

随着欧洲同盟陷入一片混乱，俄国和英国暂时退出国际舞台；加之奥地利孤立绝缘，各种政治投机者都有可能出现。路易·拿破仑就是其中的首要代表。他的野心，连同其模糊而反复无常的政策，使得欧洲政治一直处于动乱之中，直至他的政权衰落。

第二帝国

1852 年，克里米亚战争蓄势待发，拿破仑终于揭下共和主义的面具。11 月 21 日，政府再次举行公民投票，呼吁公众支持复辟帝制，并再次获得了绝大多数公众的支持。1852 年 12 月 2 日，即政变纪念日（coup d’ état）当天，路易 · 拿破仑成为法兰西皇帝。他自称拿破仑三世，由此承认拿破仑一世之幼子的统治地位。拿破仑一

左图为法国皇帝拿破仑三世、欧仁妮皇后和他们的儿子——皇太子。1879年，皇太子与英军联合对抗祖鲁族，并于战争中被杀害。

世于1814年4月6日退位，由其幼子接任其位。

1853年1月30日，拿破仑三世迎娶欧仁妮·德·蒙蒂若（Eugénie de Montijo，1826—1920）。欧仁妮皇后来自一个西班牙与苏格兰相结合的家庭，家境穷困。她美丽、善良，身为保守派，影响力与日俱增，直至其丈夫统治时期的结束。然而，欧仁妮皇后从未真正受到法国人民的爱戴，但她为帝国带来了男性继承人，也为法国社会带来了灿烂的宫廷盛况——即使并非最奢华、最文雅，其耀眼程度也堪称欧洲之最。当时的女性热衷于追求显赫地位，一些资产阶级代表，如股票推销员和商业巨头也是如此，他们在第二帝国的经济生活中扮演着十分重要的角色。第二帝国是新富阶层（nouveaux riches）的宫廷，他们的活力与自我放纵深刻地反映在了当时最受欢迎的作曲家——雅克·奥芬巴赫*（Jacques Offenbach，1819—1880）的音乐作品中。

经济政策

拿破仑三世在位的前五年总体看来是一段繁荣时期，对法国如此，对西欧其他国家亦是如此。帝国政府的政策无疑推动了法国经济的复兴。皇帝对待经济问题极其认真，尤其是关乎社会福利的问题。作为国家元首，他将中央政府的权利与权威置于脑后，以促进国民经济增长、提高法国工人的生活水平为首要任务。皇帝深受经

* 雅克·奥芬巴赫（Jacques Offenbach，1819—1880），德籍法国作曲家，法国轻歌剧的奠基人和杰出的代表。——译者注

济计划理论的首要倡导者——昂利 · 圣西门 *（Henri de Saint-Simon，1760—1825）的社会主义理论影响。拿破仑三世认同圣西门的观点，认为应该科学地规划社会资源以造福百姓。他的计划是实现国家社会主义，但在这一目标的实现过程中，他利用的是快速发展的资本主义制度下的所有资源。

这项帝国经济计划以信贷扩张为基础，即任何形式的企业家，包括农民、制造商、建筑者、托运人，都能以优惠的条件获得贷款，以便充分利用农工业革命所带来的发展成果。反之，国家希望他们为法国人民提供更多商品与服务，为法国劳动力创造更多就业机会，为法国商品创造更广阔的市场。政府为重大工程项目发行公共债券，并为政府资助的信贷公司提供国家保障，以鼓励私人投资。1852 年，动产信贷银行在政府的支持下成立，用以推行大规模工业计划，如建设铁路及港口，安装城市燃气灯，扩大矿业公司和航运公司等。地产信贷银行也于 1852 年成立，其原始定位是国家抵押银行，为农民提供长期贷款以促进农业发展，但保守的法国农民对这一新方法表示怀疑，地产信贷银行由此转而为公共建筑及私人房屋的建设提供资金，主要服务于第二帝国浩大的城市重建工程。

政府放松的信贷政策为心怀不轨的投机者和金融操盘手提供了温床，但着实刺激了国民经济的发展。帝国建立的前几年，法国的

* 昂利·圣西门（Henri de Saint-Simon，1760—1825），法国空想社会主义者，主要著作有《一个日内瓦居民给当代人的信》等。——译者注

图为新建的巴黎歌剧院（1862—1874）中楼梯的宏伟景象。该歌剧院由夏尔·加尼叶*（Charles Garnier）设计，是重建巴黎计划中最壮观的公共建筑之一。

* 夏尔·加尼叶（Charles Garnier），法国建筑大师，创造了新古典主义、文艺复兴主义和巴洛克风格。巴黎歌剧院是他的巅峰作品。——译者注

经济增长率超过了其他所有国家。路易·菲利普（Louis Philippe）统治时期所规划的主要法国铁路线，或正在建造，或已经竣工；铁路支线网更是一项令人瞩目的工程。马赛（Marseilles）、勒阿弗尔（Le Havre）、布列斯特（Brest）、瑟堡（Cherbourg）等港口城市皆发展成为世界航运中心。法国造船厂开始建造铁皮汽船，而不仅是木制帆船。苏伊士运河（Suez Canal）建于1859—1869年间，法国企业占有大部分功劳。新发明和加工方法的采用，刺激了采矿业和冶金业的繁荣发展，煤产量亦加倍增长。虽然法国的钢铁产量仍落后于英国，但时至1870年却仍能领先于德国。在对外贸易领域，法国的扩张率同样超过了所有其他的欧洲国家。拿破仑统治时期，法国的进出口总额达到之前的三倍。

第二帝国的经济政策促进了当时法国历史上最盛大的建筑热潮。在乔治·欧仁·奥斯曼男爵*（Georges Eugene Haussmann，1809—1891）的指导及塞纳河的完美衬托下，巴黎从一座街道狭窄蜿蜒、风景如画的中世纪城市变成了一座充满空气与光线的现代化城市，林荫大道宽阔笔直，街道从雄伟的圆形广场向四周扩散，华丽的建筑景观随处可见。巴黎享有充足的公共供水、地下排水系统，以及气体照明系统。新的中央市场得以建造，奢华歌剧院的建设已经启动，布洛涅森林（Bois de Boulogne）中建起了公园。重建巴黎是城市规划中的一项重要事业。这项浩大的工程为大批技术或非技术性

* 乔治·欧仁·奥斯曼（Georges Eugene Haussmann，1809—1891），法国城市规划师，拿破仑三世时期的重要官员。因主持了1853—1870年的巴黎重建而闻名。——译者注

上图为新建的巴黎下水道。巴黎重建计划中与景观美化和建筑工程同等重要的项目，就是建造一个巨大的下水道网络，能够同时容纳自来水总管道、天然气管道，以及后期的电线、电报线和电话线。据说，拿破仑三世“发现巴黎时臭气熏天，离开巴黎时芳香四溢”。

工人提供了就业机会，极大地提高了巴黎人民的生活水平。新的城市计划也阻止了动乱和巷战的发生，因为路障的建造更为复杂，军队和炮火能够轻易到达城市的每一个角落。正如一位观察家所言，新建的宽阔街道能够完美地接触到光线、空气，还有步兵。巴黎是第二帝国城市重建中最为著名的例子，然而，皇帝的规划者们在其他城市尤其是马赛的建造成果，也同样引人瞩目。

为进一步刺激法国经济，拿破仑降低进口税，为工业提供更廉价的原材料，为劳工提供更廉价的食物。这项政策的目的也是为了迫使包括农民在内的法国生产者采用更高效、更经济的生产方法，从而与外国制造商和种植者进行竞争。1853 年，食物及铁、煤等基础原材料关税下降。1860 年，与英国签订的《科布登－切维利尔条约》（*Cobden-Chevalier trade treaty*）极大地降低了法国对英国商品的关税，同时也为法国产品打开了英国市场的大门。后续六年中，法国分别与比利时（Belgium）、德意志关税同盟（German customs union）、意大利（Italy）、奥地利（Austria）、瑞典（Sweden）、瑞士（Switzerland）、尼德兰（Netherlands）、西班牙（Spain）和土耳其（Turkey）签订了互惠贸易协定。

拿破仑的贸易条约首次引发了大众对于帝国统治的普遍反抗。关税协定使工农业遭受损失，即使政府为其提供津贴，也未能平息这场反抗，政府便不再以之前的力度强迫法国生产者使用更高效的生产方法。拿破仑的不幸在于，他的互惠贸易计划开始于 1857 年的金融危机之后，当时欧洲经济普遍严重下滑，法国经济也接连受到重创。19 世纪 50 年代末，农作物歉收，桑蚕发生病害，严重损害了丝绸业的发展；法国葡萄园爆发根瘤蚜虫灾害，暂时摧毁了法国的葡萄酒业；美国内战期间，联邦封锁南美港口，断绝了法国原棉的重要来源，严重影响了法国的纺织业。

19 世纪 60 年代，政府财政政策的变化也对法国经济产生了影响。1859 年，阿希尔 · 富尔德（Achille Fould，1800—1867）取代皮埃尔 · 马格纳（Pierre Magne，1806—1867）成为法国财政部长。富尔德是一个保守的银行家，他主张紧缩信贷、国家预算收支平衡、大幅削减政府支出。富尔德的政策为逍遥法外的投机者关上了大门，但同时也摧毁了许多边企业，在国有经济需要刺激的时候抑制了其发展。军队开支也大大减少。政府投入 1.13 亿法郎为军队配备速射后装步枪和后膛步枪，但却没有为现代化火炮提供足够的资金，这是一个严重的疏忽。火炮的落后是导致法国在普法战争（1870—1871）中战败的主要原因。但削减法国军事预算并非财政部长一人之责，在帝国苟存的最后几年，政府经济是政治自由化时期的显著特点。

自由帝国

关税政策、经济衰退，以及帝国外交政策的方方面面，引发了大众对帝国统治的反抗，促使拿破仑三世寻找公众支持的新基点。在寻求支持的过程中，他并未从根本上改变方法，而是延续其执政以来的一贯方法。他曾以稳定的政局和经济机会换取地主和商人的支持，现在他试图充分实行党政分肥制，并在政治与经济上做出让步，由此赢得共和党、工人和反叛群体的支持。19 世纪 60 年代，人身自由的诸多限制得以放宽，工会实现合法化，工人获得了罢工权。

为获得议会更为积极的支持以稳固政权，皇帝提高了立法机构在国家事务中的话语权，并将财政预算纳入其管理领域。国家允许立法辩论记录全程公开，议会成员有权向政府官员询问官方政策。在履行这些让步的过程中，拿破仑似乎迫切渴望得到人才的支持，如那些有意愿且有能力帮助他统治法国的政治家，或是能够为他承担部分工作和责任的大臣。

自由化政策带来的致命结果，就是皇帝无权强制实行军事改革，导致法国军队无法匹敌普鲁士军队。立法机构成员大多反对强化军队及其所需的高额税收。他们将军队视为拿破仑独裁统治的壁垒，将义务兵役制视为政治教化和镇压的工具。1863—1870年间，立法机构持续削减军事支出。但法国军队整顿不足的大部分责任，都应归于政府和军事领导人：财政部门执迷于经济发展，保守的将领反对改革；高层帝国官员担心大众对于革命的看法，最终放弃了阻止帝国毁灭的机会。

所谓的自由帝国存在时间并不长，无法对其最终目标和潜力做出全面评价。自由化政策的短暂实行，无疑实现了皇帝所期望的结果：反抗力量得以削弱；政府既巩固了原有支持者，又赢得了重要的新支持者；共和党和社会主义者、金融家和实业家皆因维护帝国统治而收获了利益。埃米勒·奥利维耶（Émile Ollivier，1825—1913）原为立法机构中激进的反对派领导人，于1870年1月成为了帝国政府的首席大臣，因为他得知皇帝需要他协助“组织自由”（organizing Liberty）。1870年5月，法国人民为近期实行的自由化立法进行公民投票，实则是借机表达对帝国统治的信任。投票结果表明，拿破仑三世获得了与其执政之初同等伟大的胜利。

但这些国内舞台上的成功十分短暂，五个月后，由于外交事务的失利，第二帝国陷落。

帝国外交政策

从拿破仑三世的对内及对外政策中可以看出，拿破仑特别善于理解群众力量。他试图利用或平息这些力量，却没有增强自身的力量或提高法国的国际地位，这使他陷入了毁灭性的政治危机。首先，就国际关系而言，拿破仑的名声给予了他过多的自信。1848年的总统选举中，法国人民全力支持拿破仑；1852年，法国人民热切赞成复辟帝制，但他们期望帝国的复辟能够带来军事胜利、法国复兴等一系列荣誉，使法国重新成为欧洲强国。拿破仑理解大众的期待，并承诺满足人民的愿望。

拿破仑外交政策的精明之处在于他努力改善法国与英国之间的关系。他对第一帝国的历史进行了长久反思。他认为，英国就是阻碍其叔叔获得成功的最大障碍，若能与英国建交，法国在欧洲大陆上的自由行动就不会再受到英国的反对。于是，他力图打破关税壁垒，与英国建立更为紧密的贸易关系。他支持英国在近东地区的政策，并在克里米亚战争中与英军并肩作战。英法两国在欧洲战役中互为盟友，而非互相敌对，这是克伦威尔（Cromwell）时代结束以来的第一次。1860年，法国与英国联手对中国施压，要求其开放十一处新的通商口岸，以便欧洲通商。1861年，法国再度与英国合作，强迫墨西哥政府承认欧洲财产权，为不久之后远征军入侵墨西哥谱下了悲惨的序曲。

经历克里米亚战争之后，拿破仑尤为深刻地意识到，无论军事才能还是组织才能，他都不及他的叔叔。但他相信，不用武力征服也能获得欧洲领导权。他是首批善于采用大众意见的现代政治家，也比别人更早地认识到要善于利用民族主义的力量。他的叔叔已经提供了方法："能够受到欧洲各族人民爱戴的第一位统治者即能达成所有愿望。"但拿破仑一世未能将他的想法付诸实践，欧洲人民业已将其推翻。现在机会落在了拿破仑三世的身上。如果他成为了民族主义事业的捍卫者，如果他能够带领欧洲民族摆脱国内外暴政，走向自由，那么这位法国皇帝就将成为自由欧洲的天生领袖，而法国也将会在政治上和道义上获得史无前例的权势。拿破仑三世希望解放欧洲各民族的愿望并非出于恶意算计，他受到意大利民族主义者朱塞佩·马志尼（Giuseppe Mazzini）的启发，对民族解放事业的支持如同他支持消除贫困一样热切。他希望终有一天，自由国家能够和谐共处——当然，要在法国的领导之下。

拿破仑希望欧洲各国均能获得自由并服从法国统治，这无疑是一个宏伟的设想，但作为对外政策而言，这不仅不切实际，还直接违背了法国的利益。1863 年，他鼓励波兰对抗俄国，明知无法提供有效帮助，却残忍地给予了波兰爱国者们虚假的希望，同时使法国无故招致了沙皇的愤怒。他支持民族主义，因而无可避免地对德意志帝国和意大利的民族统一运动进行鼓励，但这一行为直接催生了法国边界的强国崛起，取代了之前软弱无能的邻国，造成了灾难性结果。

1859 年，为支持意大利境内的萨丁尼亚王国，将奥地利逐出意大利，拿破仑与奥地利交战。这位法国皇帝无疑对意大利的国务深感同情，也对萨丁尼亚王国在克里米亚战争中的参与表示感激。但他介入意大利内务主要还是出于利己的打算。意大利的局面为他置身于欧洲民族主义运动前列提供了绝佳的机会。从更实际的角度看来，法国有机会取代奥地利，在意大利制造影响。

为逐步建立法国在意大利至高无上的影响力，拿破仑的决策合乎情理，但就其他各方面而言，他的意大利政策计划不周、执行不力、前后不一。他的军队未能迅速击败奥地利，而他在意大利的民族主义运动中已无法控制自己的野心。他十分警惕意大利的现状，担心普鲁士及其他德意志国家会前来支援奥地利，因而在未与其意大利盟友协商的情况下便与奥地利休战。他将威尼西亚（Venetia）交由奥地利统治，并在开始时不允许意大利中部各国（这些国家曾反抗受到奥地利支持的统治者）与萨丁尼亚王国联盟。由于在不诉诸武力的情况下民族情感难以抑制，他最终同意了这一联盟，但以此强迫萨丁尼亚王国将尼斯（Nice）和萨伏依（Savoy）让与法国。

法国军队于1849年被派往罗马（Rome）以支持教皇反抗共和主义革命者，自那之后便一直驻留于罗马。意大利民族主义者理所当然地视罗马为统一的意大利民族的首都，但现在，这些军队阻断了他们的愿望。由此看来，拿破仑实则处于一个十分荒谬的位置：一方面支持意大利的民族主义者反抗奥地利，另一方面又在罗马对其进行阻挠。鉴于他与奥地利单独签订条约、占领尼斯和萨伏依的行为，以及

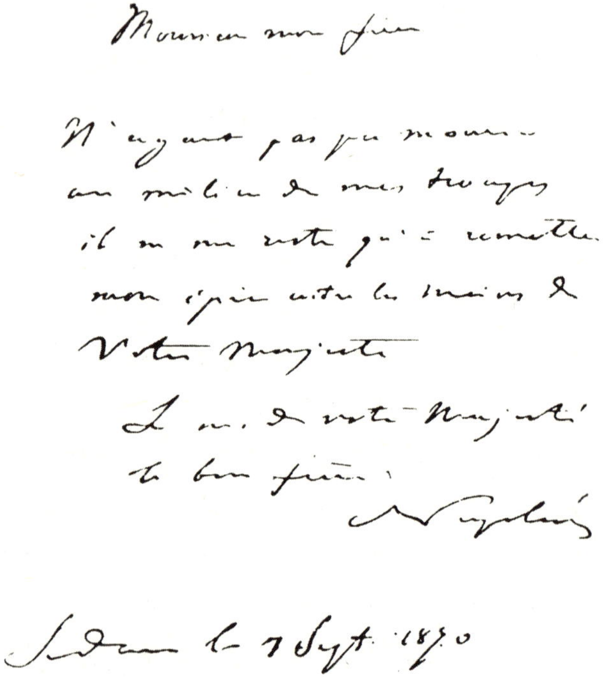
Monsieur mon frère

N'ayant pas pu mourir
au milieu de mes troupes
il ne me reste qu'à remettre
mon épée entre les mains de
Votre Majesté

Je suis de votre Majesté
le bon frère

Napoléon

Sedan le 1 Sept. 1870

上图为拿破仑三世于1870年9月1日，即法国在色当（Sedan）战败后写给普鲁士国王威廉的亲笔信。信中说道:“未能战死军中，别无他法，只求置吾剑于陛下手中。”

他对罗马实施的政策，拿破仑发现，自己并没有因为帮助意大利对抗奥地利而获得意大利爱国者的感谢，反而遭到了憎恨与谩骂。这在法国对欧洲进行精神征服的过程中是一个不祥的开端。

拿破仑对于德意志地区的政策甚至更为失败、混乱。他已经预见到了一个统一的德意志强国的危险性，但他相信他能够在两大主要德意志国家——普鲁士与奥地利之间保持权力的平衡。同其意大利政策一样，他希望在德意志地区建立一个松散的国家联盟，使其中弱小的国家寻求法国的保护。他相信，这一政策一经实施，他将能够获得莱茵河（Rhine）左岸的领土控制权，以此扩大法国的“自然国界”。然而，他的预估是完全错误的。1866年，普鲁士战胜奥地利，没有留下任何权力平衡的希望。为了弥补德意志政策的惨败，抵消普鲁士力量的滋长，拿破仑提出的领土需求甚至违背了国家自由的主张。他不合时宜地为法国索取了莱茵兰（Rhineland）、比利时（Belgium）和卢森堡（Luxembourg），却徒劳无功。

第二帝国在墨西哥遭受严重挫败之后，拿破仑便更加狂热地渴望在外交政策上获得成功。英国、法国和西班牙开展联合外交活动，强迫贝尼托·胡亚雷斯*（Benito Juárez，1806—1872）的革命政府承认欧洲财产权，此后，拿破仑发动墨西哥远征。当时美国正陷于内战，无力介入墨西哥内政；利用这一点，拿破仑派遣军队，将奥地利皇帝之弟、马西米连诺大公（Archduke Maximilian，1832—1867）立为墨西哥皇帝。似乎受到欲望的驱使，拿破仑推翻了胡亚雷斯的反对教权的政治制度，以此巴结天主教会，安抚对意大利政策极为不满的奥地利，并使法国在西半球拥有全新的政治和经济势力范围（拿破仑一世也曾垂涎于建立一个墨西哥帝国）。随着美国内战的结束，美国政府强迫拿破仑从墨西哥撤军，法国的墨西哥帝国由此瓦

* 贝尼托·胡亚雷斯（Benito Juárez，1806—1872），墨西哥总统（1858—1872），民族英雄。——译者注

解。1867 年，不幸的马西米连诺在克雷塔罗（Querétaro）被胡亚雷斯的军队处死。

第二帝国的衰落

经验丰富的奥尔良派政治家阿道夫·梯也尔（Adolphe Thiers）曾说："再没什么错误可犯了。"但此言差矣。1870 年，拿破仑三世成功说服普鲁士国王撤销其一位家庭成员作为西班牙王位候选人的资格，获得一次外交胜利，此后，他顺从法国大众、皇后及大臣的要求，提出了附加条件，但遭到普鲁士的拒绝，战争与国家灾难随之而来。法国军队疏于组织、装备简陋、指挥不佳，最终战败。1870 年 9 月 2 日，第二帝国在普鲁士火炮的重击之下，于色当崩塌瓦解。

拿破仑三世为法国留下了更为完善的铁路、船舶、港口，以及更加发达的经济，甚至位于法国边境的两个新兴强国——意大利和德国。这是一个沉重的代价。

第五章

1850—1870年的民族革命

俄罗斯退出欧洲四国同盟之后，奥地利成为维持欧洲大陆现状的主要力量。由于1815年建立的《巴黎条约》体系破裂，加之拿破仑三世支持民族主义，奥地利作为哈布斯堡王朝统治下的多民族帝国成为主要受害者。哈布斯堡王朝原本通过《巴黎条约》重获了中欧大部分地区的控制权，这些条约也给意大利和德国带来深刻的影响。但到19世纪末，其统领地位在多个地区受到民族革命和斗争影响，遭到严重破坏甚至是毁灭。在很大程度上，意大利和德意志的统一是通过践踏哈布斯堡王朝的利益实现的。而在二者其余的领土范围内，他们也不得不承认匈牙利帝国表面上独立的国家地位。其他民族为争取特殊权利或完全独立而进行的斗争也使得帝国岌岌可危。

哈布斯堡帝国

哈布斯堡王朝时期，民族问题极为严重，这导致许多历史学家认为这一帝国落后于当时的时代潮流，其内部的组成力量预示着瓦解的必然。然而，对历史的必然性这个概念需要进行审慎的思考。哈布斯堡王朝在欧洲的统治可追溯至13世纪，这一帝国面临过诸多挑战而挺立过来。这其中包括鼓动宗教改革运动（Reformation）的后果，三十年战争（Thirty Year's War），直抵维也纳的土耳其入侵，腓特烈大帝（Frederick the Great）的分裂计划，与拿破仑进行的四次决定性战役的战败，以及1848年革命。帝国历经诸多风雨而仍然屹立，可谓展现了它本质中和机构内部的韧性。哪怕是在最严重的危机中，哈布斯堡王朝仍成功地维持了各民族对国家的忠诚。

帝国内部维持统一的力量包括皇权、军队、官僚和罗马天主教会，同时经济文化也发挥了一定的作用。

皇权的观念一直与哈布斯堡王朝紧密相连，长达六百年，一直统治着各个民族和阶层。在皇权旗帜之下，哈布斯堡帝国不曾因任何剧烈的政治和社会改革而动摇，直至遭遇第一次世界大战后才土崩瓦解。哈布斯堡皇室通过建立一种信仰来保持神秘感，即统治者不仅能拥有天赋王权，也是神圣意志的执行者。正是因为这种对统治权的确定，因而领导阶层不近人情，政策不择手段，对待人民和各民族十分冷血。几个世纪以来，“哈布斯堡皇室忘恩负义”这句话也成为街传巷闻、众所周知了。

军队是哈布斯堡帝国的支柱，负责抵御外敌入侵并保障内部统一。同时，军队还有效地向各个阶层、各个民族的大众灌输王朝及帝国统一的观念，这一点在1868年开始实行义务兵役制后尤为突出。对于军队而言，祖国即帝国全境，而非某些省份或地区。或者更确切地讲，君主就是祖国的具体象征，正如一句名言所说："吾王在巴登，则巴登亦即吾故土。"官员和人民经常在帝国内的不同地区迁移，从而培养团结之情，避免只效忠地方。

官僚机构内包括警察和特工处，属于哈布斯堡帝国平民军队。中央政府利用这一行政机构，避免了封建领主和地方政府的干涉，在帝国各地区内实行国家政策。各个阶层和民族的民众都有机会进入帝国的行政部门工作，哪怕最高层的岗位也是如此，因此出类拔萃者会慕名而来为国家服务。另一方面，哈布斯堡帝国的官僚机构也如其所有同类一样：墨守成规、例行公事、形式机密，傲慢自大却又无能低效。一位著名的社会主义领袖曾对此评价为："用懒散来缓和专制。"尽管如此，即使是最严厉的批判者也不得不承认，帝国官僚机构远远优于昔日的封建管理体系。另外，这一官僚机构与19世纪的其他政府机构，尤其是东欧和南欧地区的政府机构相比，其整体性和人性化程度值得称颂。不仅很大程度上杜绝了腐败，同时也几乎残酷地对待贫困者和被压迫者。

宗教改革运动后不久，罗马天主教在国内一直是统一的力量。教会与国家一同致力于消灭新教，并采取了诸多措施完成宗教大一统。自18世纪起，天主教会的政治影响力开始减弱，常常与政府发生冲突。但教会仍然是社会的中流砥柱，更何况在很大程度上其利益需要通过支持政府来保障，而非破坏帝国法规。

这一帝国绝非自然的经济体，事实上绝大多数国家都不是。但因它面积巨大，于是在中欧地区形成了极大的自由贸易区，在1850年匈牙利与其他地区之间的关税壁垒消除后发展尤为强劲。农业区成为日耳曼奥地利、波希米亚和加利西亚（Galicia）新兴工业的宝贵腹地。

最后还有一个发挥统一作用的力量——维也纳文化。维也纳可谓帝国的文化熔炉。经过多年融合后，维也纳以德意志文化为主导，斯拉夫（Slav）、匈牙利、意大利及其他民族文化贯通其中。1850 年，德语仍是帝国通用语，到了 19 世纪后期逐渐让位于地方民族语言。尽管如此，维也纳一直是国家的文化中心。王室世世代代一直支持人民发挥天赋、一展壮志。人们从各地而来：捷克人（Czech）、马扎尔人（Magyar）、罗马尼亚人、克罗地亚人（Croatia）、波兰人及斯拉夫人。他们代表着不同的阶层、不同的职业，纷纷涌入维也纳，只为留名世间。他们成为维也纳文化的一部分，反过来又造就了维也纳文化。

哈布斯堡帝国存在一个致命的弱点，即在行政管理和人口构成两方面未实现有机的统一。整个帝国在通过占领、外交及联姻手段获取各个省份后，只是将其混杂拼接在一起。各省仍大体保留旧有地方政府、权利、传统和风俗。帝国境内包括：奥地利的十七片世袭土地、斯洛文尼亚人在南部所居住的领土、波希米亚（Bohemia）王室所属且主要由捷克人居住的土地（包括摩拉维亚和西里西亚部分地区）、波兰割让给加利西亚的省份、威尼斯和伦巴第所属且主要由意大利人居住的省份，以及圣史蒂芬王室的领土——匈牙利、特兰西瓦尼亚（Transylvania）和克罗地亚。在这个由各省汇聚的帝国内，有大约二十个不同的民族。

19 世纪，许多民族的自我意识逐渐觉醒，这成为哈布斯堡帝国最大的扰乱因素。不过需要注意的是，在1850年的中欧地区，民族主义并非一项群众运动。大部分地区的农民和城镇劳工并未受到民族主义精神触动。而对贵族阶层的许多人而言，民族主义事业仅仅是保障或扩大地方特权的一种手段而已。以匈牙利民族运动为例，运动吸引的匈牙利贵族都反对维也纳政府限制贵族专权。许多波兰贵族也是出于同样的目的参与其中。1846年波兰反抗运动和1848年匈牙利反抗运动期间，哈布斯堡王室才获得了农民的“热情”支持，这是因为他们希望帝国政府能保护他们不受各自民族地方领主的迫害。一旦维也纳政府能保障波兰贵族和匈牙利贵族的利益，他们便成为政府的拥趸。贵族阶层确保自身“自由”之后，他们对待本土地区少数族裔的态度极为恶劣，远不及哈布斯堡王室。他们常常对农民采取严厉的压迫政策。19世纪中期，意大利的平民也支持哈布斯堡帝国的统治。意大利爱国人士朱塞佩·加里波第曾失落地发现，在1849年短暂的民族“解放”时期后，奥地利人卷土重来，而伦巴第的农民却对此额手称庆。奥地利政府虽然循规蹈矩却十分坦诚，即使能提供给民众的公正有限，却远胜过萨丁尼亚王国的粗暴愚蠢、极不公正。尽管如此，民族主义情绪仍然逐渐成为日益强大的扰动力量，也成为19世纪晚期帝国唯一的致命威胁。

其余一些对帝国结构起到削弱影响的因素包括：特定地区或团体延续的传统，地方或封建集团眼红而捍卫自身特权，经济不平等，不同社会阶层间及不同民族间的矛盾等。国家许多官员受到这种悲观情绪的影响，也开始相信帝国将亡。这种观念早在法国大革命和拿破仑战争（Napoleonic Wars）后不久就开始流行。梅特涅亲王作为1815年后政治重建工作的执掌者，一直深陷于对革命的恐惧中，有人说他甚至为此患上了“解体综合征”。随着国内不满情绪慢慢高涨，同时政府存在的问题愈加难以解决，这种悲观一直存在并不断扩散，可以说笼罩着所有人。奥地利人形成了一种宿命论，接受了国内危机、国外受挫的现实，这一态度在一句俗语中展现得淋漓尽致：“不管怎样，事情已经发生了。”（*Es ist passiert.*）可以说人们早已预料到这一切。

1848年的革命似乎印证了最悲观者的观念。解体的速度极快，一直预言着这场灾难的梅特涅也逃离了奥地利。但随后国家迅速恢复，民族和社会反抗运动遭到镇压。到1850年，整个帝国似乎从挣扎中重新站起来，变得更加强大。

解放农民与工业革命

1848年革命最重要同时也最深远的影响是最终解放了农奴。1848年9月7日签署的解放法案规定，领主不再占有农民的一切权利，同时还废除了义务劳役（the *robota*）。领主失去免费劳工的损失将得到赔偿，一部分由国家承担，一部分由土地所属的农民承担。

解放农民极大地促进了农业生产，经济水平普遍提高。相较于以前为地主劳作，农民这时更努力地耕作，产量大大提高，自己也成为拥有一定购买力的消费者。由于没有了繁复无用的强制劳役制度，地产资源也得以有效经济地运营。大地主获得赔偿后，可以将地产作为资本，投资机械农场设备或建造啤酒厂、甜菜糖厂、锯木厂，抑或是开发矿藏。小贵族的境况则相反，他们没有了免费劳力，也没有足够土地，因此无法盈利。此外，他们获得的金钱赔偿也不足以发展农业企业。对许多小贵族而言，解放农奴意味着经济损失，于是他们也开始竞争政府岗位。这些经济状况较差的贵族来自许多不同民族，所以他们的竞争极大地加重了国内的民族矛盾。

富裕的农民同大地主一样，也因解放运动获利颇丰。约瑟夫二世（Joseph II，1780—1790 年在位）曾颁布法令禁止贵族收购传统农民财产（乡村土地），这一法令在当时仍然有效，并不是为了保护农民，而是防止乡村土地落入贵族手中。因为贵族所纳的税低于农民，在匈牙利甚至完全免税。土地法保障了农民终生拥有土地，但并未禁止富裕农民向贫困农民收购土地。奥地利富裕的农民就如西欧的农民一样，属于政治保守派。但在这一时期，他们也开始有了更强的民族意识，开始将个人利益与民族利益等同对待。贫困的农民土地极少或没有土地，只能为别人耕作或干脆成为农场劳工维持生计。许多人受到城镇吸引，加入工业发展的人力大军，因此工人阶层不断膨胀。1848 年后大量非技术性农民劳工涌入城镇，为日后的阶级矛盾埋下了伏笔，同时也催生了民族矛盾。1848 年以前帝国的城镇人口主要是德意志人，而之后涌入的农民来自捷克、波兰和克罗地亚，从而极大地消解了以德意志为主体的城镇特色。但德意志人仍然掌握经济命脉，是劳工的主要雇用者。如此一来，阶级和民族斗争相互作用，工人也逐渐有了民族意识。

奥地利农民解放运动最重要的作用可以说是创造了自由劳动力，加速了工业革命的进程。工业革命成为哈布斯堡帝国经济变革的重要动力，这一点与同时期的欧洲其他地区一样。1850 年政府取消了国内贸易和关税壁垒，政府还支持大规模地建设公共工程和铁路项目，并鼓励官员发展制造业和贸易，这些都刺激了工业发展。然而，1850 年后工业蓬勃向前的主要动力是金融资本主义的迅速发展。1848 年之前国家的主要资本来源是奥地利国家银行，该行只与国家和罗斯柴尔德家族（Rothschild Family）合作，其运作极为保守，在贷款和信用方面非常审慎。

奥地利第一家实现大规模信贷的银行是动产信贷公司。公司成立于 1852 年，旨在推动工业合股企业发展，开拓新的业务领域。1853 年，奥地利首家私营银行的成立也是出于同样的目的。1855 年罗斯柴尔德成立了信贷银行，与极为成功的动产信贷公司竞争。这些机构为奥地利的工业扩张提供了经济动力，在维也纳、波希米亚及加利西亚的一些省份发展极为迅猛。

工业革命给奥地利也带来了城市增长的普遍问题：城市无产阶级、贫民窟与工潮。但同样的，随之而来的也有大部分人的财富和繁荣，以及新兴的中产阶级。最重要的是，工业革命提供了供养行政和军队的资金和物质。如此一来，尽管国内有扰乱力量，奥地利仍在强国之列。

弗朗茨·约瑟夫

弗朗茨·约瑟夫统领着多民族的哈布斯堡帝国（统治时间为1848—1916年）。他在1848年革命期间临危受命时年仅18岁，尚未做好准备承担复杂的重担。尽管他急需好的辅政者，但却极少任命能力出众者担任政府要职。由于害怕权力下放，约瑟夫一直坚持自己制定主要的国家政策。但他生性极为犹豫，做出重要的决定常

图为奥地利国王弗朗茨·约瑟夫及其兄弟。从左至右依次是：卡尔·路德维希大公（Archduck Karl Ludwig），为人极为热情虔诚，后在前往圣地途中因直接饮用约旦河河水而死于痢疾；路易斯·维克多大公（Archduck Louis Victor），晚年陷于丑闻之中，居住于萨尔茨堡附近的克雷塞姆城堡；国王；斐迪南·马克西米连大公（Ferdinand Joseph Maximillian），也是墨西哥帝国马西米连诺一世，一生命途多舛。

常要耽误几个月甚至数年。一旦情况需要他果断行动，他就会轻率地决策。约瑟夫的一生充斥着不幸。

约瑟夫唯一的儿子自杀，妻子被暗杀，他统治时期的帝国一直处于危机之中，其外交政策也不断失败。1859 年约瑟夫在意大利战争遭遇首败之后，便再也未能重拾信心。他曾经忏悔道："我的双手沾满不幸。"

然而，弗朗茨·约瑟夫的统治和个人品行给哈布斯堡王朝带来了诸多影响，可能超过任何人和机构的总和。他的高贵和坚定的责任感令他成为帝国的象征。在他统治的六十八年里，他赢得并保持了许多民族民众坚实的支持。约瑟夫深深了解自己作为国王的使命，了解王室的传统和伟大之处，这些都赐予他道德的力量以对抗一生的困难和不幸。值得称颂的是，他的帝国在他去世前一直昂然挺立。

1848 年刚坐上奥地利王位之际，这位年轻的君主就在他原本的名字之前加上"约瑟夫"，纪念受人爱戴的前任国王约瑟夫二世。这也极富象征意义，因为在弗朗茨·约瑟夫的统治生涯里，他一直在两个人的观念之间徘徊，前者是弗朗茨一世，其首席大臣梅特涅主张保持现状；后者是约瑟夫，他极力主张变革，力图实现启蒙派政治理论家所倡导的，更为理性而集中的政府体制。弗朗茨·约瑟夫执政的突出特点在于，为维护帝国利益而试行不同的政府手段。其批判者经常指责他的政治理念过于严苛，事实却恰恰相反，他随时愿意放弃受挫的制度，在政府运转过程中自由试验。

施瓦岑贝格政府与巴赫体系

弗朗茨·约瑟夫于1848年12月2日登基，之后他首次采用的政府体制并非由其本人开创，而是由其大臣们引入。他们在费利克斯·施瓦岑贝格亲王（1800—1852）的领导下，于1848年最后的数月重新恢复了奥地利的秩序。1851年，施瓦岑贝格政府正式废除了1848年的诸多宪法，开始了皇权专制。

施瓦岑贝格最关注的是外部事务。1848年以后奥地利内政的主要掌舵者是亚历山大·冯·巴赫（Alexander von Bach，1813—1893）。他是德意志律师，也是一个正统自由派。相比政治自由，巴赫更关注政府的高效。为了粉碎封建贵族的势力并克服地方排他主义，他引入大量德意志、捷克和波兰官员，后者组成了臭名昭著的“巴赫轻骑兵”。官僚机构的背后则是军队、警察、间谍和告密者网络，而梅特涅也拥有同样巨大的网络。巴赫不同于约瑟夫二世，他在利用罗马教会巩固国家权力这一点上从未有过犹豫。在1855年签订的宗教事务协议中，教会在教育和审查方面获得极大的控制权；宗教法庭获得重建；教会的财产神圣不可侵犯；非宗教仪式婚姻被废除；政府同意在没有获得罗马教廷首肯的情况下不擅自更改忏悔法。反过来，政府希望赢得牧师的支持，实施其统一政策。一位尖刻的社会主义批评者曾说，巴赫的统治背后“站着一个军队，坐着一群官员，跪着一众牧师，爬着一帮反对者”。

在巴赫的统治下，哈布斯堡帝国第一次也是最后一次成为中央集权的国家。他无情地扫除了地方的权利和特权，开始实行统一的行政管理和单一的法律税收体制。他让德语成为政府官方语言，一方面简化行程管理，另一方面使用语言达成统一。司法从行政分支中独立出来，陪审团审判机制首次施行。所有公民都享有平等的权利，不用护照就能前往国家的任何地区。巴赫还进一步强化了解放农奴的立法，这一举动也需要中央政府克服更多来自各地贵族的反对和装聋作哑。

与此同时，经济也实现了集中。1850 年，帝国境内所有的关税壁垒都不复存在，国家首次实现了自由贸易。财政部长卡尔·路德维希·冯·布鲁克（Karl Ludwig von Bruck，1798—1860）希望扩大关税联盟，将整个德意志纳入其中，在哈布斯堡王朝的领导下建立七千万人民的中欧帝国。但这一计划遭到普鲁士和德意志一些小省的反对，俄罗斯也因为担心哈布斯堡帝国势力扩张而表示反对，因此他的计划未能实现。

国家接手了铁路建设任务，通信也逐渐改善，商船队不断扩大，邮政服务得到调整。国家还成立了贸易工业公会，用以促进工业发展、鼓励出口。大量的公共建设和加速进行的军备项目给工人创造了岗位，给工业发展带来利益可观的项目合同。

尽管如此，经济仍然是巴赫治理中最薄弱的方面。军队和官僚机构的开支堆积如山，大规模公共建设花费惊人，解放农奴过程中赔偿给地主的损失也不容小觑，这些都造成政府开销剧增。克里米亚战争期间的人员调动也产生了出乎意料的支出。与此同时，巴赫政府还发现，征税遭遇到越来越多的阻碍。许多地区并没有集中的警力，特别是在匈牙利，人们无论穷富都在逃税方面技艺高超，这就导致征税需要花费更多成本。为了保障政府有充足的运转资金，国家向国家银行借贷，以极低的价格售出王室财产和国家铁路，贷款的利息却出奇的高。1857 年交易所破产让国家陷于经济低迷。到 19 世纪 50 年代末，巴赫政府遭遇了严重的经济问题。

同时，政府还面临着严重的政治问题。巴赫体制在许多地区遭到广泛的反对。集中政策与地方行政、立法和经济权利产生冲突。非德意志群众反对政府的德意志化。而德意志的中产阶级虽然拥护政府以德语和德意志官员为主导，但却反对政府实行反自由主义、对教会让步及重税政策。

但最终导致巴赫体制覆灭的是对外政策上的疏忽。在施瓦岑贝格强有力的领导下，哈布斯堡帝国迅速从 1848 年的动乱中恢复元气，再一次跻身欧洲强国之列。然而奥地利君主忘记了一个事实——俄罗斯的支持是哈布斯堡恢复的主要原因，如果要维持现状，则他们必须一直与俄罗斯结好或从其他国家获得类似的支持。事实是，奥地利外交政策没有做到上述任何一点，这给国家带来了灾难性后果。

1852 年 4 月，施瓦岑贝格突然逝世，卡尔 · 费迪南 · 冯 · 布奥尔 · 绍恩斯泰因（Karl Ferdinand von Boul Schauenstein，1797—1865）开始掌管外交事务。事实证明这是一次灾难性的任命。他在克里米亚战争期间优柔寡断的中立政策让奥地利不仅失去了俄罗斯的支持，也失去了大不列颠和法兰西两位盟友。随后，在 1859 年，他又跳入了意大利政治家加富尔给奥地利设下的圈套之中。

意大利的统一

19 世纪中期，奥地利是意大利统一的主要障碍。哈布斯堡帝国不仅控制了伦巴第（Lombardy）和威尼斯这两个经济、人口大省，还是意大利各小省的"合法"统治者，同时影响着教皇这一罗马及意大利中部的掌管者。摩德纳（Modena）和托斯卡纳（Tuscany）的统治家族是奥地利哈布斯堡家族的成员，而在 1848 年革命后，甚至连帕尔马（Parma）和那不勒斯区（Naples）的波旁（Bourbon）家族都向奥地利寻求庇护。

19 世纪中期的意大利和欧洲其他地区一样，民族的自由和统一只对少数有政治自觉的人具有意义。在这一时期，无论是民族主义还是自由主义都绝不是大众的运动。意大利的民族反抗只在小力量团体内取得胜利，而通常只有当他们能够利用地方愤懑情绪时才会赢得大众支持。

意大利民族主义者最成功的是其宣传。他们对外向意大利亲王及其他国家宣传称，意大利人民对政治自由和民族统一的渴望根深蒂固，而他们的民族事业将会取得最终的胜利。

尽管意大利的爱国主义者在运动的总体目标方面大体达成一致，

但他们在一些具体问题上意见大相径庭，其中包括意大利的统一如何实现，以及意大利新政府应采取何种形式。一些人支持意大利各省成立邦联，由教皇统领，另一些则倾向共和国体制。然而1848年后，越来越多的意大利民族主义者寻求萨丁尼亚王国的统领。

萨丁尼亚王国包括萨丁尼亚岛，以及皮埃蒙特、尼斯、萨伏依的内陆省，统治者是唯一的意大利裔王朝——萨伏依家族。1848年萨丁尼亚王国的君王颁布了宪法，并试图从奥地利手中夺下伦巴第和威尼斯。尽管其新宪法远没有自由主义性质，且在与奥地利的争夺中遭遇惨败，萨丁尼亚王国仍在1848年革命中成为意大利自由民族主义的先锋。之后不久，萨丁尼亚政府迎来了米洛·奔索·迪·加富尔（Camillo Benso di Cavour）伯爵的领导，加富尔可谓19世纪杰出的政治家。

加富尔

加富尔从政之前在其他领域也获得了极大的成功。他在私有地产上采用科学高效的农作方式，因此在农业方面盈利颇丰。随后加富尔又在银行业、铁路建设和船舶运输方面积累了资金。他见多识广，特别是从英格兰的政治经济体制中受益良多。

1847年12月，加富尔开创了《复兴报》（*The Resurgence*），其政治生涯自此正式拉开帷幕，19世纪的整个意大利民族运动也以“复兴”命名。加富尔不是革命煽动者，而是相对疏离而淡然的智者。就政治倾向来讲，加富尔属于温和的自由派和民族主义者。他相信宪政的力量，希望通过有序的改革来改善现有社会体制。作为一名民族主义者，加富

图为米洛・奔索・迪・加富尔伯爵，他是意大利统一的重要功臣。

尔希望意大利摆脱外国势力，实现意大利半岛的政治统一。但他并没有为意大利如何实现自由和统一设下固定思路，同时他也不确信是否能在有生之年实现这些理想。

加富尔温和的政治观和淡漠的学者气质并不受到国王以及萨丁尼亚王国政客的青睐。尽管如此，他并不是靠拥护来获得政治影响的。加富尔精力充沛、足智多谋，同时又具备常人少有的善抓政治时机的能力。他是一位经验卓越的议员，他的演讲以事实和数据为基础，因此令人觉得无法反驳，最后为他实行政策赢来支持。此外，加富尔擅长辩论——在总结了一个问题的陈述后，他总是能有力地呈现自己的观点，以至于他的结论似乎成为唯一可行的方案。观其一生，加富尔不仅领导着政府，还促使意大利半岛上几乎所有的政治结构发生变革。到1861年加富尔逝世之时，除罗马和威尼斯外的整个意大利已经在萨丁尼亚王国的领导下实现了统一。

1852年加富尔刚刚出任首相之时，他最关注的是加强国家的经济和军事力量。因此他重组财政部、改革税收制度。他向外国大量借贷以刺激国家经济，并扩大军费来维护一支庞大的现代军队。加富尔还结束了与外国的贸易条约，支持公路、铁路、港口和运河的建设。他改革银行业体系，鼓励扩大信贷，刺激新兴工业和农业的投资。最终，萨丁尼亚王国的经济突飞猛进，国家财政收入与日俱增。

尽管国家日益强大和繁荣，但加富尔的想法与很多同胞不同，他意识到萨丁尼亚一国不足以与奥地利争夺意大利。1848年萨丁尼亚王国已经败给过奥地利，当时哈布斯堡帝国内部还处于动乱之中，如果要对付稳定发展的奥地利，那么机会肯定更为渺茫。因此萨丁尼亚王国需要寻找强大的同盟。为了稳定同盟关系，加富尔采取了一系列明智的外交手段。

加富尔的外交

尽管加富尔未能因加入克里米亚战争而获得额外领土，甚至也未赢得大不列颠和法兰西的支持，但他在之后同俄罗斯的和平协商中巧妙地获得了大国的认同，并使他们关注意大利的问题。从巴黎和会回国后，加富尔曾对萨丁尼亚王国下议院宣布道：“我们有两大收获。第一，欧洲已经了解了意大利不尽如人意的非正常情况，而且他们并不是从煽动者、头脑发热的革命者抑或是激昂的记者那儿得知的，而是由欧洲最重要的国家获知的……第二，各个大国都宣称，帮助意大利改善现状不仅对于意大利本身有益，对整个欧洲也是如此。我相信这些由法兰西和英格兰等大国传达出的观点和建议不会一直无解。”

克里米亚战争结束四年后，加富尔成功与拿破仑三世结盟，共同对抗奥地利。1858 年 7 月 20 日在普隆比埃的一处矿泉，该条约通过签署秘密协议而达成。拿破仑承诺，若牵涉对奥战争，只要战争“在外交上正义，更重要的是在法国和欧洲人民看来是正义的”，法国就会出手相助。条约的首要目的就是将奥地利势力永远赶出意大利。之后，意大利在教皇的统领下将重组为四国联邦。萨丁尼亚将成为北意大利王国，获得奥地利的伦巴第和威尼斯、帕尔马和摩德纳的公爵领地，以及教皇国的大部分地区。意大利中部将会创建一个新的国家，拿破仑预想将他的表弟拿破仑·波拿巴（1822—1891）作为国王，并让后者娶萨丁尼亚国王维克托·伊曼纽尔二世的女儿为妻，与萨伏依家族联姻。显而易见，教皇应该会对统管新联邦感到满意，因为若不如此他将失去大部分领土，这些领土如果不转向萨丁尼亚王国就会收归拿破仑·波拿巴亲王之下。教皇的世俗权力将缩小至罗马和周边区域内。联邦第四国，即两西西里王国的边界保持不变。

从表面来看，通过《普隆比埃协定》(*The Plombieres agreement*)，拿破仑未来可以用各种方法控制意大利：他可以通过教皇，因为教皇必须依赖法国的军事力量维持世俗权力；还可通过萨丁尼亚王国，因为后者需要借助法国对抗宿敌奥地利；最后还可以利用意大利的民族情感，因为意大利人会感激法国帮助他们对抗奥地利，因而向法国寻求帮助。然而，尽管这一协定确定下来，但后来签订的条约使之变得模棱两可。为了限制法国，加富尔同意将萨丁尼亚国的尼斯和萨伏依割让给法国。这两个地区位于法国的阿尔卑斯山脉地区，法国一直希望能完善其“自然边界”，其中包括阿尔卑斯山脉、比利牛斯山脉和莱茵河，因此对这两区垂涎已久。

尽管从表面来看，《普隆比埃协定》的受益者是法国，但加富尔才是真正的赢家。他借此赢得了对抗奥地利的盟友，还拥有了欧洲最强大的军事支持。尽管失去了尼斯和萨伏依，但其价值远远比不上萨丁尼亚王国之后可以获得的伦巴第、威尼斯、帕尔马、摩德纳和教皇国的大部分地区。加富尔唯一要做的是给对奥战争赋予正义之名，这样才能符合协定的条款。这是轻而易举的事，只要让奥地利成为侵犯者便可达成。加富尔随后便使尽解数诱使奥地利上钩，他鼓动奥地利的意大利省份动乱，并且为萨丁尼亚国境内的奥地利逃亡者提供庇护。奥地利愚蠢地跳进了他的陷阱：1859 年 4 月 23 日，奥地利向萨丁尼亚国发出最后通牒，后者自然拒之不理。四天后，奥地利侵犯萨丁尼亚王国，法国卷入战争。

1859 年战争及其后果

拿破仑三世很快便发现他的对意政策失算了。对奥战争比预计情况花费更多，困难更大。在经历马真塔和索尔费利诺两场重要战役后，奥地利仍没有被完全打败，而法国却面临着另一个严重的威胁。意大利的战争激起了德意志的反法情绪，普鲁士和德意志其他国家很有可能会迫于公众舆论向奥地利伸出援手。普鲁士已经动员了军队，而法国的大部分兵力在意大利。如此一来，深入巴黎的东线便是一片空缺。

意大利的战况也发生意想不到的转折。战争开始不久，民族主义者爆发动乱，对抗意大利中部的亲奥政府。这些动乱是由加富尔鼓动的。他派遣萨丁尼亚国的委员前往意大利中部各国，组织他们准备对奥战争，同时拉近与萨丁尼亚国的政治关系。迅速扩张的意大利民族运动给拿破仑敲响了警钟，他开始担心萨丁尼亚王国一旦扩张了领土便会是敌非友。面对不断升级的危机，拿破仑认为最佳方案是尽快与奥地利休战。1859 年 7 月 11 日，在没有告知其意大利盟友的情况下，法国与奥地利在意大利北部的维拉弗兰卡（Villafranca）签订休战协定。

在维拉弗兰卡，奥地利同意放弃伦巴第的大部分地区，但仍然保留威尼斯和战略性的伦巴第要塞。意大利中部在民族运动中被罢黜的君王将重登王位。拿破仑将伦巴第转交给萨丁尼亚王国，并在做出各种限制条件后让出尼斯和萨伏依。然而，这些举动并未赢得意大利民族主义者的感激，令他们万分愤慨的是，威尼斯最终还是划归奥地利，而意大利中部那些亲奥政府又恢复了统治。连一向冷静的加富尔都因《普隆比埃协定》的成果被攫取而怒不可遏，他甚至一气之下辞去了首相一职。

显然，拿破仑很快发现，若不采取武力，他将无法帮助意大利中部地区的统治者重获地位，也无法阻止这一地区各国与萨丁尼亚王国结盟。为了妥善处理，在 1860 年 1 月加富尔重任首相后，他与加富尔又达成一项协议，即 1860 年 3 月 24 日签订的《都灵条约》（*Turin Treaty*）。拿破仑重得尼斯和萨伏依，条件是同意萨丁尼亚王国获得意大利中部地区。这样一来拿破仑最终为法国扳回一局，但也迎来了意大利民族主义者愈演愈烈的敌意。

加里波第征服意大利南部

意大利统一新篇章的领导人在性格和处事方法上跟加富尔截然不同。朱塞佩·加里波第（Giuseppe Garibaldi，1807—1882），一个直率的意大利爱国志士：思想简单、直言不讳、不狡诈自私。作为生平丰富多彩、浪漫的军队英雄，他能令手下的部队官兵热血沸腾起来。加富尔在政治上足智多谋，策划每一个政治行动都极为小心，然而加里波第却是直接行动，无论阻力多大都勇气十足。他宣称自己是激进的共和党人，信仰个人自由，但是跟许多行动派一样，他愿意采取独裁方法达到目的。

1833 年，二十六岁的加里波第受马志尼影响，加入青年意大

图为朱塞佩·加里波第（Giuseppe Garibaldi），他常穿的制服源自他在南美的游击队时期。

利党（Young Italy）运动，发誓抗击不公和暴政，为统一意大利而奋斗。在第二年，因革命活动被逐出萨丁尼亚国，他十分幸运地逃到南美当兵，在那里学习到卓越的军事技能，成了游击队领袖。在 1848—1849 年革命期间，他带领一批志愿军在伦巴第抗击奥地利。1849 年，在罗马共和党革命将教皇驱逐后，他凭借才干和勇气，带领人民防守新成立的罗马共和国。

1859 年在对奥地利战役中，加里波第重返战场。他跟多数意大利爱国志士一样，厌恶《维拉弗兰卡和约》*。随后萨伏依和他的出生地尼斯被移交法国，这再次刺激了加里波第，他决定采取行动。他组织志愿军帮助这些省份抗击法国，同时开始准备把威尼西亚从奥地利解放出来，把法国的军事力量赶出罗马。这些行动让加富尔备感窘迫。在劝阻加里波第停止行动无果后，加富尔似乎要谋划把他从意大利北部调走，秘密鼓动他率领志愿军前往西西里（Sicily）支援叛乱，这场叛乱针对的是统治那不勒斯和西西里两国的波旁王朝君主弗朗切斯科二世（King Francis II，1859—1861 年在位）。倘若这的确是加富尔的政策，那真是明智之举。如果加里波第成功了，萨丁尼亚国能从中获益。而如果他失败了，萨丁尼亚国可以从官方角度以政府对于西西里行动一无所知为由予以否认。加富尔甚至声称自己已经尽最大努力去阻止，但事实上整个计划都是在萨丁尼亚国内组织策划的（配以大量宣传），而且萨丁尼亚国的舰队对于远征航行没有采取任何行动。1860 年 5 月 11 日，加里波第和他的志愿军“千人红衫军”登陆西西里岛。

加里波第以一比二十的少数军力，向有组织的敌军发起进攻。凭借过人胆识、足智多谋，以及岛上革命人士的支持，加里波第用计谋击败了那不勒斯的军队。5 月 27 日，他占领了西西里国首府巴勒莫（Palermo）。加里波第从成功走向辉煌。那不勒斯军队中数千名

* 《维拉弗兰卡和约》（*Peace of Villafranca*）：在1859年的战争中，庇护宣布中立。奥地利战败，双方签订维拉弗兰卡停战协议，教皇丧失对罗马尼阿的统治权，但尚能保住其他地方。——译者注

志愿兵和逃兵加入他的部队。西西里的农民，多数对意大利民族主义运动几乎没有情感，于是加里波第凭借独特的人格魅力和许诺土地税收的改革，让这些人转为热情支持自己。

西西里大范围的农民动乱对加里波第的取胜起到了至关重要的作用。许多农民联合团体曾经在岛上制造恐怖事件，还在一些地区使地方政府处于停滞状态，眼下都加入了加里波第的军队。与此同时，许多产权人也觉得有必要支持加里波第，因为他是唯一能被寄予希望重建法律与秩序的人。至少，他们是不会失望的。加里波第宣称自己是以维克托·伊曼纽尔二世"意大利宪法国王"的名义，对西西里国实行独裁统治。只是基于军事需要的原因，他会立即开始实施对这个国家的有效控制。

为了方便部队对供给品的征用，加里波第恢复地方政府的权力，颁布法令，征召西西里国所有年龄在 17 岁到 50 岁之间的男性暂时入伍，榨干了这一地区的劳动力资源，让恐怖分子有机可乘。

1860 年 7 月末，西西里大部分领土都已被占领。8 月 22 日，加里波第穿过内陆，在意大利半岛展开胜利行动。9 月 7 日，那不勒斯城陷落，弗朗切斯科二世跟剩余部队撤退到位于西西里国北部的加埃塔（Gaeta）要塞。

加富尔和加里波第

加里波第的成功再一次将加富尔置于尴尬之地。将军的功绩让半岛上各地的人们产生遐想，想象他可能建立起统治意大利南部地区的永久权威统治。作为一个拥有权力和理想的人，尽管加里波第效忠萨伏依皇室，但其对于维克托·伊曼纽尔二世和萨丁尼亚国仍十分危险。加里波第在外交方面也成了危险人物。如果他按照曾宣布的打算，继续向北进军，袭击罗马，就会最终和法国开战。加里波第也曾设想袭击威尼西亚，这意味着同奥地利再起争端，而这一次没有了法国的援助。加富尔意识到同法国或奥地利的开战，绝不会像同弗朗切斯科二世手下士气低落的部队作战那样轻易取胜。因此，他派遣一支萨丁尼亚军队在南方加入加里波第麾下，用来采取措施坚决阻止加里波第的行动。利用最站不住脚的借口，加富尔入侵教皇国并说服拿破仑，要同加里波第对抗，萨丁尼亚军队会比法国军队更合适。拿破仑警告说外交格局复杂化后果会很严重，而他自己也会陷入困境，但他还是赞成加富尔的计划。“行动，但是要快速行动。”他跟萨丁尼亚国的领导人这样说道。

萨丁尼亚人轻松打败了教皇的军队。然后进入那不勒斯国，加入加里波第的部队，此时他们正同波旁政权进行最后阶段的战斗。这一举措不仅让加富尔阻止了加里波第，也让他重获在意大利统一运动中的主动权。1860 年 10 月 21 和 22 日，那不勒斯和西西里进行全民公投，据官方统计，民众以绝对多数票支持与萨丁尼亚联合。在曾经的教皇国翁布里亚（Umbria）和马尔凯（Marches）也进行了相似的公投，得到的结果也是相似的。只有由法国军队驻守的罗马城，还属于教皇。加里波第也许曾尝试抵抗萨丁尼亚攫取他的战果，但他还是选择献身意大利的统一事业。他选择了离萨丁尼亚海岸很近的卡普雷拉岛（Caprera）暂时退休，还把自己攻占过的地方的政治重组事宜交给他人处理。

1861年3月17日，意大利王国宣称由意大利议会负责，维克托·伊曼纽尔二世成为首位国王。同年六月，加富尔去世，享年五十一岁。新国家在巩固发展时期急需他的领导才干和政治谋略，因此也就对失去他悲痛不已。

意大利统一的最后阶段主要源自普鲁士而非意大利自身的奋斗。1866年，意大利在对奥战争中成为普鲁士的盟友，尽管意大利自身在海陆方面被打败，但作为普鲁士军事胜利的成果，还是得到了威尼西亚。1870年9月20日，普法战争中的法军从罗马撤出后，意大利的军队占领罗马，此后罗马成为统一的意大利王国的首都。因此，几乎从一开始，与日趋强大的俾斯麦领导下的德意志帝国相比，新的意大利王国就相形见绌了。

德意志的统一

德意志邦联以及普奥竞争

德意志邦联建于1815年，所涵盖地区几乎均为德语国家，因此就民族感而言至少可以称得上是完美的德意志同盟。19世纪上半叶，德意志邦联的事务都由奥地利主导，但后者从未真正掌握邦联各成员的主权。哪怕是邦联中最小的国家都极其戒备地捍卫国家的独立，并同他国一道阻止其他国家对邦联进行有效控制，无论这个国家是奥地利，还是奥地利在争夺德意志控制权方面的唯一对手普鲁士。

19 世纪中期，德意志各国的权力平衡受到威胁，主要是因为其中一些国家的人民有了政治自知，民族情绪日益浓厚。其中有很多人渴望能由单一政府领导，完成整个德意志地区的统一。和意大利一样，德意志的民族主义者在如何实现统一，以及政府采取何种形式这两个问题上意见各异。有的支持建立强大的邦联，有的主张成立隶属普鲁士或奥地利的同盟，还有的认为应由人民选出议会，且成员均为德意志人。然而，需要再次强调的是，在此之前民族情感并未形成席卷一切、不可阻挡的力量。事实上，统一运动的反对方也广泛存在，而且力量强大，他们反对所有形式的统一。

1848 年革命期间，德意志邦联名誉受损，这是因为在同丹麦争论石勒苏益格—荷尔斯泰因问题上未能对德意志民族事业提供有力支持。同年，邦联试图成立人民选举的法兰克福国民议会，以此实现德意志统一，结果也以失败告终。因此，1850 年以后，德意志的民族主义者将希望寄托于奥地利和普鲁士，因为仅仅这二者之一，似乎就有足够的力量将德意志的其他地区纳入管控。

在普奥的竞争中，奥地利的优势在于历来享有霸权。现有邦联由它主导，而作为一个天主教国家，奥地利深受德意志南部大量天主教徒的拥护。最重要的是，人们普遍认为相较于普鲁士，奥地利的军队力量更强大，自然资源更丰富。奥地利的弱势即其多民族特性。它很少逃过当时的革命危机，而且其国民也并非德意志人民。

除此之外，尽管奥地利信仰天主教这一点吸引着德意志南部的天主教徒，却疏远了北部的新教徒。

普鲁士的优势则是其人口几乎都来自德意志。其专制传统也受到改革的充分调节，并且普鲁士是新教国家，能赢得德意志信仰新教群众的尊重。而其最大的优势是通过关税同盟（Zollverein）掌握了德意志的经济，同时自身经济力量发展迅猛，在莱茵兰地区尤为如此。

普鲁士的经济力量极为重要，以至于很多学者将其视为争夺德意志霸权的决定性力量。有人认为，普鲁士的经济政策及其成功，抵抗了奥地利对关税同盟的攻击，对于其在德意志地区的最终胜利非常关键。尽管人们常常将胜利归功于普鲁士更引人注目的外交及军事活动，但实际上前者的重要性远超过后者。尽管这种经济观点纠正了以往一贯强调政治的做法，却严重低估了反对普鲁士及德意志统一力量的强大和范围之广。举例来讲，在争夺德意志统治权的最后一场战争中，所有拥有自由选择权的关税同盟成员都倒向奥地利，选择对抗普鲁士。除此之外，如果普鲁士的外交政策不排除干涉法国和俄罗斯，那么普鲁士是否能胜利，甚至是否参战都很让人怀疑，因为法国和俄罗斯阻碍德意志实现任何形式的统一。不过，无须全盘接受上述这些经济观点就能认识到，德意志工业革命释放的经济及社会能量十分重要，无论在打破思想和行为的传统模式，或是在塑造有利于革命性的政治改革氛围上，都毋庸置疑。

1862 年之前的普鲁士

作为未来大国的核心，17 世纪的普鲁士在其崛起之时，前途实际上十分渺茫，这一点甚于当时绝大多国家。普鲁士领土分散，人口稀疏，自然资源匮乏且缺少天然疆界。当时的许多德意志国家都面临着这些问题，但普鲁士几个强有力的领导者克服了这些困难。他们对目标超乎寻常的坚定使得政府实现了集中，并建起一支强大的军队。之后国家的大部分资源都投入维护军队。为实现目标，这些领导者残酷地剥夺了贵族大地主的权力，然后让这一阶级成员的资源服务于国家。贵族大地主则成为普鲁士政府的首席大臣、官僚的中流砥柱及军队官员。

到 18 世纪晚期，普鲁士的统治者已经拓宽了疆土，国家跻身大国之列。他们的成就要归功于巧妙而不择手段的领导方式，以及一个人人称赞其诚实、高效、低薪但进取的官僚机构。不过，普鲁士崛起最显著的方面是军队，其军队被视为国家的中心支柱、防御的主线、唯一真正的国界。军队对于普鲁士的发展如此重要，因此也就不难理解为何军队在这个国家享有如此崇高的地位。同时军队领导几乎全部来自贵族地主阶级，他们也十分有威望。

拿破仑战争之后，普鲁士得到了莱茵兰的大部分地区。这一地区后来成为德意志工业革命的主要中心。如此一来，普鲁士获得了空前强大的经济力量用以控制其政治军事组织。莱茵兰还给普鲁士带来了政治上一贯自由的人民，其中包括一群有影响力的金融家、工业家及专业人员。他们反感有产贵族独享政治权力，因此同其他地区崛起的中产阶级通力合作。他们渴望在普鲁士建立英格兰式的议会制政府。这种渴望在腓特烈·威廉四世国王（1840—1861 年在位）统治初期似乎得到了实现。

然而事实证明，腓特烈·威廉是一个易变的浪漫主义空想家，他制订了不切实际的计划，政治上犹豫不决。这些计划在其侄孙威廉二世皇帝（Emperor William II）统治时期都被废除。威廉二世是 19 世纪少有的仍然虔诚相信国王神权的君主。他在即位时称，要满足中产阶级建立代议制政府的愿望。但实际上他想复兴中世纪王权，这在普鲁士历史上闻所未闻。1848 年，威廉二世感到万分羞耻地服从了革命者的要求——成立真正的代议制政府。与此同时，他还颁布了宪法。但是在革命破裂之时，威廉二世没能遵照宪法最重要的条款，相反还实行独裁专政，留下了一批反对改革的建言者。在对外事务上，他优柔寡断、前后矛盾，导致普鲁士的国际影响力猛烈下滑。

腓特烈·威廉四世统治期间并非完全没有任何建设性措施，而是有所作为。这主要是得益于普鲁士官僚机构的诸多举措，特别是重视经济事务的举措。普鲁士所掌控的德意志关税同盟成功抵挡住了奥地利的攻击，同时一些重要的立法得以颁布，从而可以实行解放农奴的条款。19 世纪 50 年代初的普鲁士及欧洲其他地区，都经历了一段繁荣的时期，在经济和工业扩张方面都是如此。普鲁士政府付出了极大的努力来促进这种发展。这一时期开创了一种重要的合作方式，即由政府主导，工业各领域和大学、技术学校开展合作。

图为普鲁士国王腓特烈·威廉四世在柏林宫殿的书房中，由画家弗朗茨·克吕格（Franz Kruger）所绘。油画本身及画中的背景物品，都反映出国王兴趣多样，但都与军事相去甚远。这种氛围在后来他的弟弟统治期间发生了变化。

这一合作显著地促进了德意志后来的经济进步。普鲁士国内和关税同盟区域，为鼓励自由贸易，对河流和道路取消征税。同时，关税体系保护普鲁士的新兴工业免受同盟之外国家的竞争。道路状况大大改善，河流包括运河都拓宽挖深。政府资助一定规模的银行项目，为这些工程提供资金。普鲁士不同于德意志其他国家，它主要依靠私有企业融资、管理铁路。尽管如此，通过保证投资利益及其他金融工具，普鲁士切切实实鼓励了经济军事要道的建设。而且政府还细致监测所有铁路的建设工作，防止出现挥霍性的竞争，并保证工程满足战略要求。纵观德意志关税同盟境内，普鲁士的铁路建造速度超过欧洲大陆所有国家。

普鲁士政府曾试图利用奥地利在1848年革命时期的失利来争夺德意志的领导权。普鲁士提出建议，成立以德意志亲王为首、由普鲁士主导的联邦，从而完成德意志统一。然而奥地利迅速从失利中恢复。1850年10月，通过签订《奥尔米茨条约》(*Treaty of Olmützer*)，奥地利迫使普鲁士收回上述提议，后来爱国的普鲁士人民将该条约称为《奥尔米茨屈辱》。

在《奥尔米茨条约》中，奥地利赢得了重大的外交胜利。但是在对德意志更小的国家建立控制方面，奥地利并没有比普鲁士更成功。奥普两国在德意志的僵局可能会一直持续下去，因为小国为防止两国掌握绝对优势不断转换阵营。最重要的是，法国和俄罗斯极力阻止德意志完成某一强国统治下的统一。事实上，这一僵局在《奥尔米茨条约》签订后持续了十六年。后来普鲁士赢得了这一斗争，而这得益于其天才政治家奥托·冯·俾斯麦。俾斯麦在1862年任普鲁士首相。

普鲁士的宪法斗争

普鲁士在1848年革命后的历史主要受到宪法影响，该宪法于1848年12月由国王腓特烈·威廉四世颁布，但经过了几次保守的修改之后，才于1850正式普及。该宪法确立的政府体系与普鲁士自由主义者所期望的大相径庭。政府仍是权威，行政权力由国王授予，而且王室大臣只对国王负责。宪法的确包括建立议会，但议会明显只是个摆设。上议院议员全部都由国王任命。尽管下议院代表的投票表面上是基于普选，但最终权衡后还是偏向最大的纳税人。这种加权后的投票机制严重忽视了保守主义者：农民和工匠几乎没有投票权，而在当时，他们大多数是保守的。新兴的中产者希望拥有与其经济地位相匹配的政治权力，而这种投票机制则只给予了他们主要的代表权。

尽管宪法十分权威，但政府却被赋予了重要的立法及征税权。如果国王及其大臣真的遵照宪法，那么自由主义代表可以利用这一点在政府中获得战略性地位。但是他们并未这样做。最重要的宪法权利和保障就这样被忽视。出版自由被剥夺，公众集会和游行被禁止，自由主义的政治聚会遭到解散，政府还随意地逮捕和监禁，以此来消除批评的声音。

1858 年 9 月，情况发生了改变。腓特烈 · 威廉四世国王精神崩溃，被宣告精神失常。他的弟弟威廉起初以摄政王身份继位，1861 年腓特烈 · 威廉逝世后，才作为国王继位。威廉完全不同于他那空想而不切实际的哥哥。他拥有家族编年史家所称的典型的霍亨索伦品德：勤勉、健全的常识，以及对人民福祉的深远责任感。他也是一个荣誉感极强的人。尽管威廉是一个坚定的保守主义者，当然也并不主张宪政，但他仍将普鲁士王室颁布的宪法视作国王与人民签订的契约，如同其他道德责任一样是不可侵犯的。因此，他废除了其兄在统治后期采取的约束性措施，解散了后者的大臣，并组成包括自由主义者在内的内阁。普鲁士的政治事业似乎就要迎来深远的改革，满怀希望的自由主义者设计了威廉统治的第一阶段，被称为新时代。

有些人相信摄政亲王会建立真正的议会制政府，但最后他们极为失望。因为尽管威廉尊重宪法，但他无意向议会交出行政权力。他对王权的捍卫引发了德意志历史上最为严重和关键的宪法矛盾。问题很明确：国家是由国王统治，还是由议会统治？

普鲁士的宪法矛盾主要围绕着征税和军队的控制权。威廉在成为国家元首之前在普鲁士军队中有一番成就，因此军队是他关心的首要目标。对于他和他的军事顾问来说，普鲁士在 1850 年的对奥问题，以及在过去十年的整个外交政策上，存在的主要问题似乎就是军事力量不足。1815 年以来，普鲁士军队没有做过重大改革，其组织和装备都亟待创新。在法奥于意大利的战争期间，普鲁士 1859 年的军事动员明显暴露了军事力量的不足。普鲁士要重回大国之列，彻底的军队改革就是关键。1859 年 12 月，威廉任命阿尔布雷希特 · 冯 · 罗恩（Albrecht von Roon，1803—1879）为陆军首长，并授权他进行必要的改革。在陆军参谋部长赫尔穆特 · 冯 · 毛奇（Helmuth von Moltke，1800—1891）的协助下，罗恩即将把普鲁士军队打造成欧洲最高效的军事机器。

在军队改革的问题上，普鲁士议会和国王产生了直接矛盾。根据宪法，要得到议会同意才能增税，从而支付普鲁士军队重整和改装的费用。自由主义者和合法代表一样都不愿投票赞成新税。但除此之外，普鲁士议会中的自由主义者还担心，提议的改革中包含延长义务兵役的条款，这将进一步提高王权、加强保守主义军事派系的影响力。而且国王可能会利用改革后的军队，像对付外国敌对势力一样对待国内敌对力量。

尽管遭到许多自由主义者的反对，普鲁士议会仍然同意了 1860 年和 1861 年的新增税。但为了保留对政府征税权的控制，议会拒绝投票支持无限制的军事拨款。1861 年 12 月举行了选举，一批更关键的自由主义者进入了普鲁士议会，而 1862 年 3 月的军事预算遭拒。议会遭到解散，但新的议会选举未能带来更多顺从的代表。国王和议会的矛盾也陷入僵局。

威廉在 1861 年 1 月成为国王威廉一世（William I）。他原本可以更轻易地应对这一局面，即直接利用他在军队中的权威，抛弃宪法，命令议会代表回家。然而他无法说服自己这么做。威廉郑重地考虑让位给自己的儿子腓特烈 · 威廉亲王。腓特烈 · 威廉支持自由主义事业。他的妻子来自英格兰，性格果敢，在妻子的影响下，他支持在普鲁士建立英格兰式的议会政府。但腓特烈 · 威廉亲王注定要在二十六年后才能登上王位，那时，普鲁士建立真正的代议制政府这一大业已消失无踪。

俾斯麦

陆军部长罗恩劝说威廉一世继续统治，同时劝他将政府的领导权交与保守派的政治家；这些政治家很明显地将最后的希望寄托在对宪法争端的解决上，而他们提出的条件对于王室是可以接受的。1862 年 9 月 23 日，奥托·冯·俾斯麦（1815—1898）出任普鲁士政府临时首脑。他在 10 月 8 日被正式任命为首相。

这一任命决定对国王而言十分艰难，因为俾斯麦这时仅仅是作为一名极端保守主义者而为人知晓，因此他不信任这个人。俾斯麦的观点太过大胆，哪怕是支持者都担心这会让普鲁士卷入内战。另外一些人没把他当回事儿，这其中大部分是自由主义者。他们推断，一个人的想法这样极端和过时，很快就会面临政治破产，因此不得不向更加温和的观念低头。俾斯麦的政治天分在他上任几年之后才显现。

俾斯麦生于 1815 年，他的父亲是一个无趣而保守的贵族大地主。俾斯麦继承了父亲魁梧的体形和惊人的力量。俾斯麦的母亲来自中产阶级。外祖父是一位受人尊敬的公职人员，他因支持改革而获得了雅各宾主义（极端激进主义）的称号。俾斯麦的母亲和她冷漠的丈夫形成鲜明的对比，她性格直接，经常发火，内心躁动而好奇。正是从母亲那里，俾斯麦继承了脾气和智慧。

年轻时期的俾斯麦在学校表现并不突出，但他在希腊语和拉丁语方面打下了良好的基础，能说一口流利的法语和英语，还对历史和文学有着强烈的兴趣。大学期间，俾斯麦也未能免俗，是个叛逆的浪漫主义者。他短暂地加入过学生联邦，身陷风流韵事之中，还参与酗酒和决斗。尽管俾斯麦假装对学业不屑一顾，但实际上他广泛涉猎历史和德意志经典文学。在获得法律学位后，他进入普鲁士政府工作。但是他反感单调乏味的官僚事业，于是很快便投身自己的田庄。然而即使这样还是无聊，俾斯麦转而从冒险中寻求释放。这让他在当地有了一个臭名昭著的绰号——“疯子俾斯麦”。

在人生的这一阶段，俾斯麦开始接触一批虔信派教徒，其中就有他后来的妻子约翰·娜·冯·普特卡默（Johanna von Puttkamer，1824—1894）。在他们的影响下，俾斯麦经历了真正的宗教皈依。他相信，自己是上帝传达意志的工具。这种信念给予了他崭新的自信和目标，同样也让他对自己的行为产生责任感，他将其中的许多经历称之为人生的诸多重大危机。

俾斯麦在1847年进入公众视野，但直到1851年才有机会证明自己，当时国王任命他为普鲁士在德意志邦联议会驻法兰克福（Frankfurt）的代表。在这里他开始了外交生涯，首次详细了解德意志的事务。之后，他出任普鲁士驻圣彼得堡大使，然后又担任普鲁士驻巴黎大使，借此机会俾斯麦得以研究俄罗斯和法国的政治形势，并评估这些国家统治者的特性。

俾斯麦被称为政治上的现实主义者，他支持极为超前而无关道德的权力政治。但大多数政治家，哪怕是最具政治自知的理想主义者，都将他们自己视为现实主义者。俾斯麦的现实主义有着独特之处，这是因为他能认识到自身力量及其所掌控国家的局限性。他继承了黎塞留（Richelieu）和塔列朗（Talleyrand）的传统，将政治视作可能性的艺术，而他是实现这种可能性的大师。

如果说拿破仑是战争方面的艺术家，那么俾斯麦就是治国方面的艺术家。俾斯麦的政策同拿破仑的作战策略有着异曲同工之妙，都不受限于固定的规则或偏见。他既保持对长远目标和宏观角度的清晰把握，又能集中精力处理当下的紧急情况。他的规划十分灵活，经得起错误、虚假消息和意外的干扰，俾斯麦将这些称作“无法估量之事务”（*imponderabilia*）。他不仅能考虑到对手最明显的举动，而且也随时为对方可能的任何举措做准备，因为如果毫无防备，那么即使是最愚蠢的行为也会打乱最聪明的计算。他的成功大多得益于耐心和时机。俾斯麦曾将自己比作猎人，要慢慢前移穿过沼泽射杀松鸡，走错一步就会陷入泥沼。

俾斯麦有种杰出的品质，同时也是他最重视的政治家的品质——有能力选择最合适且最为安全的政治道路。他敏锐地觉察到，政治是不断交替变更的，很少有一种解决具体政治问题的单一方案，因此在最终做出选择之前要同时挖掘不同的可能性。尽管如此，除非只能走向战争，否则其余时候他都会留下后路而绝不会陷于无可挽回的局面。纵使俾斯麦经常如此反复确认，但他还是始终做好准备放弃失败的政策，转而采取能够重掌政治主动权并挽回损失的新方式。

俾斯麦的政治手腕并未照搬教条，这从他政治生涯中多次的个人价值观转换就可见一斑。他生于波美拉尼亚贵族大地主家庭，所处的社会并不看重政治技巧或宽广襟怀。俾斯麦的同僚都忠于国王，忠于普鲁士王国及贵族大地主阶层。他却逐渐从社会标准中解放出

图为1859年的俾斯麦。

来，在适当的时候其视野逐渐从普鲁士发展到德意志、欧洲，乃至最终的整个世界。但不能就此认为俾斯麦没有固定的价值观及效忠对象。他效忠于普鲁士，而其价值体系的基石则是建立德意志帝国，他也自认为是德意志帝国的开创者。保持并保护这一帝国便成为他所有政治活动的目标，也是他所有努力的焦点。

俾斯麦拥有政治天才那些鲜有的品质——节制，也就是认清底线的能力。他并非拿破仑那样的政治赌徒，从未将整个国家与自身事业的命运押注于一场战争或是政治实验。若非确定了其他手段都已用尽，所有军事、外交及道德的解决可能性都已排除，他绝不会诉诸战争。他发起的每一场战争都带有清晰、定量的目标。一旦他认为战争带来的威胁会远超过利益，他就会成为欧洲最坚定的和平捍卫者。

俾斯麦的政策

俾斯麦就任普鲁士政府首相之后，最亟待解决的问题是同议会之间的矛盾。而他采取了极富特色的手段化解这场危机。首先是试图妥协，而且真的将在阿维尼翁摘下的橄榄枝递交给议会。然而俾斯麦各种妥协的尝试都遭到拒绝，于是他抓住道德上的理由，首先谴责议会因试图掌握预算的行政控制权而违宪。宪法规定，国王也拥有预算控制权，但议会拒绝与国王协商，因此宪政内部就已引发了崩盘。这样一来，国王无论是出于行使自身权力还是履行责任，都承担起了国家事务，摆脱了议会。

1863—1866 年期间，俾斯麦直接忽略掉了议会。他征收了 1861 年和 1862 年投票通过的新税，以此解决财政问题。这些资金分配给军队完成规划好的军事改革。

议会也采取了一些手段对抗俾斯麦，要么是公开反抗，要么是说服大部分市民拒不纳税。但议会所处的劣势地位很快就暴露无遗。只要军队效忠于国王，反抗活动就不可能成功。同样的，只要征税者坐拥军队的支持，不管普鲁士市民有多少，都无法留住税金。而且，1860 年的自由主义者还深深铭记着 1848 年的惨痛教训，因此不会轻易选择暴力行动。他们大多相信人类的理性，也相信自己代表着势不可当的进步潮流。他们只需要等待俾斯麦的政策名誉落地的那一刻。在这些人等待的时候，俾斯麦得以抽出手来关注对外事务。他坚信，对外事务才是普鲁士未来的关键所在。

俾斯麦很清楚大多数有政治自知的德意志人都盼望着某种形式的民族统一。他在年轻的时候，曾深受浪漫民族主义的影响。因此他不可能看不到普鲁士领导民族运动能获得何种利益。他也知道普鲁士要想统治德意志，面前还有两大阻碍：奥地利和法国。若非遭到挟制，这两大强国都不会将德意志统一后的领导权交给普鲁士，而这种挟制极有可能意味着武装冲突。

俾斯麦不同于德意志的其他自由主义者，他并不排斥使用武力。在他初任首相的一次演讲中，为了呼吁议会财政委员会为军事改革提供资金，他曾如此说道："德意志需要的并不是普鲁士的自由主义精神，而是其力量……当前时代的重要问题无法由演讲或是多数决议案决定，在 1848—1849 年我们就已经犯过这样的错误。这些问题只能通过铁血手段解决。"这段话是俾斯麦所有政治宣言中最为著名的一段，展现了其思维中最核心的部分。但这并不意味着俾斯麦将铁血手段视为普鲁士在德意志确立领导地位的唯一途径。这段讲话主要是为了恳求军事拨款，那么其重点也必然会落到军事力量的重要性上。俾斯麦很清楚战争的风险。他也明白，战争的胜利可能会塑造出战争英雄，而他们有可能成为厉害的政治对手。除此之外，他还意识到，普鲁士不仅需要加强军事力量，而且需要建立同盟，并采取外交手段来削弱对手结成的联盟，在所有的国际争端中最大限度地保证自己站到道德高点。如果一定要使用铁血手腕，那么就只能用于最有利于自身的情况之中。即使在这种时候，俾斯麦仍然认为其风险太大，因此他从未放弃过使用和平手段来实现目标。

波兰起义

1863 年 2 月，俄罗斯所属的波兰地区爆发起义，这给俾斯麦创造了拉拢俄罗斯的机会。欧洲大众普遍同情波兰人民。法国、大英帝国和奥地利代表波兰反抗者进行干预。法国和英国的亲波立场很容易理解，因为法国支持波兰天主教而英国则关心被压迫人民的处境。奥地利支持反抗者是为了赢得本国大量波兰人民的支持，同时与法国和英国建立外交纽带。然而奥地利的少数民族问题已经深入骨髓，而且还急需俄罗斯的支持来维护自己在中欧的地位，因此奥地利的政策可谓愚蠢至极。

俾斯麦绝不会犯这种错误。他不顾普鲁士议会自由主义者的反对，派人去圣彼得堡，向沙皇保证普鲁士会提供支持。他还向前线派了四支部队。不管从哪个角度而言，普鲁士要保证自身利益都需要与俄罗斯合作，以防起义扩散到普鲁士境内的波兰省份。最后起义被镇压下去，而普鲁士也因此取代了奥地利，在德意志事务上获得了俄罗斯的庇护。

石勒苏益格—荷尔斯泰因问题与丹麦战争

1863 年，纷繁复杂的石勒苏益格—荷尔斯泰因问题再次爆发，这给俾斯麦处理外交事务提供了更深远的空间。1848 年，丹麦国王试图将石勒苏益格及该地区的大量德意志人口纳入丹麦，但这两个公国表示反抗。1852 年在伦敦，两国曾签署过一项国际协议，规定石勒苏益格和荷尔斯泰因都重归丹麦国王名下，但只是以王朝（个人）的名义，而明确禁止这两个地区纳入丹麦。1863 年，丹麦政府颁布了一道新宪法，外界广泛认为这是为了将石勒苏益格纳入丹麦。丹麦的行为激怒了德意志的民族主义者，他们认为这两个地区都是德意志国家。为了给民族主义者一个交代，德意志邦联议会决定向荷尔斯泰因派遣部队保证这两国的独立自主，因为该地区也是邦联的成员国。而奥地利和普鲁士也是邦联成员国，因此此次行动也自动包括这两大正处于矛盾之中的国家。

俾斯麦不愿服从邦联议会的决定，因为该议会主要由奥地利控制。但他也不能不插手石勒苏益格—荷尔斯泰因问题，这样会失去德意志大众的支持。为了保证行动自主同时又掌握政治主动，俾斯麦站出来捍卫 1852 年在伦敦签署的国际法条约，因为不管是丹麦还是德意志邦联议会都违反了该条约。接着他说服奥地利同普鲁士一道，于 1864 年 1 月 16 日向丹麦下发最后通牒，要求丹麦遵守伦敦条约，在四十八小时内废除其新宪法。俾斯麦知道丹麦不会履行这些条件，因此他并未加入邦联议会的行动，打击了奥地利作为邦联领导者的优势地位，还成为德意志民族事业的领军者。与此同时，因为俾斯麦提出的这些要求丹麦不可能完成，这样就有了捍卫国际法这一发动战争的理由。

但是丹麦也很担心在石勒苏益格—荷尔斯泰因问题上摊牌。之所拒绝接受最后通牒，不仅是因为这些条件不可能实现，更因为丹麦对自己的军事实力和外交立场充满自信。丹麦相信，在其他大国对其提供援助之前，自己是能够牵制住奥普两国的。丹麦也深信，这种援助很快就会到达，因为不论是大英帝国还是俄罗斯，都不会容忍丹麦这一战略重地被最强大的德意志国家侵占。除此之外，瑞士和法国也可能会提供支持。事实上，丹麦人严重误判了形势。奥地利和普鲁士在 1864 年 2 月 1 日对丹麦宣战。丹麦并未获得任何外国的军事支援，而单凭其一国之力绝非德意志大国的对手。4 月 18 日，德意志军队席卷杜佩尔（Düppel）的战略前线，这为之后穿越主要的丹麦省份写下序曲。

英国试图通过外交干预帮助丹麦。4 月 25 日，伦敦召开了一次国际会议，商议石勒苏益格—荷尔斯泰因问题。俾斯麦手握争议领

图为位于阿尔莫（Almor）的普鲁士沿海炮兵部队，当时正处于1864年奥普对抗丹麦战争期间。

士，在商讨中占上风。他提议和解，但遭到丹麦拒绝，因此丹麦也被指责导致会议告吹。6月末，战火再次燃起。7月末，丹麦全军覆没。1864年10月30日，《维也纳条约》签署，丹麦投降，将石勒苏益格和荷尔斯泰因交还给奥地利和普鲁士。

在决定这两个公国的最终地位时，俾斯麦再一次成功说服奥地利，忽视了德意志邦联议会。在1865年8月14日通过的《盖斯登协议》（*Convention of Gastein*）中，奥地利和普鲁士同意保持联合统治权，由普鲁士管理石勒苏益格，奥地利则管理位于石勒苏益格和普鲁士之间的荷尔斯泰因地区。正因如此，奥地利和普鲁士之间形成了一旦需要便随时都可能引发事件的境况。

1866年普奥战争

毫无疑问，当俾斯麦在1865年夏天签订《盖斯登协议》时，就已经考虑到，为争夺德意志领导权，势必要与奥地利帝国进行一场战争。在后续数月中，他采取了像往常一样灵活的政策，试行了各种各样的可行方针。他试图劝说奥地利帝国接受共管德意志的提议——由普鲁士王国统治美因河（Main）以北区域，并实施了强有力的政治行动，由此说服德意志人民和德意志小国政府和平接受普鲁士的统治。与此同时，他开始寻求列强对普鲁士的支持，孤立奥地利帝国，为在将来的战争中获得成功打下基础。

说服俄国并不难。俄国不希望看到德意志由单一政权统治，但也没有预想到普鲁士会大获全胜。此外，俄国希望通过这场战争削弱其德意志邻国的力量。俄国沙皇亚历山大二世（Alexander II）感激普鲁士在近期波兰暴动中的支持，同时对奥地利帝国在波兰危机和克里米亚战争中的立场感到气愤。确定沙皇的态度之后，俾斯麦断定，至少在战争的初期阶段，他能够依靠俄国的善意中立与奥地利帝国交战。而英国宁可眼看重要利益受到威胁，也没有主动插手丹麦战争，预计也不会参与到德意志地区的斗争之中。

法国的态度是主要问题。在对待拿破仑三世的问题上，俾斯麦玩了一局英明的外交游戏。他意识到，拿破仑迫切地需要获得国际上的成功，以此抵消墨西哥远征日渐显露的失败，平息国内与日俱增的政权批判。拿破仑只能寄望于普鲁士王国与奥地利帝国之间的战争，希望由此消耗德意志两大主要强国的力量，使法国有机会将其影响力扩展至莱茵兰，甚至深入低地国家（Low Countries）。1865年10月，俾斯麦于比亚里茨（Biarritz）会见拿破仑，这似乎是在暗示拿破仑，普鲁士同意法国获得莱茵兰和比利时的领土权，但作为交换条件，拿破仑要承诺在普奥战争中保持善意中立。拿破仑欣然做出承诺，但他唯一的忧虑就是，未等法国从这场战争中获得足够的有利条件，普鲁士就战败于奥地利帝国，因为他的军事观察员在丹麦战争期间曾向他汇报，奥地利帝国的军队实力要远远高于普鲁士。为平衡对方军力，拿破仑帮助俾斯麦与新成立的意大利王国建立联盟，当时意大利王国正伺机从奥地利帝国手中夺取威尼西亚以进一步完成意大利统一。而无论德意志地区战果如何，拿破仑都要确保获得胜利，为此，他于1866年6月12日与奥地利帝国秘密缔约，奥地利帝国同意，即使在战争中获胜，也会将威尼西亚让与法国（法国将代表意大利王国接受该领域），并同意沿莱茵河建立一个独立的新国家，可能将会成为法国的受保护国。

时至1866年春天，俾斯麦已然确定与奥地利帝国之间的战争无可避免。他企图在德意志地区扩展普鲁士的影响力，但遭到了奥地利帝国的坚决反对，而奥地利帝国则拥有众多德意志小国的强大支持。与此同时，俾斯麦完成了他的外交准备工作，普鲁士军队也以现代化标准进行了重新整顿。对俾斯麦而言，目前万事俱备，只欠时机。他与意大利王国于1866年4月8日签订的盟约规定，只要与奥地利帝国的战争在三个月之内爆发，就定会得到意大利王国的支持。

与意大利王国缔结盟约之后，俾斯麦立即开始在德意志地区制造危机。奥地利帝国并未抗拒这一挑战，因为他们坚信自己的军队实力更强，并且确信会获得最具实力的德意志小国的支持。1866年6月初，奥地利帝国企图整顿荷尔斯泰因政府，俾斯麦以此为借口，宣称奥地利帝国违反了《盖斯登协议》，并派遣普鲁士军队进驻公国。对此，奥地利帝国建议德意志邦联以侵犯邦联领土之过调动邦联军队镇压普鲁士。普鲁士王国与奥地利帝国之间的战争已成定局，但凡具有选择权的德意志小国都坚信奥地利帝国会最终获胜，因而迫切与其联盟。

那些认为普鲁士必败的预言家无一预料到，新建的普鲁士军队在训练和装备上要远超奥地利军队。普鲁士军队所使用的后装撞针枪能够以俯卧姿势填装弹药并射击，比奥地利军队所使用的前膛枪更加精准，射速更高。此外，普鲁士的战略军用铁路网提高了军队的机动性。

普鲁士军队同时拥有卓越的领导力。普鲁士军事组织的中枢机构是陆军参谋部，该机构人员均是经过仔细选定、接受过高级训练的专家，他们不断研究以往的战争经验，分析当代军事发展情况，并将研究成果应用于作战指挥中。参谋官们为每一种可能发生的紧急军事情况都制订了详细的计划，确保军力的快速动员和部署。鉴于普鲁士国境线长且易于暴露，这是一项重要的考虑。义务征兵制度招募了前所未有的大规模军队，总参谋部的专家们需要对其进行调动，并处理运输、通信及供给方面的技术问题。一旦军队开始作战，总参谋部便负责为战地指挥官提供源源不断的信息和建议，并根据战争进程重新调整战术。

赫尔穆特·冯·毛奇将军自 1857 年来一直担任陆军参谋部总参谋长，他的举止和外表看起来更像是一位学者，而非一位战士。在筹备作战计划的过程中，毛奇将大胆的新设想应用于战略之中，试图解决大规模军队的军事行动问题，如使用铁路、电报等创新技术。他没有拘泥于传统作战策略，将全部兵力集中于一点以完成军事决策，而是将兵力分散，并保证他们能够在适当的时机集中于一点。“对于合格的军队领导者而言，其主要任务是在保持军队处于分散状态的同时又能在适当的时候将其联合在一起。”他说，“倘若在作战当天，兵力能够从分散的各点聚集于战场之上，倘若能够指挥最后一批短行军从不同方向同时进攻敌人的正面和侧面，那么这一战略就会收获最理想的结果。”

由于所有的计划和准备工作早已提前完成，普军得以在战争一开始就掌握主动权。1866年6月15日，即德意志邦联决定发动邦联军队镇压普鲁士的第二天，一支普鲁士军队入侵汉诺威（Hanover）、萨克森（Saxony）及黑森－卡塞尔（Hesse-Cassel），这些国家都在战争中加入了奥地利帝国一方。与此同时，大部分普军开始向奥地利发起进攻，而此时的奥军被迫分散军队以同时应对普鲁士的盟国——意大利王国的入侵。6月29日，汉诺威军队于朗根萨尔察战

左图为赫尔穆特·冯·毛奇在其柏林办公室中的场景。这位著名的普军将令代表了职业军官的新形象：一位远离前线的学者，而非行动派，在办公桌前为现代化大规模军队制订作战计划、协调作战行动。

役（Battle of Langensalza）战败后宣布投降。四天后，即 1866 年 7 月 3 日，奥军在克尼格雷茨战役（Battle of Königgrätz），也称萨多瓦（Sadowa）会战中被彻底击败。仅在两周多的时间内，普军大获全胜。这是历史上历时最短、最为果断的战役之一。

尽管普军获得了压倒性胜利，但毛奇的作战策略却备受军事专家的批评。普鲁士的胜利大多被归因于撞针枪的使用、优质的普鲁士军队、奥军指挥官的无能，甚至被归结于运气。仅有少数军事观察员意识到，毛奇对大规模军队的掌控能力起到了重要作用。尽管奥军和普军均被迫分散兵力，但两军都各派出近五十万兵力前往克尼格雷茨作战，这场战役在第一次世界大战之前一直是历史上参战人数最多的战役。毛奇将如此大规模的兵力分散开来，使其包围并攻击一支受到传统战略调遣的军队，这项军事创新的重要程度堪比撞针枪。阿尔弗雷德·克虏伯（Alfred Krupp，1812—1887）的著名军备公司所研发的铸钢线膛炮在克尼格雷茨战役中应用不当，直至 1870 年普法战争时才彰显其价值。

俾斯麦对待国际事务具有卓越的主次观念，在克尼格雷茨战役之后表现得尤为突出。普奥战争之前，俾斯麦不得不克服普鲁士国王和一些军事顾问的质疑，而现在，他又不得不抑制他们吞并奥地利帝国大片领土、贯穿维也纳举行欢庆游行，从而乘胜追击的野心。有俄国和法国在侧，普鲁士无法拖延战争，否则会为列强创造介入的机会，或是将奥地利帝国和其他战败的德意志国家变成充满仇恨、无法化解的敌人。俾斯麦此战的一大目的是将奥地利帝国逐出德意志事务，实现这一目标无须吞并奥地利领土，也无须进行一场贯穿维也纳的胜利游行，这只会伤害奥地利帝国的自尊心，达不到任何政治目的。

继1866年7月26日初步拟定的《尼科尔斯堡和约》(*Peace of Nikolsburg*)之后，《布拉格和约》(*Peace of Prague*)于8月23日最终确立。奥地利帝国失去了在其他德意志国家中的全部影响力，北德意志国家在保留原有身份的同时，加入了以普鲁士王国为首的北德意志邦联。南德意志的战败国获准保留独立权，但被迫与普鲁士签署条约，一旦对外交战，其军队需服从普鲁士的领导。唯独汉诺威和黑森-卡塞尔的统治者拒绝接受普鲁士提出的条款，普鲁士为此将其废除，并剥夺其领土。这些领土，连同石勒苏益格、荷尔斯泰因，以及自由城法兰克福，均被普鲁士所并吞。

普鲁士宪法纠纷的终结

普鲁士战胜奥地利帝国不仅决定了德意志的主权问题，还标志着普鲁士专制王权战胜代议制政府获得最终胜利。俾斯麦是时下的英雄，他凭借自己的成功和名望，向普鲁士议会提出终止宪法纠纷。他呼吁占多数的自由主义者提供一笔补偿金，使征税合法化，因为征税实现了普鲁士军队的重组，使其在后续战争中战胜了丹麦和奥地利帝国。大量众议员仍坚持自己的原则，其人数之多令人震惊(310人中有75人之多)，他们拒绝为俾斯麦的成就所动摇。而这样做的代价就是，他们可能会遭到选民的抛弃，因为大众舆论热切地站在俾斯麦一边。然而，多数自由主义者热衷于普鲁士的胜利，于是毫不犹豫地加入俾斯麦阵营。民族情感最终战胜了自由主义。

同时，俾斯麦在与自由主义者的私下竞争中也获得了胜利。在北德意志联邦的宪法中，他规定议会由普选产生，其政治民主化程度远超多数自由主义程序。俾斯麦之所以采取这一步，是因为他相信，相较于主导普鲁士现存选举制度的中产阶级，占据人口大部分的农民和技工更为保守。迅速增长的城市无产阶级极不稳定，将会扰乱俾斯麦的计划，而能够引起群众好感的各党派则将成为他最坚决的敌人。俾斯麦对普选制度的让步也使他失去了保守派的有力支持。自此之后，他的反对派大多源于其之前的保守派盟友，他们感觉遭到了俾斯麦的背叛。此外，俾斯麦仍受到敏锐的自由理想主义者的反对，他们痛斥俾斯麦的让步是虚伪的表现，并谴责他所创造的新代表机构缺乏真正的立法权。1867 年以后，俾斯麦所获得的主要支持都来自自由派和保守派的民族主义者，以及从德意志统一和政府政策中牟取利益的利益集团 。

普法战争

普鲁士在 1866 年的普奥战争中获得了卓越而迅速的胜利，但也破坏了拿破仑三世的计划。拿破仑原本指望通过德意志地区的持久战来消耗交战国双方的力量，从而允许法国向德意志国家开列条件。克尼格雷茨战役的两天之后，拿破仑试图主动斡旋普奥两国关系以重新利用其对德政策。俾斯麦担心拿破仑伺机积极干涉德意志内政，这也是他在战后对奥地利帝国网开一面、迅速恢复两国和平的首要原因。然而，法国的威胁微不足道。拿破仑的大部分军队仍处在墨西哥，而拿破仑自身疾病缠身，缺少足够的力量和意志力，难以实施积极有力的政策。1866 年 8 月，他试图说服俾斯麦兑现他在 1865 年于比亚里茨做出的含糊承诺，即将莱茵兰领土交与法国，由此换取法国在普奥战争中的中立立场。俾斯麦拒绝了这一要求，理由是这一让步不可能得到德意志公众舆论的认可，对此，拿破仑又提出了索取比利时和卢森堡的要求。在俾斯麦的建议下，拿破仑命其大使将这一提议行诸文字，由此铸成了大错——俾斯麦在 1870 年的普法战争中正是利用这份文件来影响英国舆论。他当即利用拿破仑对莱茵兰的赔偿要求来说服南德意志国家与普鲁士达成紧密的军事联盟，以确保共同安全。

人们普遍认为，拿破仑未能向 1866 年获胜的普鲁士成功索取补偿，但他急需提高自身威望以巩固摇摇欲坠的政权，这迫使他铤而走险，采取权宜之计，与普鲁士开战，而俾斯麦则十分渴望迎合这位皇帝的好战精神。1867—1870 年间，南德意志各国的大量官民皆反对普鲁士政权的扩张，其人数之多令人震惊，俾斯麦应该已经意识到，德意志的统一只能通过利用大众的爱国情感来完成，因而与法国之间的民族战争在所难免。

对于普法战争的起因，这一解释看似合理，但也再次质疑了俾斯麦对德意志地区的根本政治目的。他是打算立即实现普鲁士统治下的德意志政治统一，还是满足于逐渐向南德意志扩张普鲁士政权，从而避免与法国的直接冲突呢？无论普军将领的胜算有多大，与法国这样的强国交战在任何情况下都是一项冒险的举措。此外，外部的干涉无可避免。如果普鲁士战事不利，伺机复仇的奥地利帝国可能会与法国通力合作；如果普鲁士获得胜利，英国、俄国、奥地利帝国以及其他国家可能会插手阻挠德意志统一，从而规避一个新兴强国的威胁。俾斯麦是公认的政治现实主义信奉者，他能够挑起与法国之间的战争，着实令人难以置信。这场战争涉及太多明显的危险因素，而且似乎并不能为普鲁士带来利益。时至 1867 年，南德意志国家已经不得不与普鲁士进行军事及经济联盟。他们当下对普鲁士进一步侵犯其主权的反抗不代表永久的反抗，也不代表他们的反抗不会被经年的高明外交所瓦解。

法国的反抗也可能会逐渐削弱或中立化，而在 1868 年，俾斯麦得以验证这一可能性。那一年，霍亨索伦－西格马林根（Hohenzollern-Sigmaringen）家族的利奥波德亲王（Prince Leopold，1835—1905），普鲁士新教统治下的一位天主教分支成员，在西班牙政变之后有望成为王位继承人。霍亨索伦王室成员在西班牙建立王权将是对法国政府权威的又一沉重打击，可能会引发国内危机，阻碍法国在未来一段时间内对德意志内政的有效干涉，还会迫使法国派遣部分军队沿比利牛斯山进行防守，由此削弱施加于德意志地区的压力。

法国必然会反对霍亨索伦王室成员的候选资格，但这种反对会被视为对别国内政的不合理干涉，因而不会被采纳。如果法国将愤怒直指普鲁士，就会使普鲁士俨然成为遭受法国霸凌与侵略的无辜受害者；如果就这一问题与普鲁士发生战争，那么法国的外交形势连同国际地位就会真正下滑。

俾斯麦围绕霍亨索伦王室成员的候选资格而开展的外交活动因一场纯粹的意外而落空——马德里（Madrid）的普鲁士公使馆中一名职员的在译码过程中犯下了错误。俾斯麦本期望对此事保密，直至利奥波德亲王由西班牙议会正式选举为国王，这样一来，欧洲内阁就只能接受既成事实。然而，由于译码错误，西班牙议会得以拖延选举。1870 年 7 月 2 日，形式上的投票进行之前，利奥波德亲王具有选举资格的消息不胫而走，法国由此获得充足的机会采取对策。法国立即对西班牙政府领导层以及霍亨索伦家族施加压力，要求其撤销利奥波德亲王的选举资格。但法国政府内部的强大势力的期望不仅于此，而是借由此事使普鲁士蒙羞，从而提高法国政府的威望。

起初，法国的尝试卓见成效。法国全然忽视西班牙，视普鲁士为主要目标。7 月 6 日，法国外交部长格拉蒙公爵（duke of Gramont，1819—1880）于下议院发表声明，以发动战争威胁普鲁士撤销利奥波德亲王的选举资格，为战争定下了舆论基调。同时，法国政府迫使身为霍亨索伦家族首领的普鲁士国王命其亲属为欧洲的和平放弃西班牙计划。令俾斯麦气愤的是，国王服从了法国的要求。7 月 12 日，利奥波德亲王的父亲卡尔 · 安东亲王（Prince Karl Anton，

1811—1885）撤销了其子的选举资格。

法国已经获得了巨大的外交胜利，但格拉蒙意图强调普鲁士为法国的胜利付出了沉重的代价，为此，法国要求普鲁士国王致信拿破仑，为其亲戚所造成的困难局面表达歉意。这封信拟表达普鲁士国王尊重法国，与法国建立友谊的意愿，明确否定国王亲属对西班牙王位的选举资格，并承诺其选举资格永不恢复。7月13日，法国驻普鲁士大使文森特·贝内德蒂伯爵（Count Vincent Benedetti，1817—1900）试图将法国的要求告知当时正在埃姆斯河（Ems）温泉沐浴的普鲁士国王。国王意识到法国提议的根本目的后，礼貌地遣走贝内德蒂，并断绝了这位法国使者再次面见国王的所有机会。同一天，国王将事情的前因后果告诸俾斯麦。

格拉蒙的这一做法过于冒险，给了俾斯麦在霍亨索伦事件上扭转局势的机会。收到来自埃姆斯河的皇家电报并得知贝内德蒂一事后，俾斯麦立即对此事添枝加叶，使国王遣走法国使者的态度看似更加粗暴无礼，并将编造的消息扩散到舆论当中。这样一来，法国原本试图强加于普鲁士的耻辱现在却变成了使法国蒙羞的源头。

俾斯麦深知他所承受的风险，但时至今日，他确信和平解决已无可能。如果法国如俾斯麦所预期的那样选择此时向普鲁士宣战，那么法国就将成为侵略者，而普鲁士就有望获得英国格莱斯顿（Gladstone）政府的善意中立，因为该政府道德观念强烈。俄国不希望奥地利帝国插手此事，因而俾斯麦成功获取俄国的中立态度，并已与南德意志国家达成军事联盟。普军将领向俾斯麦保证普鲁士军队已经准备就绪。俾斯麦在外交上和军事上都已经做好了迎战准备，但他始终保持谨慎，一直等待法国迈出决定性一步。

在法国，有人提出应该谨慎决策与普鲁士之间的战争。法国国王对此犹豫不定，他对法国军队缺少信心，担心这会是一场漫长而无果的战争。但法国舆论强烈要求发动战争，格拉蒙和欧仁妮皇后声称，若接受普鲁士的此番羞辱，那么法兰西帝国终将难逃一劫。法国的军事领导也对胜利抱有信心。1870 年 7 月 15 日，法国政府决定对普鲁士宣战。法国军政大臣表示："法军已经连战靴的最后一颗纽扣都扣好了。"法国总理埃米勒·奥利维耶声称："我们以轻松的心情应对战争。"

随后的战争表明，无论是政治上还是军事上，普鲁士的计划都远比法国更加精密。拿破仑原本期望能够获得奥地利帝国和意大利王国的支持，因为前者伺机复仇，后者心存感激。但他严重误判了国际局势。1866 年战败以来，奥地利帝国仍面临着严重的经济问题，对于 1859 年拿破仑支持意大利王国的行为也未曾释怀，此外还受到俄国的牵制；多数德意志地区的奥地利人都热切地站在其德意志同胞一方；匈牙利人也反对联合法国对抗普鲁士，因为如果哈布斯堡王朝在德意志国家重建影响力，就会削弱匈牙利王国在新建的奥匈帝国中的势力；意大利国王企图帮助拿破仑，但法国夺取尼斯和萨伏依的行为疏离了意大利的民族主义者，他们现在急于利用普法战争来占领仍被法国驻军的罗马；意大利国王对法国的任何帮助都可能会引发共和党的叛乱，而俾斯麦则借机接触共和党领导人，为其叛乱提供支持；俄国仍然感激普鲁士在波兰叛乱期间所给予的支持，但也同样渴望利用这场战争来废除克里米亚战争后英法两国联合对其施加的《巴黎条约》中关于黑海的条款。直至普法战争结束，俄国才开始意识到，德意志的统一对俄国的威胁要远远大于之前的法国，但在战争初期，俄国已经确定其中立立场。几个世纪以来，英国一直将法国视为威胁欧洲和平的主要因素，而伦敦于1870年7月25日发行的《泰晤士报》(*Times*)则加深了这一观念，因为俾斯麦将拿破仑索要比利时领土的消息发布给了该报。普鲁士获胜之后，欧洲权力结构可能发生改变，英国和俄国对此都有着重大考量，但当时的格莱斯顿政府主要忙于国内改革事务，因而做出的干涉始终微乎其微。

普鲁士在军事上的准备同样远超法国。法国军队的重组被赋予了巧妙的设想，但几乎没有实现。法国的秘密武器——射速机枪炮，由于被保护得太过严密，多数法国军队不知如何使用。法国的后膛步枪优于普鲁士的撞针枪，但这一优势被普鲁士的上等火炮所抵消，因为火炮才是大部分战争中的决定性武器。普军在组织性、机动性及领导力上均超越了法军。同普奥战争一样，普军总参谋部制订了精准而详尽的作战计划，确保军队的快速调动和部署，实现了以最大限度利用铁路进行运输和补给。普军向南德意志的行军速度极快，南德意志国家政府甚至来不及逃避其军事承诺，这也意味着这场战争将在法国领土，而非德意志领土上进行。

然而，战争实况表明，俾斯麦试图通过和平的方法达成目的才是明智的选择。如果法军能够得到强有力的领导，充分利用更为先进的武器，有效利用普鲁士的缺陷，他们本可以使这场战争陷入僵局，或至少得到外部调解。但实际上，法军将领犯下的错误比普军还要多。战争爆发后的两星期内，普军已然深入法国领土并消灭法国军队。阿基利·巴赞将军（General Achille Bazaine，1811—1888）领导的一支法国军队在梅斯（Metz）要塞被包围，玛利·埃德米·德·麦克马洪元帅*（Marshal Marie Edmé de MacMahon，1803—1893）所率领的另一支法国军队在试图援救的途中被普军于色当包围。1870 年 9 月 2 日，历经一日激战后，法军全军覆没，国王被俘。法国在色当战役中的失败宣告了法兰西第二帝国的终结。

帝国的倒塌并没有结束这场战争。巴赞的军队在梅斯持续抵抗至 10 月 27 日，法国士兵也继续进行顽强的抵抗。他们组成了新军队，在缺乏训练和装备的条件下进行有力抗争。法军当前最迫切的愿望就是获得外部干涉，但俾斯麦已经打下了坚实的外交基础，不会出现任何外援。1871 年 1 月 28 日，在为期四个月的包围战之后，巴黎投降。2 月末，法国临时政府的代表们请求休战。1871 年 5 月 10 日，法国与德意志之间的和平条约最终于法兰克福签订。法国被迫放弃阿尔萨斯（Alsace）地区以及部分洛林（Lorraine）地区，支付五十亿法郎赔款，并在偿清赔款之前允许德国驻军。

* 玛利·埃德米·德·麦克马洪（Marie Edmé de MacMahon，1803—1893），法国元帅、法兰西第三共和国总统（1873—1879）。——译者注

1871 年 1 月 18 日，即战争结束不久之前，普鲁士国王威廉一世在路易十四（Louis XIV）的凡尔赛宫镜厅中加冕为德意志皇帝，或称恺撒。

法国的溃败、德意志帝国的建立，以及阿尔萨斯 - 洛林地区的丢失，引发了法国与德意志帝国之间的仇恨，这种仇恨一直延续到

下图为普鲁士皇帝威廉一世于1871年1月18日在凡尔赛宫镜厅加冕为德意志皇帝的景象，由安敦・冯・维讷（Anton von Werner）所绘。这一自发的象征性行为在路易十四的宫殿举行，因为德意志爱国者认为路易十四使德意志受尽屈辱。这幅画中，普鲁士国王与其子腓特烈・威廉王储及其女婿，即巴登大公（Grand Duke of Baden）弗雷德里希一世（Frederick I）并肩而立。弗雷德里希一世高举一只手，示意众人为新皇帝而欢呼。俾斯麦身着白色制服，站在显著的位置，毛奇站于其左侧。德意志人民对于新皇帝的普遍态度并不及画中这般热切。许多德意志君主及其臣民都对其主权的丢失感到强烈愤恨。德意志原来的达官显贵，如巴伐利亚、萨克森及符腾堡（W ü rttemberg）的国王，都因没有出席皇帝的加冕仪式而受到关注。

第二次世界大战以后。人们控诉俾斯麦的重大政治错误，认为他并吞了法国眼中的本国领土，加重了法国的仇恨。人们也常常质疑，为什么俾斯麦在这一问题上如此肆意行事。正如俾斯麦的治国才能具有多面性一样，这个问题没有简单的答案。关于阿尔萨斯－洛林地区，俾斯麦需要兼顾德意志与法国两国的意见。法国认为，这片地区是其神圣国土的一部分；而德意志认为，这片领土属于中世纪的德意志帝国，在德意志国力衰弱、四分五裂之时，法国趁机将其夺走。针对这一问题，俾斯麦本人为煽动民族情绪做了大量工作，因为民族主义是他克服德意志人民宗教及政治专一主义的唯一武器。还有一些可信度较高的言论称，占领这些地区是出于战略需要。这一论述似乎道出了俾斯麦的首要考量，他不仅忧心南德意志的安全，还急于断绝法国对南德意志直接施压的所有可能性。他意识到了夺取阿尔萨斯－洛林地区将会引发法国的敌意，但他没有料到这一仇恨竟会如此强烈、持久。无论如何，他相信将来使法国产生敌意的真正原因不会是领土的丢失，而是战败本身及德意志帝国的建立，因为这对法国的安全而言将会是一个持久的威胁。除去 1814 年以后发生的小插曲，自 1643 年在罗克鲁瓦（Rocroi）战役中战胜西班牙以来，法国首次丧失了在欧洲的卓越政治地位和军事地位。

第六章

大英帝国与俄国的改革进程

大英帝国与俄国分别位于欧洲两端，两国都未受到 1848 年革命的深刻影响，但个中原因却截然不同。俄国始终如一地实行政治镇压，成功地控制住了民众运动；而在英国，通过代议制政府，人们有希望以合法手段而非革命运动达到目标。

1850 年之后，英国依旧通过改革立法的形式来应对国家面临的难题（即使这种方法并不总是能够解决问题）。改革立法的办法由议会颁布，在 1884 年之前，议会基本能够代表所有成年男性的立场。在俄国，尤其是克里米亚战争之后，人们意识到单凭镇压政策是远远不够的，对政府和社会进行重大改革十分必要。但不同的是，在俄国，推行改革的并不是由民众选举而成的议会，而是沙皇领导下的专制政府。

19世纪中期的大英帝国

对于英国而言，1851 年是比 1848 年更为重要的一个年份，因为在 1851 年，第一届世界博览会在伦敦的水晶宫举办，英国大展其繁荣兴盛和物质财富，令世界欣羡。这次展览会反映出英国人民普遍对现状感到满足且对未来充满信心，他们相信，影响人类生活和社会的各种问题都能够通过人类的理性得以解决，而这只是时间问题。

维多利亚女王（Queen Victoria）就是这种情绪的标志性人物。她统治英国及其殖民地长达 64 年（1837—1901）。她重视道德声望，有着强烈的民族自豪感和自我满足感，很大程度上代表了英国国民的价值观和态度，也代表了那个以她的名字命名的维多利亚时代。

英国人有理由对自己的成就感到满足。尽管当时贫穷仍然普遍存在，贫民窟广布，工作环境依旧艰苦，但对大多数人来说，他们的食宿条件已经较之前有了很大的改善，能够享用到更多的生活便利。1851 年的英国，已经不只是世界的生产车间，而且是世界性的航运商、贸易商、承保人和主要的投资人。19 世纪后半叶，英国人民生活越发富裕，国家财富和生产力稳步上升。据估计，几十年间，英国所有劳动者的真正薪酬提高了 30%，而熟练技工的薪酬则提高得更多。直到 19 世纪末，英国才开始面临来自其他国家的激烈竞争，尤其是德国与美国。

英国 1850 年之后的政治活动就是在国家繁荣、乐观情绪高涨的背景下进行的。虽然当时有人反对那个时代自以为是的自我满足与庸俗，也有人预言灾难，但当时的大众主体仍然对国家及其制度充满信任。

在 19 世纪下半叶的英国政治运动中，1867 年颁布的《改革法案》（*Reform Bill of* 1867）是一个分水岭。这一法案颁布之前，

图为伦敦的水晶宫，由一位温室建造师设计。1851年的博览会展示了那个时代的技术成果。水晶宫由30万块玻璃方窗和5000根支柱、大梁组成，其本身就是一项由新技术建设而成的不朽作品。照片展示了水晶宫于西德纳姆区（*Sydenham*）拆卸、重建时的内部构造。

政党及其党派忠诚始终混乱、不稳定。但在1867年之后，英国的议会制度开始确定为稳固的两党政府制。之前英国主要的两大党派被称作辉格党（Whig）和托利党（Tory），两者后来分别发展为自由党（Liberal）和保守党（Conservative）。人们开始意识到有些事情就是顺其自然发展的，正如在一出吉尔伯特（Gilbert ）与沙利文（Sullivan）合作的小歌剧中一个角色所说的："每一个来到这个世界的男孩或女孩，他们要不就是自由党人，要不就是保守党人。"

1846年，时任首相罗伯特·皮尔（Robert Peel）推行自由贸易政策，废除《谷物法》，取消主要农产品关税，这一举措破坏了托利党内部的团结。同年，皮尔的托利党（保守党）政府垮台，随之便开始了政局不稳定的时代。取而代之的是辉格党（自由党）居于主导的一段时期，然而辉格党的实力也因其内部斗争而遭到削弱。从1846年皮尔政府垮台到1868年格莱斯顿（Gladstone）第一届政府成立，这期间，英国先后一共经历了八个不同的内阁政府，其中没有任何一个内阁政府有强大的党派支持，也没有任何政府颁布了特别的政治纲领。这期间，党派思想和党派关系变化迅速。有些政治家感到自己遭到其领导人的背叛，便会组建新的政治队伍或是转而效忠于另一党派。独立的政治家在其党派观点上也经历了令人震惊的转变。格莱斯顿是19世纪英国自由党人中卓越的一位，他以辉格党人的身份开始其议员生涯，支持奴隶制度、拥护帝国主义。他的竞争对手是迪斯雷利（Disraeli），一位保守党领袖，以激进分子的身份开始其议员生涯。

图为维多利亚女王和阿尔伯特亲王。照片由罗杰·芬顿摄于1854年，与宫廷画家温德尔哈尔特（Winterhalter）谄媚风格的宫廷画像截然不同。

帕默斯顿

在这一时期，政治混乱、党派忠诚转变不定，政府无能、党派纪律松散，政治运动更偏向于由个人领导，而非由党派或党规领导。当时最为卓越的政治家当属帕默斯顿子爵亨利·约翰·坦普尔（Henry John Temple，1784—1865）。帕默斯顿虽然身为辉格党的领导，但他并没有固定的政治理念，也并不固定效忠于某一党派。他的优势就在于他精力充沛，能够与持异见者一起工作，并在投票人中享有威望。他的性格特征很大程度上体现了英国人的品位与偏见：

他有一颗爱国之心，不相信外国；幽默风趣又勇敢无畏；喜欢赛马、打猎。这些因素使他成为当时最受人欢迎的政治家。他不仅长寿，而且即使在老年时期仍然不失活力，这也是他成功的一部分原因。七十岁高龄的时候，他仍然骑马、打猎，仍然能在议会中进行长时间的辩论，甚至在经过一整夜的议会会议之后，他仍然能够保持清醒、精力充沛，走路回家。这些都令年青一辈的议会同仁惊叹不已。

帕默斯顿做事随和、愿意妥协，这在安抚政治对手方面是主要优点，而且也容易为他在议会中赢得支持。但同时，这也容易遭到拥有坚定观点的人的轻视和怀疑。乔治·坎宁（George Canning）曾任英国外交大臣和首相，他曾评价帕默斯顿“几乎到了平庸的极点”；而格莱斯顿称乔治·坎宁是“我们这个时代目前为止最糟糕的英国首相”。但即便如此，坎宁仍将帕默斯顿纳入了自己的内阁，而格莱斯顿也加入了帕默斯顿政府。

与其他众多同仁不同的是，在1832年《改革法案》通过之后，帕默斯顿尤其注意到公众意见在英国政治中的重要作用。当他无法在议会中赢得支持的时候，他便直接诉诸具有投票权力的英国公众。迪斯雷利曾控诉道，在1857年的竞选活动中，对帕默斯顿的支持是“针对于他本人，而并不是他的政策”。但帕默斯顿的名字就已经足够了，这为他在大选中赢得了巨大胜利。

帕默斯顿的外交政策很是高调，主张积极捍卫英国的荣誉和国家利益，这增加了他在英国国内的受欢迎程度。有时，他关于英国权利的主张会显得荒谬可笑。1850年，他冒着与希腊、法国宣战的风险，在“大卫·帕西菲科（Don Pacifico）索赔案”中支持其对希腊政府索赔。（大卫·帕西菲科是葡萄牙犹太人后裔，出生于英国海外领地直布罗陀，他在希腊的房产被一群雅典暴民烧毁。）帕默斯顿声称因为帕西菲科是英国国民，因此有权享有英国政府的保护。克里米亚战争期间，帕默斯顿与英国民众一样好战，甚至对后者起到了煽动作用，他凭借其战争政策的优势一举爬到英国首相之位。他公开承认自己惧怕俄国在近东给英国造成的威胁，但又在克

图为帕默斯顿勋爵，被人们亲切地称作“最具英国人性格的首相”。俾斯麦在普鲁士掌权三年之后，帕默斯顿登上英国首相之位；五年之后，拿破仑垮台；他担任英国首相约十年时间。

里米亚战争尚未结束之时，开始转而惧怕力量逐渐增强的同盟，即拿破仑三世。1860 年，尼斯城和萨伏依地区被划归法国，同时，法国在大西洋沿岸的港口发展迅速，法国海军逐渐现代化，帕默斯顿开始提及可能要与法国发动战争的必要性。

然而，在经历了克里米亚战争的灾难和幻灭之后，英国人不再像之前那样热衷于国外军事冒险，帕默斯顿本人也变得精明狡猾起来，选择忽略这种情绪。1864 年，普鲁士联合奥地利向丹麦发动战争，帕默斯顿想要介入战争支持丹麦，以避免进入波罗的海的战略要地落入竞争对手之手。但由于当时英国民众对此漠不关心，所以帕默斯顿也仅仅将其介入措施限制在外交政策及外交抗议的层面。在美国内战问题上，英国公众的情绪及意见同样影响了帕默斯顿的对美政策。虽然当时他公开表示保持中立，但实际上他选择支持南方，认为一个能够就条约进行谈判的独立南部联邦不仅能够为英国提供原材料，尤其是为英国的纺织厂提供棉花原材料，还将成为英国工业产品的开放市场。从更加长远的角度来看，他认为最为重要的一点是，南北方的分裂将会减弱美国的实力，从而为英国减少一个潜在的政治、经济竞争对手。而且北美地区将会构建起一种如欧洲一样的势力均衡状态，因为后者，几个世纪以来英国受益颇多。

美国内战在英国引起了广泛关注，激起了人们的极大热情，其影响远远超过了 19 世纪后期改变欧洲内部权力结构的战争。美国内战不仅涉及英国的政治和经济利益，而且涉及其基本的原则问题。英国人对于美国内战的态度截然不同，一部分人支持贵族垄断的南方政府，另一部分人支持盛行于北方的更高程度的民主，并且认为在道德和情感上都应该废除奴隶制度。值得注意的是，按照经济决定论的理论，英国纺织生产地区的人们对美国北方的支持情绪最为高涨，因为该区因美国北方封锁南方棉花的政策而深受影响。最终，因为克里米亚战争之后，帕默斯顿在很多对外政策问题上都妥协于英国民众的感受，因此他选择站在英国公众意见的优势一方，支持北方。就像不再介入并支持丹麦一样，英国也不再继续介入并支持美国南方。

帕默斯顿的国内政策旨在维持现状，他曾说："一个国家不能永远在立法。"他尤其不喜欢对选举权改革的提议，他说道："我不想我所在的党派，将其代表权从一个阶层广泛转移到另一阶层……这样做只会增加可受贿选民的数量，以无知和贫困来控制智慧和财产。"这一态度反映了诸多中产阶级选举人的观点，他们从 1832 年的《改革法案》中获得了自主权，认为现行法律在保护其利益。他们不愿看到新的立法有损他们的特权，也不支持改革者所提倡的扩大选举权，因为这样会减弱他们的政治影响力。

1867 年之前的国内改革

1867 年之前，英国也不乏一些国内改革。帕默斯顿作为内政大臣，也积极努力推行一些改革，以应对空气污染，提高环境卫生。他发明了一种新的针对罪犯的假释体系，还在减少青少年犯罪方面采纳了知名改革家洛克勋爵（Lord Ashley），也就是后来的沙夫茨伯里伯爵（Earl of Shaftesbury，1801—1885）的意见。沙夫茨伯里如是评价帕默斯顿："我从未见过任何能和帕默斯顿相媲美的内政大臣，他愿意做任何有关善良、仁慈和社会福利的工作，尤其是能提高儿童和劳动阶级生活的工作。他不惧怕财富、资本和选举带来的恐惧，时刻准备着为这些而不懈努力。"

19 世纪中期，约翰·罗素勋爵（1792—1878）领导下的辉格党政府执政期间，《济贫法案》（*Poor Law*）的实施已经从当地政府的任意管理转变成国家政府管理，由内阁大臣领导。推行《公共卫生法案》（*Public Health Act*）也由中央指挥地方进行。1850 年通过的一项《工厂法》（*Factories Act*）规定，工厂中的工人每天最多工作十个半小时，星期六最多工作七个半小时。而有些公司因为规模小，不受政府监管，所以在这些公司工作的工人就不受这项法案的影响，商店营业员和家政工人的工作时长仍然不能得到限制。1855 年，文官事务委员会（Civil Service Commission）成立，通过竞争考试招录国家公务人员，取代了之前通过赞助招录的形式。但由于最终的任命权力仍然掌握在各部门领导的手里，所以招录改革的效果有限。1858 年 6 月出台的一项法案，取消了进入议会、取得议员资格应具备的财产资格限制。而在随后一个月出台的法案中，取消了犹太人不能进入议会的限制。

这期间最著名的几项政府改革方案都是出自格莱斯顿之手，他在 1852—1865 年之间的几届政府内担任英国的财政大臣。他简化税收制度和不同税种的征税方式，既增加了国家收入，又进行了降税。他不同意征收所得税，认为轻易征收所得税会导致政府过度浪费，而所得税只应在全国进入紧急状态时征收，就像在克里米亚战争期间征收那样。1861 年，格莱斯顿开始将当年的所有财政法案整合为一个预算案，因此，如果有人要反对某一项法案内容，就必须要驳回整个预算，而人们往往不会这么做。通过这一策略，格莱斯顿成功取缔了纸张税，使得作为大众传媒首选的报纸、杂志的出版变得廉价起来。格莱斯顿支持自由贸易，理查德·科布登（Richard Cobden）1860 年与法国签订的贸易协定之所以能够通过，格莱斯顿起到了关键性作用，而这一协定也大大缓和了当时英国与法国外交关系的紧张。在格莱斯顿看来，这一协定是避免“极有可能爆发的战争”的唯一替代品，而他也将这一协定纳入了他所做的 1860 年预算之中，将其视为“欧洲行动”。跟随皮尔的脚步，格莱斯顿试图通过减少税收、降低关税的方法来刺激贸易和提高国家生产力，以与法国签署的协定为杠杆，他大大降低了所有进口货物的关税，甚至取消了部分关税。

1867 年《改革法案》

这些改革法案远远不能满足一个迅速变化的英国社会的要求。然而，英国政治活动最显著的特点就在于大多数改革倡导者都相信，现有的议会制度能够实现英国所需要的必要转变，而且他们相信英国最需要的是扩大公民选举权。当时有全国范围内的群众性集会，据估计，有的集会有二十万甚至更多的群众参加，都旨在争取选举权，而非要求革命。自由党和保守党的政府都进行了数次尝试，想要通过无负面影响的选举权改革法案，但屡次以失败告终。1865 年 10 月帕默斯顿去世之后，格莱斯顿相信辉格党至少能够转变为一个真正自由的政党，以推进必要的立法改革。他说，已经是时候见证“一个全新的开始”了。

然而，率先扩大选举权的却是保守党政府。本杰明·迪斯雷利（Benjamin Disraeli）是下议院中的保守党领导，虽然他也很担心社会问题，但作为一个政治家，他对于选举权改革的态度主要是从自身相关的利益出发。迪斯雷利的策略、所表达的观点始终如一，并非即兴发挥，而是始终带有其个人特色，总是能体现出他对于当下政治局势所做出的努力反应。他之所以支持选举权改革，可能是因为他很早就意识到，彻底扩大选举权虽然是更多自由派人士所积极推崇的，但实际上这会使保守党受益。他后来也提到，因为扩大选举权会在富裕的手工业者、农民中间发展出一批新的选举人，比起因 1832 年《改革法案》而获得选举权的那批中产市民来，他们则更愿意投票支持保守党。如果事实如此的话，迪斯雷利所做的推理思考就和 1867 年俾斯麦在选举权问题上所做出的决定如出一辙。当时俾斯麦进行了妥协，赋予北德意志联邦成年男公民选举权。无疑，二人都因拿破仑三世成功的公民投票而深受影响。在英国扩大选举权，对保守党而言就像是一场赌局，保守党首相德比伯爵（Lord Derby，1799—1869）后来形容这是“黑暗中的一跃”。但当时保守党二十年来都是少数党，只是在自由党内部分裂时才能掌权。对于保守党而言，当时选择这场赌局才是更实际的办法。而同时，全国各地的大规模群众性集会也开始动摇那些刻板的保守主义者的想法，其中1866年7月23日在伦敦海德公园（Hyde Park）就爆发了一场暴乱，整个公园路（Park Lane）的居民都参与其中。这让很多保守派人士意识到，如果不进行选举权改革，那另一条道路似乎就是爆发革命了。迪斯雷利得到其政党的内部支持之后，就决定通过选举权改革法案，而自由党也不得不对此表示支持，因为如果他们反对的话，就会被视为对他们自己的改革项目予以否定。而议会上议院也会通过这一法案，因为这是由保守党政府提出的。

保守党最初提交给议会的选举法法案十分谨慎，其中包含了很多限制条件，但迪斯雷利明显期待并且希望自由党能去掉其中很多限制条件，而极大增加所提议的选民人数。最后结果也确实如此。1867年8月15日，《改革法案》最终出台，是英国民主历程中的重大飞跃。这一法案大大扩大了针对议会选举的选举权，选举人数量几乎增加了一倍，从之前的一百万人增加到约二百万人。在各选区内，只要是为自己财产交税达十镑及以上或是每年付十镑及以上租金的人，都有选举权；在各郡内，任何凭借自己土地收入达五镑及以上或每年付十二镑及以上租金的人，都有选举权。尚未有选举权的人，包括城市中的穷人、家庭用人、大部分农民和女性。此后不久，约翰·斯图尔特·穆勒（John Stuart Mill）就开始积极为这些人争取政治权利。同时，考虑到人口增长和自从1832年以来爆发的政治运动，议会席位也进行了大规模的重新分配，即使仍然不能做到完全公平。重新分配之后，人口不足一万的选区只拥有一个议会席位，而不是两个，大一点的镇

图为本杰明·迪斯雷利，即比肯斯菲尔德伯爵（Earl of Beaconsfield），是保守党的领袖，同时也是一位杰出的外交官。

可以有两到三个席位。全国有九个新建选区，共在郡级新增二十五个席位。针对苏格兰和爱尔兰的选举权改革法案在 1868 年颁布，其中苏格兰的法案与 1867 年的英格兰法案非常类似，而爱尔兰的法案降低了选区内的收入限制要求，但郡级的限制要求没有变动。

1868 年，迪斯雷利和格莱斯顿分别取代德比伯爵和罗素勋爵，各自成为保守党和自由党的领袖。在两人强有力的领导之下，保守党和自由党成为英国最为重要的两个政党，也在各自内部实行了较为有力的党纪管理。议会政治成为一种国家性的博弈，只是没有清晰可循的、成文的规则或程序。议会本身也因为取得的重要成绩和格莱斯顿－迪斯雷利领导期间高水平的辩论而威望大增。与 1871 年之后的德国议会相比，英国议会更能吸引极具才华的人加入。

事实证明，1867 年的《改革法案》对于保守党而言确实是黑暗中的纵身一跃。产业工人并未像预想的那样团结到保守党的阵营，在《改革法案》通过后的第一次选举中，自由党就一举成功。1868 年 12 月，格莱斯顿成立了其第一届内阁政府，当时，帕默斯顿已经去世，自由党中的右翼势力在选举中受挫，于是激进主义者也愿意团结在格莱斯顿的麾下。

1867 年选举法改革法案通过之后，英国议会确实开始了格莱斯顿曾经预想过的“全新的开始”，但英国的改革进程却不成体系、不成章法。因为议会代表常常不得不考虑一些影响力巨大的选举人的态度，如果现存制度发生重大变化，这些人的利益将受到影响，所以说，英国议会商讨出的改革方案往往都是谈判和妥协的结果。而这些结果似乎就是随机得到的，对于改革倡导者来说又是远远不够的。但是，即使这些改革方案很少会让谁完全满意，却也不会在英国社会造成重要的分割和疏离（依旧是爱尔兰除外），也不会引发威胁到议会系统本身的敌意行为。

格莱斯顿的首届内阁，1868—1874

威廉·尤尔特·格莱斯顿（William Ewart Gladstone，1809—1898）在英国下议院任职长达六十余年，是当时最高效的管理者之一，也是杰出的金融家。他精力充沛、极其专注、记忆超群；同时还是高超的辩论家，能够依托事实和数据进行雄辩，不可思议。就像当时很多政治家一样，他也兴趣广泛，不仅仅局限于政治领域。他讲一口流利的法语、意大利语和德语，博览群书，游历广泛，还是一位优秀的古典主义学者，曾写过一部三卷厚的著作《荷马与荷马时代研究》（*Studies on Homer and the Homeric Age*，1859）。然而对其产生主要影响的，是圣经文学和新教神学家的著作。无论是在其个人生活还是其政治生涯中，他都尽力以基督徒的端正品行和诚实正直认真要求自己，而其政治活动也常常带有道德奋斗的色彩。他做事目的严肃，会带有人道主义的冲动，其中比较典型的就是他和妻子曾经提出让妓女走入人家，在道德上改过自新，以得到救赎。

格莱斯顿第一届政府执政期间通过了一大批改革立法。作为首相，格莱斯顿首先将注意力放在爱尔兰。爱尔兰人对于改革的呼声比英国任何地方的人都要强烈，爱尔兰人对于英国统治的敌意也在恐怖主义和公开叛乱中体现出来。格莱斯顿上任前就提到，“我的任务就是要安抚爱尔兰人民的情绪”。他也尽一切努力来实现这一目标，而在他先后四次担任首相期间，一直在这方面投注大量的时间和精力，而最终也正是这一爱尔兰事业使他走向政治生涯的失败，使其政党面临垮台。

爱尔兰问题由来已久，爱尔兰人从来没有完全服从过英国的统治。1801 年英国颁布了《国家统一法》（*Act of Union*），爱尔兰议会和英国议会得以统一，宗教也由英国国教统一领导，但即便如此，爱尔兰人也并不愿意服从英国的领导。爱尔兰人的不满是自我民族意识的产物，也是英格兰新教与爱尔兰罗马天主教分离的结果，同样也与经济困境息息相关。英格兰人拥有大片爱尔兰的领土，通常，土地主人会住在英格兰，把自己爱尔兰的房产交由当地的代理中介管理，而代理中介则每年从中收取一部分酬劳，作为工资发放给自己的员工。这一代管体系有着很多弊端，绝大部分土地主人与其代理中介都拒绝向没有土地的承租人长期出租土地，也拒绝向他们出具其他形式的租期保证，这就扼杀了爱尔兰农民的积极性，使他们不愿再积极改善土地，因为租赁可能随时会终止，他们离开土地也不会得到任何补偿。

格莱斯顿采取措施想要根除他所认为的爱尔兰不满问题的主要原因。1869 年 7 月 26 日颁布的《政教分离法》(*Disestablishment Act*) 结束了英国国教在爱尔兰作为官方宗教的统治，自此，爱尔兰罗马天主教徒就不必再支持一个他们自己不参加的教会。英国国教在爱尔兰的一半财产被剥夺，之后这些财产的收入来源被用于救济贫困、支持教育及其他当地资金需要。随着爱尔兰人口的迅速增长，土地租赁和在外地主问题变得日益严峻，格莱斯顿便着手解决这一更加棘手的问题。1870 年 8 月 1 日颁布的《爱尔兰土地法》(*Irish Land Act*) 规定，如果土地质量得到提高，则被迫离开土地的佃农可以获得一些补偿。然而，如果佃农应得的补偿被拖欠，他就什么都得不到了，除非他能够证明土地的租金“过高”而不得不离开。实际上，这项新法案几乎没有收到其预期的效果，根本没有解决它旨在解决的问题。它并不能保证租金公平，也无法保证租期，地主们很快就发现可以通过提高租金来迫使佃农主动放弃土地，这样一来就能避免支付改善土地的补偿金。格莱斯顿在爱尔兰问题上竭尽努力，却难以克服自由党内部的冷漠和反对之声。

相较而言，格莱斯顿在英格兰所推行的改革就成功得多。许多自由党人都对人类进步和臻于完美深信不疑，他们认为新政府所面临的最为紧急的任务之一就是要提高英国的初等教育水平，因为当时英国的初等教育水平比起法国和普鲁士要低得多。当时，英国有四百万学龄儿童，其中将近一半都没有走进过校园，而上过学的孩子，大部分在十一岁时也辍学了。上学的孩子中，有一百万人在英国国教开办的学校就读，这些学校的资金来源于自愿出资，也有一部分政府补助。另外一百万上学的孩子就读的学校就没有政府支持，学校不受控制，也不受监管。毫不夸张，这些学校里的教育制度就如同狄更斯笔下《尼古拉斯·尼克贝》（*Nicholas Nickleby*，1838—1839）中的杜德波伊斯学堂（Dotheboys Hall）一样。

1870 年 8 月 9 日，政府颁布了《教育法》（*Education Act*），这一法案的通过反映了在教育问题上利益与忠诚之间的冲突，也反映了英国立法者在解决问题时所采取的务实态度。这项新法案的宗旨是要在全国普及初等教育，而且是以最快的速度、最低的成本来实现这一目标。民办学校如果资金充足，可以予以保留；而大部分学校都由政府财政支持，所有学校都要接受政府监管。新建学校需要接受当地选举产生的教育委员会的管理，这些学校的经济来源包括政府补助、当地税收和家长付费。与学校法相关的最大问题就是宗教，反对者（不信奉英国国教的新教教徒）反对国家支持英国国教学校，尤其是新出台的法律允许这些学校继续其宗教教学。而另一方面，各个宗教教派又反对新建学校世俗化，并不教授任何宗教有关的科目。而这项法案本身也有不尽如人意的地方，因为它并不能提供义务教育或免费教育。但这项法案却也代表了一大进步——它提高了教育水平，也为接下来的进一步改革奠定了基础：1880 年英国开始实施义务初等教育，1891 年公共教育的学费实现全免。在大学教育层面，1871 年《大学考试法》(*University Tests Act*) 颁布，牛津大学和剑桥大学的学生若要获得学位，可以不必再接受宗教测试。

除教育之外，格莱斯顿政府也将改革的注意力投入英国政府管理的三个重要方面：政务、陆军和司法机构。其中，政务改革开始于 1855 年。1870 年 6 月 4 日发布的一项枢密令（Order in Council）进一步规定，所有政府部门公务员的招录必须基于竞争考试，这一举措旨在提高政府官员素质，也意味着（至少从理论上看是如此）进入政府部门工作，以及在部门内的晋升，都将不再受部门领导个人兴致和喜好的影响。但这一法令不适用于外交部门，因为家族关系和财富仍是任职外交部门的重要资格条件。

1870 年颁布的《陆军入伍法》(*Army Enlistment Bill*) 一改之前长达十二年的服役期，规定士兵须服六年预备役、六年现役。之前有法案想要取缔购买军官佣金的行为，但在上议院中未被通过，随后经王室授权，法案得以实施。当时，格莱斯顿政府所实施的最为

上图为狄更斯《尼古拉斯·尼克贝》（*Nicholas Nickleby*）一书中的插图，插图配有文字：“杜德波伊斯学堂的内部经济。”

重要的陆军改革就是，规定陆军总司令要服从内阁陆军大臣的领导，这就使陆军不再受制于王室，而是直接接受议会的领导。

1873 年颁布的《司法法》（*Judicature Act*）简化了英国的法律体系，结束了狄更斯笔下《荒凉山庄》（*Bleak House*，1852—1853）中司法权滥用的现象，根据书中的描述，律师在替当事人辩护之前可以接受当事人的财产。

1872 年，格莱斯顿政府在选举权民主化进程中迈出了一大步，改革者积极倡导了长达半个世纪之久的《投票法》（*Ballot Act*）得以通过。这是英国历史上第一次规定投票采用不记名的秘密形式，这让选举贿赂变得更加困难，也减少了直接向投票人施加压力的可能性。

格莱斯顿也有一些颇具争议的政治举措，其中一项是他曾经试图颁布禁酒法案，但最终没有成功。在那个时代，饮酒是大众主要的麻醉性来源，烈性酒价格便宜又方便购买，很容易造成醉酒。所以出台一项适度、温和的禁酒法案对当时的社会是大有益处的。然而，禁酒倡导者们所提出的方案却过于极端，他们于 1872 年提出了一项许可提案，不是限制消费烈性酒，而是彻底禁止酒精。这项提案没有通过，仅仅是提出这项提案就使得格莱斯顿在民意测验中大大失利。实力雄厚的酒厂利益集团携手对其进行抵制，酒吧老板也加入其中。格莱斯顿在其 1874 年大选失败后说道：“我们在一阵杜松子酒和啤酒的风暴中倒下了。”

当然，自由党大选失败亦有其他原因：自由党内部分裂严重，格莱斯顿也难以将其内阁团结起来，迪斯雷利曾轻蔑地形容自由党的领导是一座座“疲惫的火山”。爱尔兰《政教分离法》实施之后，英国国教遭到分裂，英国国教教徒与不信奉英国国教的新教教徒也分立开来，而后者是自由党在民意测验中的主要支持力量。禁酒法案的倡导者因为政府没有批准法案而怀恨在心，而反对者则因为这一法案竟被提上议程而备感愤怒。

格莱斯顿疏忽对外政策，这激起了一些爱国主义人士的不满，也加剧了人们对其国内政策的敌意。俾斯麦丝毫不顾英国的利益，改变了欧洲国家力量的格局，格莱斯顿对此听之任之。美国南北战争期间，英国为美国南方制造了一艘船舰，名为“阿拉巴马号”（*Alabama*），这艘船舰在利物浦港出发，在战争中对抗北方军舰，并给北方造成了严重打击。事后美国以此向英国提出索赔，而在 1872 年，格莱斯顿同意了美国的索赔要求。事实证明，英国在“阿拉巴马号索赔案”中向美国支付的一千五百万美元的赔偿金可能是英国所做出的最明智的投资之一，因为英国政府给美国留下了温和、公正的印象，所以使得这一有可能产生恶劣后果的事件变成英美两国恢复友好关系的标志性事件。而当时的人们却没有意识到格莱斯顿政策在这方面的意义，相反，人们对其大加指责，认为他没能努力捍卫英国的利益。

迪斯雷利的第二届内阁，1874—1880

保守党在 1874 年 2 月的大选中获得胜利，这是第一次采用不记名投票的大选，产生了迪斯雷利的第二届内阁。迪斯雷利首次在下议院中独立地占据主体地位，之前他只是参与组建过联合政府。

本杰明·迪斯雷利（1804—1881）掌权时年事已高，这是他政治生涯的一大悲剧。1874年时他已经七十岁高龄，身体健康每况愈下，没到两年，因为身体不适而不得不放弃在下议院中的领导地位，转而以比肯斯菲尔德伯爵的身份进入上议院。如果不是这样，他会留在下议院，最终担任首相。很长一段时间内，他被人怀疑是政治投机主义者和冒险家。他打扮时髦、世故做作，也增加了批评家对他的不信任感。此外，虽然他是受过洗礼的基督教徒，但他以自己犹太人的背景引以为傲。在那个重视宗教情感、带有世俗偏见的时代，迪斯雷利竟然能够掌握国家政权，简直是令人惊讶的事。而这也体现了当时英国政治制度对于有才之士宽容和赏识的态度。而迪斯雷利就是一位有才之士，他是一位精明的议会战术家、有能力的行政管理家，辩论时能与格莱斯顿不分伯仲，同时也是一位杰出的外交家。就像拿破仑三世那样，迪斯雷利能够洞察并利用当时的大众运动，但与这位法国皇帝不同的是，迪斯雷利并不沉溺于空想的谋划。

作为保守党人，迪斯雷利认为保守党的首要任务是维持英国社会的独特优点，而保守党不应该只抱有消极的或是蓄意阻挠的心态。相反，他认为保守党应该修复和建设英国社会，应该接受新的变化——实际上，保守党应该在现有制度的基础之上，领导新的变化。政党的优势应在于其自信和稳重，应具有能够同时吸引理想主义年轻人和传统主义者的道德力量，应该既重人才又重利益。

迪斯雷利不仅向保守党的执政理念注入新的活力，而且在其内部体制引入了一些新的实际可用的、亟需的改革。1868 年自由党执政之后，保守党成立了保守党中央办公室。这个办公室的任务是要与各地的保守党人士保持联络，鼓励他们成立民主化管理的当地组织，以此让候选人为下次大选做好准备。中央办公室收拢了一拨候选人，并对其进行了分类，可以根据各地不同的情况为各地组织提供需要的候选人。这为 1874 年保守党在大选中赢得胜利打下了基础，这一政党体制也成为英国其他党派模仿和学习的对象。

迪斯雷利并不看重政治权力本身，他热衷于利用这一权力来改善人类的命运，在这一点上，他和拿破仑三世类似。他对于社会正义的关注在其创作的小说中体现得很明显，其中最为明显的是《西比尔（两个国家）》（*Sybil, or The Two Nations*，1845），小说描述了

图为1876年迪斯雷利组建的内阁：迪斯雷利站在最右边，站在左边第三个位置的是索尔兹伯里勋爵（Lord Salisbury），于迪斯雷利之后继任保守党的领袖，并三次当选英国首相。

1840 年经济萧条时期的英国，将上层社会人们的生活与劳动工人的悲惨境遇相对比。迪斯雷利在议会任职期间，曾反复表达过对这一问题的关心。迪斯雷利的第二届内阁（也是他第一次组建独立政府）在很多方面都像格莱斯顿政府一样，推行了诸多改革。

1875 年，保守党政府通过了两项劳工法，迪斯雷利说服女王，这是他在位期间最为重要的社会立法。其中第一个是《雇主与工人法》（*Employers and Workmen Bill*）。之前，如果工人违反了合同规定，就要被关进监狱，而如果是雇主违反了合同规定，只有在造成损失、涉及民事诉讼时才会遭受处罚，但这一新法案针对破坏合同的情况，赋予了工人与雇主相同的法律地位。第二个是《工会法》（*Trade Union Act*），取消了很多关于工会活动的限制，赋予了工会与个人一样的权利，所以和平罢工及其他类似的示威方式不再非法。1875 年通过的法案还包括：《工厂法》（*Factory Act*），规定工厂工人每个星期最多工作 56 小时（同样，这影响不到营业员以及规模太小、难以监控的小工厂里的工人）；《公共卫生法》（*Public Health Act*），为英国提供了迫切需要的卫生法规；《工人住宅法》（*Artisans' Dwellings Act*），规定了最低住房标准，也开始为贫困人口提供足够的住房。这是一项新举措，呼吁政府当局弥补私人企业所建设房屋的不足，同时授予政府权力，可以将存在卫生问题及其他问题的现有房屋夷为平地，重新为工人建造新的住房；还有《食品与药品销售法》（*Sale of Food and Drugs Act*），防止食物掺假、医学欺骗；《农业持有地法》（*Agricultural Holdings Act*），若承租农民遇到租期终止的情况，则可以凭借改善土地的劳动获得补偿。此外，1876 年还通过了《商船法》（*Merchant Shipping Act*），试图提高商船水手的生活和居住条件，停止使用不适宜航海的商船，以避免船主为商船投保，然后在沉船后大发横财。这项法案由塞缪尔·普利姆索尔（Samuel Plimsoll，1824—1898）提出，规定在每艘载货轮船的船身画上标记，避免超载，而称之为“普利姆索尔线”的标记要始终出现在海面的上方。

迪斯雷利最引人注目的成就是在外交领域。1875 年 11 月，迪斯雷利明智决定，向罗斯柴尔德（Rothschilds）家族借钱，后得到议会认可，从埃及政府手中购买下苏伊士运河的股票。1870 年年末最大的外交问题是在近东爆发的危机，迪斯雷利采取传统的英国对外政策，保护奥斯曼帝国，将其作为壁垒，抵御俄国扩张。迪斯雷利凭借其机敏的谈判技巧成功说服俄国放弃了在巴尔干半岛地区的权益和在地中海地区的立足点；他还在 1878 年从土耳其获得塞浦路斯岛（island of Cyprus）作为英国的海军基地，以保护苏伊士运河与英国在近东的利益。为了得到塞浦路斯岛，迪斯雷利同意保障土耳其在亚洲的领土，而借此英国也有了伺机向奥斯曼帝国派军的借口。1878 年 7 月，迪斯雷利从柏林会议凯旋，英国“光荣地”获得了“和平”。

迪斯雷利当政的最后几年就没有那么幸运了，与阿富汗人（Afghans）、祖鲁人（Zulus）、布尔人（Boers）和爱尔兰人的问题冲突使政府声望大打折扣，而这些问题也被反对党加以利用。1879 年，大英帝国经历了一场严重的农业大萧条，农业收成降到一个世纪以来的最低水平。1873 年整个欧洲经历了经济萧条，这之后的几年都是经济困难时期。1879 年的这场农业危机让经济困难的英国雪上加霜，彻底打击了整个迪斯雷利政权。1880 年 3 月，迪斯雷利解散了议会，要求进行新一轮大选。

在 1880 年的竞选运动中，格莱斯顿抛弃了之前被认为是党派领袖该有的冷淡态度，在中洛锡安郡（Midlothian）的选民面前，发表

图为“鸣笛竞选”中的格莱斯顿：行进中的火车会在某地短暂停留，然后举办一场短暂的竞选活动，图中格莱斯顿正站在一节火车车厢的窗口。1879—1880年间，格莱斯顿在政治家中开启了一种全新的竞选方式，即在全国范围内进行竞选演说，将自己政党的想法直接呈现给投票人。

了一系列演讲，演讲涉及当时英国正在面临的诸多主要问题，这让这场大选成为了令人难忘的一次选举。格莱斯顿在全国进行竞选演说，将自己和自己政党的想法直接呈现给投票人，这些举措来源于选举权的扩大，同时也为后来各党派的竞选人开了竞选演说的先例。格莱斯顿凭借其强有力的口才驳斥了迪斯雷利帝国主义的、侵略性的外交政策，也代表了受到保守党压迫的殖民地人民的不满心声。然而，这场大选本身也激发了英国投票人更多的对国内经济萧条的焦虑之情，而不是对国外政治压迫的担心。保守党的命运就和每一届经历经济衰退的政府的命运一样，该党被赶下了台。

格莱斯顿的第二届内阁，1880—1885

格莱斯顿的第二届内阁并不如他的第一届内阁那么成功，第二届的内阁成员缺少凝聚力、目标不清。在其党派内部他需要调解右翼自由人士与激进分子、英国国教教徒与不信奉英国国教的新教教徒，还需要包容以约瑟夫·张伯伦（Joseph Chamberlain，1836—1914）为代表的具有侵略性和类社会主义性质的新一派激进主义者，张伯伦担任伯明翰市长时曾以社会改革家的身份建立起自己的声望。

这届内阁一开始就并不顺利，议会成员查尔斯·布拉德洛（Charles Bradlaugh，1833—1891）是一位无神论者，他拒绝进行就职宣誓，因为誓言中出现了“上帝，请救赎我”这样的字眼。布拉德洛的举动令格莱斯顿左右为难，因为格莱斯顿对宗教深信不疑，同时也崇尚思想自由。这一举动更令自由党左右为难。格莱斯顿提出一项法案，想要推出一个简单的效忠宣言来替代常规的议会就职宣言，但自由党中不愿妥协的基督徒却不同意。这一事件一直拖延到 1888 年《宣誓法案》（*Affirmation Bill*）通过，取消了成为下议院议员的最后一条宗教限制条件。

格莱斯顿在第二届内阁期间，曾尝试推行一些其他的改革措施，但他的提议很难得到自由党内部大多数人的同意，所以屡屡受阻。但他确实成功地促成了一项重要的立法改革：1884 年的《改革法案》，规定所有定期交租或纳税的成年男性都具有选举权。通过这项新法案在选举权问题上收获最大的是农业工人，而他们往往都会投票支持保守党。当时还没有获得选举权的群体包括：家政工人、移民工人、靠父母养活的单身汉，以及广大女性。这一法案通过之后，全国新增近二百万投票人，选民总人数几乎翻了一番。1885 年通过的一项重新分配议会席位的法案赋予较大的镇以更多的代表人数，而且每个郡级选区都有一个代表，这就结束了之前每个选区两位代表的传统。人口数不足一万五千人的市级选区不再拥有单独的席位，而是和当地郡的选民合为一体。这样一来，传统的市级和郡级选区就不再是下议院议员的基本来源，因此传统的土地贵族的势力基础也就不复存在。

格莱斯顿的第二届内阁还通过了其他国内改革法案，如 1880 年通过的《雇主责任法》（*Employers' Liability Act*）。该法案规定，员工若在工作中受伤，可获得赔偿。1883 年还通过了一项竞选活动改革法案，限制竞选党派和候选人在竞选中的花销。

爱尔兰问题仍然是格莱斯顿的主要关注点。1870年的《土地法》没能成功平息爱尔兰人民的不满，也没能有效杜绝在外地主迫使承租人离开土地的情况。反而，在1870年的农业萧条之后，恐怖主义和在外地主收回土地的情况越发严重。英国议会中成立了一个爱尔兰自治党（the Irish Home Rule party），使得爱尔兰问题变得更加复杂。议会中的爱尔兰成员也享有了合法权益，议会于1801年通过了《联合法案》（*Act of Union of* 1801）。同时，由于1872年开始不记名投票，议会中也有一个坚定的爱尔兰人集团，致力于彻底解决爱尔兰问题。1870年年末，爱尔兰自治党开始由查尔斯·斯图尔特·帕奈尔（Charles Stewart Parnell，1846—1891）领导，他是一位爱尔兰新教教徒，一位能力卓越的政治家、杰出的议会战略家。在争取爱尔兰独立的问题上，帕奈尔采取了两套策略：一方面，在议会内部，他操纵爱尔兰人集团的投票，对两大主要政党做出妥协和让步，以换取对爱尔兰的支持。无法做出让步时，他就会利用爱尔兰集团的投票来阻止相关立法。另一方面，他在爱尔兰鼓励当地激进分子抵抗英国的管理，同时把爱尔兰问题呈现给公众。然而，虽然帕奈尔在爱尔兰独立问题上是一位狂热分子，但他却反对用暴力或恐怖主义等极端办法来达到这一目标。在应对地主收回土地的问题上，他建议用社会孤立的办法，而不是较多的爱尔兰农民所采用的烧毁谷仓、残杀牲畜或杀人犯罪的极端方法。如果有人协助在外地主不公平地收回土地，或者接管不公平收回来的土地，那么这个人就会被人们孤立、唾弃。第一个受到这种孤立的人是一位叫作查尔斯·博伊科特（Charles Boycott）的土地中介商，他的遭遇还为英语词汇增加了一个新词“boycott”，意为“联合抵制”。

当时，英国政府授予其在爱尔兰的代理机构以更大的强制性权力，以终止恐怖分子盛行的暴行。《人身保护法》（*Habeas Corpus Act*）暂缓颁布，爱尔兰的行政机关拥有绝对权力随意进行预防性的逮捕。但当时，格莱斯顿也在努力争取通过一项新的土地法案，以弥补1870年土地法案中的一些不足。这一新的土地法案于1881年8月通过，新法案满足了爱尔兰人一直以来要求的三大权益：公平租金，固定租期，以及承租人对租用土地投资的自由出售权。但时至当时，爱尔兰领袖们已经不再满足于进行改革，他们想要的是政治独立。帕奈尔也在继续鼓动爱尔兰人民，1881年10月1日，他被关进监狱，这不仅对平息爱尔兰人民的不满起不到任何作用，而且帕奈尔还成为了一名殉教者。之后英国政府采取的一些新的、更为强制性的措施，都对镇压爱尔兰的恐怖主义活动无济于事。最终，格莱斯顿决定，他只能同帕奈尔合作。1882年5月2日，格莱斯顿同帕奈尔签订了《凯勒梅堡条约》（*Kilmainham Treaty*），取名自帕奈尔被关的监狱名。格莱斯顿同意释放帕奈尔，但条件是帕奈尔要承诺帮助英国政府平息爱尔兰人的不满情绪。为了保证与帕奈尔的合作，格莱斯顿给予他明显的暗示，暗示自己会为爱尔兰争取自治。然而，在格莱斯顿还未能在议会中采取行动之时，爱尔兰恐怖分子就破坏了和平解决爱尔兰问题的所有可能性。5月6日，就在帕奈尔被释放后的第四天，新一任爱尔兰布政司弗雷德里克·卡文迪什勋爵（Lord Frederick Cavendish）和常务副布政司托马斯·伯克（ Thomas Burke）就在都柏林的凤凰公园（Phoenix Park）于光天化日之下遭到残忍杀害。这令英国政府愤怒不已，向爱尔兰做出妥协的政策化为泡影。取而代之，议会通过了新的强制法案，而这又激起了新一轮的爱尔兰恐怖主义浪潮。虽然格莱斯顿成功颁布了一些其他的针对爱尔兰的小型改革法案，但从总体上而言，他的爱尔兰政策失败了。

爱尔兰政策失败的同时，格莱斯顿的外交政策也并不成功。格莱斯顿政府在 1882 年维持住了英国在埃及的统治，这为政府加了一些分。然而，格莱斯顿作为首相却没有因此而大增威望，因为他承诺一旦埃及恢复秩序稳定，英军就会从埃及撤出，但这似乎是个只有英国投票人才会相信的承诺。在南非，英军被波尔人打败，波尔人是移居德兰士瓦（Transvaal）的荷兰人，他们于 1880 年发动叛乱，反抗英国统治。1881 年 4 月 5 日，双方签订《比勒陀利亚条约》（*Treaty of Pretoria*），格莱斯顿承认波尔人独立，但英国仍享有其“宗主权”：波尔人内部事务完全自治，但外交关系要接受英国领导。1885 年 4 月，俄军在平狄（Penjdeh）与阿富汗边防军队产生冲突，英国与俄国就阿富汗边界问题发生争执，几乎到达战争边缘。格莱斯顿诉诸仲裁，解决这一争执，避免了战争，但英国国内的反对党以及自由党内部部分成员谴责他讨好俄国。而对格莱斯顿最严重的打击来自苏丹，当时英国、埃及联手，想要镇压苏丹反对埃及专制统治的暴乱，但代价高昂、最终失败，于是英国政府决定撤军。查理·乔治·戈登将军（General Charles George Gordon）被派往苏丹研究撤军方法，却试图凭借自己的少量军力控制当地，反被围困在苏丹首府喀土穆城（city of Khartoum）。格莱斯顿在向苏丹派遣救援队伍时犹豫不决，认为即使这是一些伊斯兰教的狂热分子，想要维护奴隶贸易和专制独裁，他们也“有理由为自己的自由奋斗”。格莱斯顿的犹豫不决导致戈登将军的援军延迟，1885 年 1 月 26 日，喀土穆城陷落，戈登将军及其军队被杀害。议会中的不信任案以仅仅十四票的结果未获通过。1885 年 6 月，格莱斯顿在预算追加时辞去首相职务。自 1881 年迪斯雷利去世后，一直担任上议院保守党领袖的索尔兹伯里勋爵，成立了自己的第一届内阁。

格莱斯顿与索尔兹伯里，1885—1895

罗伯特·塞西尔，第三代索尔兹伯里勋爵（1830—1903）也是 19 世纪一位伟大的政治家，通过英国议会走进人们的视野。他一身贵族气派，相信自己有能力也有权力来管理，并且天赋异禀，能够从历史的角度来洞察政治问题，不会因一时的危机而慌乱不安。他不是像格莱斯顿一样热衷改革的人，也不像帕默斯顿那样，是激进的英国荣誉的捍卫者，同时，他也不是一个刻板的保守人士。他认识到改革和妥协的必要性，当他的内阁成员想要实施一些必要的计划时，他也愿意赋予他们一定的独立自主性。

索尔兹伯里本人对外交事务很感兴趣，19 世纪 80 年代，他与欧洲大陆上的强国结盟，以保护英国在地中海地区和近东的利益。但一般而言，他都不相信与其他国家订立条约，他相信英国足够强大，拥有天然的岛国堡垒，并有强大的海军保卫，因此能够依靠自己的力量保卫自己。他也相信英国唯一惧怕的就是敌对势力的联盟，但英国可以通过收买其内部成员国的办法，来让联盟分裂。

索尔兹伯里的第一届内阁仅仅维持七个月，而这也与同帕奈尔签订的协议密不可分，因为凭借帕奈尔影响下的爱尔兰投票，下议院才会力量均衡。为了争取到帕奈尔的支持，保守党同意为爱尔兰承租土地的农民提供五百万英镑的贷款，帮助他们以分期付款的方式购买土地。但随后不久，帕奈尔就从格莱斯顿一方争取到了更好的条件，而格莱斯顿也于 1886 年 2 月重掌政权。

格莱斯顿第三届内阁（1886 年 2 月 12 日至 7 月 20 日）的一个主要举措就是第一次提出爱尔兰自治法案，这遭到了保守党的强烈抵制，也造成了自由党内部永久性的裂痕。格莱斯顿也遭到了自由党统一派的孤立，自由党统一派包括党内的右翼和左翼人士，既有哈廷顿爵士（Lord Hartington）领导下的自由党贵族，也有约瑟夫 · 张伯伦领导下的年轻极端分子，他们都反对爱尔兰自治，支持统一。

在爱尔兰自治法案遭遇挫败后，格莱斯顿解散议会，转而向英国的投票者寻求支持。虽然当时他已经七十七岁高龄，依旧精力充沛，在全国发表竞选演说，满腔热情地为自己所相信的正义事业而奋斗。但他面对诸多严峻的阻力，最终导致失败：自由党政府在外交事务上的一系列失利；爱尔兰恐怖主义导致英国公众对爱尔兰怀有强烈的敌意；人们不愿意放弃阿尔斯特的爱尔兰人（Ulster Irish），因为其中大多数新教教徒都臣服于英国国王，此外还有自由党内部的分裂。

索尔兹伯里第二届内阁当政期间（1886 年 7 月 26 日至 1892 年 8 月 13 日），最重要的立法当属 1888 年的《地方政府法》（*Local Government Act*），将行政体制的郡改为地方自治单位，设郡议会（the County Council），由公众选举产生。郡议会成为英国基层的自治单位，成为改革当地生活环境的重要核心，比起中央政府通过的一些规模更庞大的改革措施，郡议会的一些改革举措更为重要。

在爱尔兰问题上，保守党得到了自由党统一派的支持，双方都反对爱尔兰自治，推行压制性政策。1887 年通过了一项新的强制性法

照片为临近离职前的威廉·E.格莱斯顿，在他工作生涯的最后一刻，他还在以极高的道德热情为自己所坚信的事业而努力工作。

案，据传帕奈尔在自己所写的一封信中暗示他要在凤凰公园策划一场暗杀事件。后来这封信被证实为伪造，但花费了很长时间才最终水落石出，而在找到真相之后，又爆出一则对他不利的消息。1889 年 12 月，他成为一起离婚诉讼中被指控通奸的共同被告，与基蒂奥谢夫人（Mrs. Kitty O'Shea）有染。这起丑闻给他的政治生涯带来了毁灭性的打击，在维多利亚时代，这种行为即使在爱尔兰也是不被人接受的。帕奈尔受挥之不去的丑闻影响，以及取代帕奈尔领导地位的各种斗争，使得爱尔兰自治党面临分裂，政治影响力急剧下降。

爱尔兰自治问题是 1892 年普选中争议的焦点，自由党与爱尔兰民族主义者形成联盟，在下议院中以四十票占据主体，1892 年 8 月 18 日，格莱斯顿组建了他的第四届也是最后一届内阁。当时他已经八十三岁高龄，几乎一心只关注爱尔兰自治法案是否能够通过。他克服了自由党内部的反对，在下议院通过了自治法案，但最终在上议院惨遭失败。格莱斯顿想要接受挑战，再次进行新一轮大选，依靠民众的支持来打败上议院议员，但得不到同仁的支持，而英国民众对这一问题也明显漠不关心。这是格莱斯顿的自治法案第二次遭遇挫败，对其个人而言是个致命的打击。1894 年 3 月 3 日，他辞去了首相之职和自由党领袖之位。但对自由党而言，爱尔兰问题依然严峻。直到 1895 年 6 月 21 日，罗斯伯里勋爵（Lord Rosebery）领导下的自由党内阁才得以继续推进这一事业，但自由党力量减弱、内部分裂，最终让位于保守党 – 统一派（Conservative-Unionist）的统治。

英国在爱尔兰问题上的失败证明，在解决经济落后的少数民族的问题时，即使像英国议会这样传统、强大、有能力的领导力量都无能为力，不得不诉诸镇压的办法。但对整个英国来讲，议会体制内渐进式的改革政策却是大有益处的，大部分普通英国公民的生活境况都在稳步提升，右翼和左翼的极端分子队伍不断缩小，英国也不再面临扰乱政治、社会秩序的革命性威胁。

其他许多国家对于英国的政府管理体系是既羡慕又嫉妒的，却模仿不来。很多英国爱国人士认为，其他国家不愿意采用英国的办法是源于保守的态度或是政治上的不成熟，但原因并不是如此简单。欧洲大陆上许多国家的政治家都感到，自己国家所面临的情况太过复杂，仅仅通过议会协商是无法解决的。而对于俄国更是如此，俄国的政治和社会改革举步维艰。

1850年之后的俄国

俄国的专制政府拥有强大的运作体系：军队、秘密警察，以及审查和镇压制度，这些都阻止了俄国在1848年爆发革命。当其他国家的君主专制制度崩塌之时，俄国的专制政府却岿然不动、屹立不倒。俄国沙皇不仅向奥地利皇帝派军，平息爆发在匈牙利和奥属波兰的革命，而且在政治和外交上支持镇压欧洲各地的自由主义运动。似乎俄国已经取代奥地利成为一个专制统治的大本营。因为有了俄国，奥地利帝国才得以幸存，意大利和德国的中央政权才有了支撑力量，波兰人、匈牙利人、捷克人、芬兰人才会受到外国专制的束缚。

克里米亚战争暴露了表面威风凛凛的俄国专制背后的不足：两大西方国家仅仅投入一部分兵力入侵俄国领土，强大的俄罗斯帝国却无法击退。即使是最不知变通的保守主义者都认识到，俄国对改革的无动于衷和抵制已经让俄国远远落后于西欧国家，这种落后不仅体现在科学技术领域，而且体现在社会、行政发展方面。大多数俄国人在克里米亚战争中学到的现实的一课就是俄国的落后。然而，他们努力摆脱落后，推行改革，却在政府各个部门和整个俄国社会遇到了巨大阻力。

亚历山大二世与改革问题

沙皇尼古拉一世（Nicholas I，1825—1855 年在位）是决不让步的独裁统治者的代表。他于克里米亚战争期间去世，沙皇大位由他的儿子继任，即亚历山大二世（1855—1881 年在位）。亚历山大二世在位期间，俄国实行了一些改革，他被称为“沙皇解放者”（Tsar Liberator），但在欧洲人看来，他并不具有任何自由主义者的特质。他像他的父亲一样，是专制政府的坚定信徒，在提出、实行改革时也是一位专制君王。沙皇仍然是国家的最高权威，他统治着巨大的官僚机构，机构只对他一个人负责。在俄国这样一个大国，交通不便、通信不发达，虽然地方政府会获得一些权力，但如果并非由沙皇发起、经沙皇认可的改革，就并不会在全国范围内带来什么影响。在俄国的政府运作体系中，俄国的普通大众没有途径为改善社会、推行改革提出建议。俄国民众的政治观点无处表达，所以在 19 世纪的俄国，非法的政治团体发展蓬勃，政治气氛压抑，具有政治觉悟的俄国人备感挫败，开始催生出极端主义的想法或采取爆炸、暗杀行动，他们认为这是改革的唯一办法。

亚历山大二世并不是一个有魄力的人，他开始一项改革之后，常常屈服于周遭的压力，无法将其系统地、有条理地贯彻到底。但他面对的问题也异常复杂，并且他不像他的父亲尼古拉一世或是他的儿子亚历山大三世（Alexander III），他还是态度坚定地想要解决这些问题，而且整体上来说，也做出了一些聪明的尝试。他的政策遭到了各方面的反对：改革者希望他做得更多；保守者则认为他是在瓦解俄国社会的基础；农民希望获得更大的自由和更多的土地。改革遭到反对，激起革命的浪潮和恐怖主义者的愤怒，政府领导人遭到暗杀，这一切也使亚历山大二世的幻想随之破灭。他也于 1881 年遭到了暗杀，他的继任者认识到，他所推行的改革就是一个错误，唯一的应对办法就是恢复之前的强制与镇压政策。

农奴解放

亚历山大二世出任沙皇时，俄国社会面临的最显著、最紧迫的问题就是农奴问题，其严重程度不亚于奴隶制问题。尼古拉一世在位时就已经开始思考废除农奴制，但并不是出于人道主义的原因，而是因为农奴制本身已经出现问题。与西欧国家的农民相比，俄国的农奴进取心不足、效率低下，受限于过时的生产方式。俄国的地

亚历山大二世在书房。

主难以应对来自外国的农业竞争，许多房产都负债累累，土地用于抵押。因为农奴是军队人员的主要来源，所以农奴制对军队的负面影响尤为显著。俄国的农奴士兵勇敢顽强，但只是逆来顺受式的勇敢。没有接受过教育，培训难度大，一般来讲，都无法操作现代战争所需的新式武器和技术装备。俄国军官在克里米亚战争期间明显认识到这一问题。

此外，政府不断面对农民的极度不满，虽然俄国在 1848 年没有爆发重大革命，但在 1848 年至克里米亚战争爆发之前，俄国却前后爆发了一百余次严重的地方性农民叛乱。叛乱在俄国并不新鲜，但规模和参与叛乱的人数却以惊人的速度增长。亚历山大二世认识到改革的必要性，他在一次对莫斯科贵族的演讲中提到："现存的农奴制度不能再一成不变，从上而下地废除农奴制比农奴自己自下而上地解放自己要好。"为应对大众的躁动情绪和爆发革命的威胁，俄国最终进行了农奴制改革。然而，废除农奴制中涉及的人道主义思考也不容忽视。"这一改革，"一位思想开化的地主在写给沙皇的一封简报中提到，"带给我们地主阶级的福利要大于带给农奴阶级的福利。农奴制度下，人像东西或牲畜一样被随意处置，废除这种制度既是农奴们的解放，也是我们自己的解放。"

在俄国这样一个地域广袤、结构多样的国家，农奴解放是一个极为复杂的问题。政府委员会仔细研究这一问题，在全国范围内从各个阶级收集信息和改革依据，但却忽略了农民阶级本身，而他们在俄国人口中占据主体。解放农奴的法令基本上就是官僚机构的产物，其中有许多人热衷于改革事务，这些官僚贵族是解放农奴运动的主要驱动力。但最终结果是沙皇在官僚贵族还没有全体对提议进行主要修正之前，就强制颁布了法令。

俄国于 1861 年 3 月 3 日颁布法令解放农奴（这比林肯总统解放黑人奴隶的宣言早两年），文件庞大，反映出农奴问题的复杂性。法律赋予了农奴一些个人自由，也尝试通过国家从地主手中购买土地的办法，为解放后的农奴提供生计支持。但农民与地主之间的土地划分方式在俄国不同地方却不尽相同，受地形、气候及其他相关因素的影响，常常需要因地制宜，毕竟解决这一问题要受水源、牧场、森林、公路等因素制约。

整体而言，解放农奴法令是有利于地主阶级的，因为他们会保留最好的土地和与土地相关的最重要的权力，他们凭借交出的土地从政府获得了大量补偿，也清楚地保留了一部分财产（普遍都保留了近一半的财产），他们还被免去了照顾自己土地上的农奴的责任。然而，地主却不是以现金的形式获得补偿，而是获得有利息的证券和赎罪券。因此，大多数本就已经负债累累的地主还是没有足够资金购买农作设备，或引进科学的耕作方法，这成为俄国农业经济持续停滞不前的部分原因。

对于农民而言，解放是喜忧参半。从理论上来说，被解放了以后，他们就能够自由地拥有土地，自由婚恋，依靠法律保障自己的权益。但从一开始，大多数农民就缺少足够的土地来支持自己。而随着农民人口迅速增加，农业生产力发展停滞，他们的境况就更难以提升。

解放法令中最显著的不足就是大多数农民并没有被赋予彻底的个人自由。地主分配一部分土地给农民，国家给予地主以相应的补偿，反过来，政府就期待农民以长期分期付款的方式为所获土地和个人价值对国家进行补偿。为了确保农民支付这一欠款，同时防止他们到城市或其他地方工作而放弃土地，政府就将农民束缚于米尔（沙俄时代的一种村社组织）或农村公社之中，这些组织负责管理农民向国家支付欠款，负责征税，为军队征兵。没有公社的允许，农民不得擅自离开土地，看似农民可以自我管理，但实际上却被政府紧密控制。因为大多数农村地区并不缺乏劳动力，所以不要土地的农民一般可以离开米尔，而这些离开的人往往是最贫穷、最没有技术的农民。他们走进城市，壮大了城市无产阶级的队伍。

留在公社里的农民一般都不能完全拥有自己正在为之付款的土地，大多数公社都能根据公社成员的要求重新分配它所控制的土地。所以大家族里的父亲可能会分到相对更多的土地，而当他的孩子长大时，可能他们的土地就要被分给公社里需求更大的另一个大家族。于是，俄国农奴解放之后的农民并不像西欧国家的农民那样成为独立、保守的土地拥有者，而是心怀不满、渴望土地，仍然受到土地的束缚。直到 1906 年，大多数农民才能完全拥有自己的土地，才能随心所欲地离开公社。能够自由拥有土地的农民阶级在俄国从未有过发展的机会，在很多地区，定期重新分配土地导致农民没有任何改善土地状况的积极性，他们继续采用浪费的旧式生产方式，也接受不到任何高效率生产方式的培训。19 世纪后期俄国的农民人口迅速增长，但农业生产方式停滞不前，这意味着农民只能依靠比之前更少的土地来维持生计，可见农奴解放不仅没有改善农民的命运，反而使他们的境况变得更糟。

1861 年农奴解放法令的颁布原本是为了走向真正的农奴解放，而俄国与俄国农民所经历的悲剧是走出农奴解放的第一步之后，就再没有其他跟进措施来赋予农民完整的个人自由和土地拥有权，

1890年俄国一家市政出租房，劳动者就睡在其中。

也没有后续措施来帮助他们获得更多的土地、掌握更有效的耕种土地的方式。虽然国家还颁布了一些改革，但没有任何一项触及到农民问题的核心内容，直到20世纪初彼得·斯托雷平（Peter Stolypin）实行改革，情况才有所好转。

地方政府、司法机构和军队的改革

虽然农奴解放成效不足，但却给俄国地方政府的结构带来了深刻影响。大量农村人口从当地地主的管理体制中解放出来，这就意味必须要新建一套全新的当地管理体系。1864年1月13日的一项法律规定，每个农村地区的居民都有权向地区议会选出代表，地区议会负责当地公路、桥梁维护、贫困救济，以及后来的初等教育和公共卫生服务。为了筹集资金履行这些义务，地区议会有权征税。地区议会内有三个阶层的代表：地主、市民与农民，但因为投票体系有利于地主，所以议会中占据主要影响的还是上层人士。

但即便如此，地区议会作为一种自治形式，仍然吸引了一批长久以来渴望在地方行政体系内发出自己声音的人。更加富于进取的地方议会则修建小学、医院，改善当地农耕方式，鼓励商业发展。为了实施这些项目，这些议会鼓励老师、医生、兽医、农学家、工程师参与，其中许多人都有自己或自由或极端的政治观点。这些专业人士反过来则对议会的政治方向产生强烈的影响，议会逐渐成为鼓动国家进一步改革的活跃中心。这一过程中尤为重要的是省级议会的建立，其中的代表来自地区议会，以处理地区层面上的问题。从这一角度出发，下一步则是要建立国家性的议会，一旦这样，就会在俄国形成议会体系，由全国范围内各个地区和各个阶级的代表组成。形成这种全国性的议会代表制度不仅是社会改革者的目标，而且是贵族和富裕商人的目标，因为一直以来他们的政治本能及野心都受到中央专制制度的损害。与西欧国家的改革者一样，他们并不是要推翻现有政府，仅仅是想要获得更大的政治权力，拥有更大的政治影响力。

地区议会成为表达政治观点的核心，这引起了专制政府的怀疑。几乎从一开始，地区议会就面临着各种官方的阻碍。地区议会征税的权力遭到缩减，面临持续的财政困难，失去了继续推行合适的教育和技术项目的资金来源。

农村地方管理机构推行了一些改革之后，1870 年 6 月，城市管理机构进行重组，市镇单位在处理当地问题时也拥有了一定的自主权。三个阶级的投票体系依然存续，但因为市镇单位内的代表不由阶级选出，而依据其缴税的金额选出，所以无论是贵族阶级还是中产阶级，只要经济富裕，都可以主导市议会。虽然这些议会的征税权仍然受到限制，也受到压迫性的政策，但较之前的行政管理体系已经有了较大进步。与地区议会一样，市议会是俄国从未有过的公共服务尝试，是进行自治的宝贵经验。

1864 年俄国对其司法体系进行了重要改革。轻微的小罪将不再交由当地地主处理，而是交由地区议会选出的地方执法官处理。而严重的罪行将交由更高级别的法庭审判，法官由国王任命。法律条款根据西方法理学原则进行了修改，法律面前人人平等原则、法律统一性原则、法庭独立性原则、不可撤销性原则和公开审判原则都得到了认可。法庭审判程序要严格按照起诉、辩护的规定体系进行，刑事案件中则引入了陪审团审判。

1874 年，俄国在军队内部推行改革，实行义务兵役制，规定所有男性不分阶级必须服兵役，但还是有大量可以免服兵役的条款，符合条件的人中只有三分之一真正服了兵役。服役期从二十五年缩减到了六年，外加九年预备役、五年民兵组织。军队内的训练得到修改，纪律变得人性化，取消了最为残酷的体罚形式，预备军官的培训得到提高，全体士兵都能接受一些培训，来帮助他们使用现代战争中的复杂武器。俄国农民是在军队中学会认字、写字的，俄国人口中很重要的一部分人也是在军队中，开始接触到俄国知识分子的革命宣传。

俄国工业革命

俄国的工业化进程自 1890 年开始才迅猛发展。1870 年之前因为频繁出现经济萧条，工业发展大受阻碍、速度缓慢。除极少数行业以外，体力劳动和技术落后是俄国工业的常态，矿业和金属生产的基础工业企业内，普遍采用过时落后的生产方式。1870 年之后的二十年被称作俄国工业发展最后的抗争时期，到了 1890 年，工厂和机器生产明显战胜了家庭手工业和原始的生产方式，这为接下来工业的迅猛发展奠定了基础。

值得注意的是，在后来的发展中，俄国的私营企业从未像西欧或美国的私营企业那样繁荣兴旺。在俄国，最主要的企业家就是国家，其他国家通过扩大自由市场而取得的经济成果，在俄国由政府行为取得。国家是主要的外资借款人，支持新企业发展，也是主要的铁路建设者和操作者，以及最大的矿井开采者。国家自己发展工业，为私营企业提供资金或必要的保障。

1860 年 5 月，俄国成立了一家国家银行，接管诸多成立于 1858 年经济萧条时期的私有银行的资产与负债，这在俄国经济史上具有里程碑的意义。国家银行成立的最初目的是促进商业发展，稳定卢布，但却变成了俄罗斯帝国的中央金融机构，在解放农奴方面提供了重要的资金支持，成为俄国资本集中和分配、从海外贷款的主要渠道。俄国工业化的速度和外资流入俄国的速度是一致的，1850 年外国资本在俄国的投资达到二百七十万卢布，1880 年跃升到九千八百万卢布，1890 年达到两亿一千五百万卢布，1900 年达到九亿一千一百万卢布。

俄国为保护国内的新生工业，设置了关税壁垒。关税在 1868 年之后大幅度上涨，整个 19 世纪七八十年代不断走高，在 1891 年达到前所未有的高度。

国家也是铁路建设的主要推动者，而铁路则是工业革命发展进程的晴雨表。内陆运输状况的改善在俄国这样幅员辽阔的大国尤为重要。1851 年，尼古拉一世在位期间，俄国修建了第一条铁路干线，连接莫斯科与圣彼得堡（St. Petersburg）。接下来二十年，政府允许私营公司主导铁路建设发展，但进程缓慢。1870 年之后，政府通过自己直接修建或者为私营公司提供贷款、保障的方式，成为最大的铁路建造者和运营者。1877 年，政府在铁路领域的投资约达二十亿卢布。相较而言，1870 年投入铁路建设中的私人资本仅有六亿九千八百万卢布。政府支持的外国贷款也十分重要，因为在工业化早期，俄国几乎所有的铁路设备都不得不从国外购买。

有人认为，农奴解放带来了大量可用的劳动力资源，这成为俄国工业革命发展的一个主要因素，但这还有待考证。1850—1890 年期间，俄国总人口几乎翻了一番，而工业增长却极为缓慢，无法吸纳迅速增长的劳动力。大量廉价劳动力的出现不仅无法刺激工业化的发展，反而导致人们继续采用过时陈旧的生产方式。俄国需要的不是大量劳动力，而是熟练技工，但后者往往需要从海外雇用。

俄国政府关注工业化发展，却对产业工人的生存条件没有相应的关注。工厂和矿井里卫生条件恶劣、十分危险；工人们没有任何针对移动机械的保护措施；劳动现场遍布化学烟尘、灰尘、烟雾，影响眼睛和肺部健康。而且，几乎不为工人提供住房，工人们常常不得不睡在工厂的地面上，或者睡在临时搭建的棚屋的地面上，又或是睡在分为好几层的不铺床垫的铺位上。按规定，工人每天工作十五小时，有时会长达十八小时。薪水少到很难维持生计，而且通常会被雇主任意扣押，一年内只发三四次；薪水往往不以现金的方式发放，而是以公司商店里的食物或衣物替代，价格标准由公司规定；工人在工作时出现一点小的纰漏就会被重罚，一次罚金抵上三个月工资的情况并不稀奇。法律不允许工人罢工，罢工的工人会被罚款、被捕入狱或发配去西伯利亚。

自亚历山大二世上位以来，政府委员会开始研究工厂改革的需要，却毫无进展，直到1882年非法罢工盛行，才迫使政府意识到进行立法的必要性。1882年的一项法律规定，禁止雇用十二岁以下的童工，还组建了工厂监察员来对此进行监督。1885年的一项法律禁止纺织工厂里的女工和不满十七岁的儿童夜间工作，随后这项限制也扩展到了其他行业。1886年的一项法律涉及劳动合同，规定薪酬至少要按月以现金的形式支付，工厂监察员被赋予了加强立法、仲裁劳动纠纷的新权力。同时，罢工的罚金也提高了。

这些劳动法律都没有得到严格实施，就算都严格实施也是远远不够的。即使以西方国家劳动者的最低标准来衡量，俄国工人的境况都是惨不忍睹的。

1865—1890年期间，俄国受雇于大型工厂的工人总数翻了一番，从七十万六千万人增加到一百四十三万三千人。1890—1900年期间，工人总数又翻了一番（增加到二百二十万八千人）。工业无产阶级的人数相对于西欧国家的无产阶级人数或俄国的人口总数而言还很小，但其重要性却超过了数字的体现，因为俄国的工业和工业劳动者都集中在几个有限的领域。所以俄国的工业无产阶级很容易受到政治鼓动者的影响，比俄国的农民更容易为政治行动做好准备。

19世纪后期，俄国政府大力促进工业发展，但却没有采取大规模的行动来促进农业发展。一些地方引进了新的农用机械和新的耕作方法，但从整体而言，俄国的农业依然保持着过去的面貌。虽然俄国总人口从1851年的六千七百万人上升到1897年（第一次官方人口普查）时的一亿二千五百六十万人，但土地产量却没有显著提高。人口增长和农业生产之间的差距导致俄国农民对土地始终如一地渴望，也引发了呼吁重新分配土地的革命性力量，而当时的土地大多还都掌控在沙皇、贵族和教会手中。

酝酿革命

亚历山大二世上任初期，放松了政府的审查力度，导致革命性宣传活动大幅度增加。于是，几年后，政府主管部门做出了新的限制规定，尤其是在1866年4月出现了威胁到沙皇安危的革命行动之后，这些限制规定就更加严苛了。虽然有政府的镇压和审查，但新的文化、革命运动继续蓬勃发展。其中影响力尤为巨大的是亚历山大·赫尔岑（Alexander Herzen，1812—1870）所写的激进作品，这些作品在国外发表，再大规模偷偷引入俄国。赫尔岑发出了争取“土地与自由”的战斗口号，号召知识分子“走进人民”宣传自己的思想。他对俄国农民抱有不可思议的信任，将其视为推动社会改革的主力军，这对俄国后来的革命运动产生了深远影响。赫尔岑的思想为民粹主义奠定了思想基础，民粹主义在俄国是一种特别的社会主义形式，倡导改革，倡导重建社会组织，而重建的基础是公共土地所有权，以及农民、手工业工人所组成的人民团体。民粹主义认为农民是改革运动的核心力量，因为农民“天生就是、一直以来都是共产主义者”。但农民大众作为这一切的核心，却完全对民粹主义漠不关心。

19世纪末，民粹主义受到了马克思主义的挑战。同时，无政府主义、恐怖主义、虚无主义等极端思想也在中、上层阶级的知识分子中吸引了大批追随者，这些知识分子对当时的社会架构已经失望，不相信社会能完成重大改革。

随着政府镇压不断增多，反抗政府的恐怖主义呼声也日益高涨。19世纪70年代，政治暗杀行动迅速增加，高职位的警官、军官成为恐怖主义活动的受害者，甚至发生了几起针对亚历山大二世的暗杀尝试。如何应对这一问题，政府官员们意见不一。沙皇的继位者想要实行警力独裁，但米哈伊尔－洛里斯·梅里科夫（Mikhail-Loris Melikov，1825—1888）将军却不认同，他被授权推行新的安全法规，认为单靠警力是不够的。他认为，政府应该下定决心，竭力争取到温和的社会改革、宪法改革的倡导者，他们是在现有社会秩序中有一定既得利益的社会阶层，是政府天然的同盟军，可以共同对抗革命。作为内政部长，洛里斯－梅里科夫适度放松了政府审查，取消了最具压迫性的措施。为了换取自由人士的支持，他提议组建由地区议会、市议会代表组成的委员会，同国家委员会一道探讨新的法律。这一措施并无害处，本该为俄国很大一部分的重要群体提供一个表达自我观点的合法渠道。1881 年 3 月 13 日沙皇批准了这一提议，而就在同一天，沙皇亚历山大二世遭到了暗杀，死于革命恐怖组织成员的一颗炸弹之下。

亚历山大三世

亚历山大二世是一位沙皇解放者、改革者，在他被暗杀之后，其子亚历山大三世（1881—1894 在位）继位。亚历山大三世从自己父亲的一生和死亡之中吸取了教训：任何形式的改革或者变化都是一种错误。为了挽救俄国和君主专制，他相信自己必须要将俄国恢复到专制先辈在位时的模样。所以亚历山大三世在位期间，一直坚持实施反对革命的政策。

皇室中颇有影响的一位人物是康斯坦丁·波贝多诺斯切夫（Konstantin Pobedonostsev，1827—1907），他曾经做过亚历山大三世的导师，发展了一整套哲学、理论体系来支持专制政府。波贝多诺斯切夫怀疑并谴责关于自由思想、公民自由和宪法的“西方”思想，认为这些思想正在腐蚀神圣俄罗斯帝国的道德观念。与革命性质的民粹主义者一样，波贝多诺斯切夫也相信俄国人民拥有神秘的力量，但他们代表独裁政府和天主教正统观念。作为圣议会的教会官员（Procurator of the Holy Synod）及俄罗斯东正教会仅次于沙皇的领导人，他提议利用宗教重建俄国人民与沙皇之间的精神连接，以宗教团结支撑政治团结。所有反对者都遭到了迫害，被剥夺了法律地位，只有罗马天主教徒和路德教教徒（Lutherans）例外，因为他们受到俄国同盟者奥地利、德意志的保护，但他们也要受到很多限制。俄罗斯主义的种族精神在波贝多诺斯切夫的思想中占据重要地位，他坚信莫斯科是俄国的核心，莫斯科人承载着真正的俄罗斯精神，而波兰人、德国人、土耳其人、蒙古人、犹太人都是次等人。正因如此，这些少数民族的代表才要以革命性纲领争取种族和民族平等。

波贝多诺斯切夫对帝国主义政策的影响很快就显现出来，几乎亚历山大三世刚一上位，洛里斯－梅里科夫倡导的改革项目就被废止，洛里斯·梅里科夫担任的内政部长职位也被俄罗斯民族主义者尼古拉·伊格那提也夫（Nikolai Ignatiev，1832—1908）取代，随后这一职位又由声名狼藉的专制主义者德米特里·托尔斯泰伯爵（Count Dmitri Tolstoi，1823—1889）担任。秘密警察有了新的权力，立宪政府、社会改革的支持者及革命团体人士，开始面临一系列的残酷迫害。1881

年 8 月颁布的“非常措施”（the “Exceptional measures”）赋予省长和警官极大权力，能够处理任何疑似对国家造成威胁的人士，能够对整个地区进行军事管制。政府审查明显升级，护照管理更加严苛，对俄国境内和出境活动都进行限制，政府对各个层次的教育监管都更加严格。1889 年 7 月 12 日的一项法令规定，农村地区要接受所谓的土地队长的监管，队长由内政部长任命。农村地区撤销了地方执法官，其职能转移到了土地队长的手里，于是土地队长不仅行使行政权力，而且行使司法权力。因为大多数土地队长都选自于当地地主和世袭贵族，所

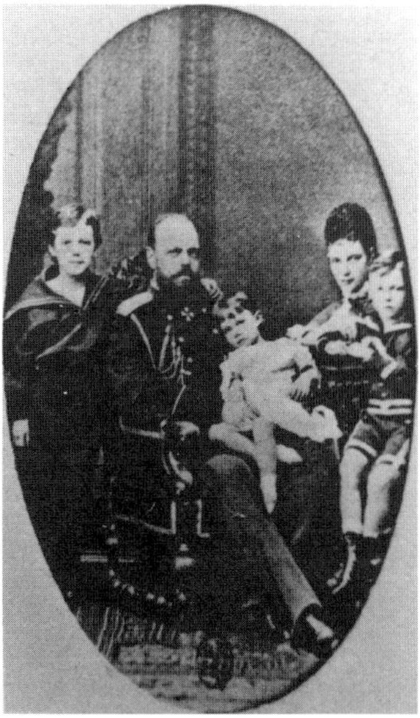

图为沙皇亚历山大三世与其妻子及五个子女中的三个。其妻子是丹麦公主苏菲·弗雷德里卡·达格玛（Sophie Frederica Dagmar），在俄国被熟知为玛丽亚·费奥多罗芙娜（Maria Fedorovna）。与许多专制君主不同的是，亚历山大三世是一位顾家的君主，作为丈夫对其妻子忠诚不渝，这为他赢得了良好声誉。

以新法令实际上恢复了很多自 19 世纪 60 年代改革之后消失的贵族权力。1890 年 7 月 12 日的一项法令修改了地区议会的选举程序，地区议会的代表更不具备代表性，而且权力受到了限制。地区议会的所有成员——教师、医生、兽医，都要出席，省长才能做出决策。而议会所做的任何决定都要经省长或内政部长的审核。后来在 1892 年又出台了对市级政府的相似的限制。

每一位独裁者都离不开帮助其实施政策的代理人。亚历山大二世多依赖于主要由中产阶级公务员组成的专业官僚机构，但亚历山大三世却重新依靠贵族阶层，他在地区管理方面赋予贵族阶层更大的权力，在任命官员时也倾向于贵族阶级，而不是中产阶级。但这一政策却没有使亚历山大三世的管理更为高效，也没有造就更为忠诚的官员，因为正如其先辈们已经认识到的那样，贵族阶级比中产阶级更独立，他们并不像中产阶级那样要依赖于政府才能维持生计。俄国的专制政治实际上低效无能、懒散不堪，这也解释了为什么尽管俄国实行一系列的镇压政策，但革命浪潮仍然蓬勃发展。

领土扩张

综观俄国 19 世纪下半叶的历史，其中最为显著的特征，或许就是本身已经土地广袤的帝国仍在持续不断地扩张领土。与英、法、德不同，俄国成功守住了大部分征服下的领土，是当时欧洲最重要、最成功的帝国主义国家。

俄国扩张到君士坦丁堡和地中海地区的野心因为克里米亚战争

而暂时搁置，但不到15年的时间，俄国便重新开始向西南扩张，不顾《巴黎和约》中的黑海条款，在黑海地区重建了俄国的海军基地。1875年巴尔干地区的斯拉夫人发动叛乱对抗土耳其统治，这成为俄国重新对奥斯曼帝国施压的借口。对这种压力起到推波助澜作用的是泛斯拉夫主义（Pan-Slavism），这种民族–种族主义相信所有的斯拉夫人都属于同一种族。根据俄国对泛斯拉夫主义的解读，将所有的斯拉夫人团结起来是俄国的使命。19世纪70年代，泛斯拉夫主义运动成为俄国对外政策的驱动力，政府利用但常常控制不好这种运动。1877年俄国又一次对土耳其宣战，但出现在达达尼尔海峡（Dardanelles）上的英国舰队阻止了君士坦丁堡的陷落，在接下来的几个月，迫于外交压力，俄国不得不放弃在巴尔干地区的大部分利益。但俄国仍然征服了位于多瑙河河口、具有重要战略地位的比萨拉比亚；在位于巴尔干山脉北侧的保加利亚建立了影响；将其领土扩展到了黑海东海岸。令俄国泛斯拉夫主义者失望的是，巴尔干的斯拉夫人并未表现出以俄国统治替代土耳其统治的强烈渴望。例如，保加利亚人对于俄国侵入其领土表示愤恨，转而投向英国和奥地利的保护。俄国在19世纪没有再在巴尔干地区扩张其领土，但俄国与奥地利有关这片领土的竞争却成为第一次世界大战的主要原因之一。

俄国在中亚和东亚的领土扩张更为迅猛，也面临更少阻力。整体而言，在那里的领土扩张似乎源自雄心勃勃、富于魄力的当地官员，并非是中央政府的政策结果。俄国在东亚领土扩张时只动用了很小一部分军队，这是其一大特点；成功的扩张来还得益于先进的武器、优秀的军队和政治组织。

俄国在高加索地区（Caucasus）的领土扩张开始于19世纪早期，并于1860年瓦解了其对俄国统治的最后一次抵抗。1878年俄国成功征服土耳其之后，在高加索地区征服了更多的领土，包括巴统（Batum）、卡尔斯和阿尔达汉（Ardahan）等关键城市。

俄国征服了中亚乌拉尔河（Ural River）以东的哈萨克斯坦（Kazakhstan）的大部分领土，之后又于1865年征服了塔什干（Tashkent）——后来成为土耳其斯坦（Turkestan）的首都。土耳其斯坦面积广大，从咸海（Aral Sea）延伸到印度、中国西藏和新疆的边境线。19世纪70年代，俄国扩张到里海（Caspian Sea）东部沿海地区，1884年扩张到阿富汗（Afghanistan）边境。

俄国将其领土扩张到高加索地区和喜马拉雅山（Himalayas），开始触及其他大国的领土线或势力边界之后，才停止了在中亚的领土扩张。1881年俄国与中国签订协议，确定俄国与中国新疆之间的边界；1885年俄国与英国产生争执，几乎导致战争，最终双方就阿富汗的边界达成一致，英国将阿富汗看作印度的缓冲国。

同时，俄国在远东（Far East）拿下了堪察加半岛和千岛群岛（Kamchatka and the Kuril Islands），将其领土扩张到了西伯利亚，但接下来向南的扩张遭到了日本的阻碍。根据《圣彼得堡条约》（*Treaty of St. Petersburg*，1875），俄国将千岛群岛割让给日本，以换取其在库页岛（island of Sakhalin）的完整势力，库页岛位于西伯利亚海岸附近，占据阿穆尔河（Amur River）河口的重要地位。

18 世纪，俄国从西伯利亚北部扩张到阿拉斯加，在太平洋海岸建立起了边界贸易站，向南最远可到达旧金山。最终俄国意识到自己在北美过分扩张，克里米亚战争期间英法两国在阿拉斯加海岸的战争使俄国认识到自己在阿拉斯加地区的力量十分脆弱，于是俄国于 1867 年以略高于七百万美元的低价将阿拉斯加出售给美国，这一交易曾经遭到美国许多具有经济头脑的议员的强烈反对。

俄国在远东的其他的领土扩张则是以中国为代价的。俄国利用 19 世纪 50 年代中国与英法两国爆发战争的机会，于 1858 年迫使中国正式放弃阿穆尔河以北的全部领土，后又于 1860 年获得了阿穆尔河以南的大片领土，并在这片区域的南端建立了城市符拉迪沃斯托克（Vladivostok），意为“东方之主”。俄国在 1891 年开始修建西伯利亚铁路，这一地区的重要地位开始凸显。

领土扩张为俄罗斯帝国提供了强大的领土基础，这赋予俄国在第一次和第二次世界大战中不可估量的战略意义。但是，领土问题也常常使俄国陷于与其他国家的新的、更为严重的冲突之中，而这些冲突也是引发世界性战争的重要因素之一。西方国家中，瑞典和波兰曾反对俄国领土扩张，随后反对国变成了奥地利和奥地利的同盟（1879 年之后的同盟）——德意志。长久以来，俄国在西南的对手是奥斯曼帝国，但奥斯曼帝国在 19 世纪已经成为欧洲“病夫”。没有一个欧洲大国不对俄国保持高度警惕，生怕俄国进一步占领奥斯曼帝国的领土。俄国领土在南部的边界线极长，从黑海一直延伸到太平洋，而在这一边界线上的几乎所有地方，俄国与英国都有利益冲突。在东亚，俄国很快就遇到一个新兴的更为强大的竞争对手，即日本。日本经过军队和政治上轰轰烈烈的欧洲化，开始在世界大国中争取到自己的位置。而最终在俄国与中国之间也存在潜在的危险，俄国的侵略引起了中国的不满，当中国能够有效调动自己的巨大资源时，这种侵略也可能会引起中国的有力反抗。

第七章

新政府

19 世纪中期的民族革命使欧洲六大国中的四个国家的政府都发生了根本性变化。意大利半岛上的西西里等国家被纳入萨丁尼亚，成立了意大利王国；德意志的大部分国家被普鲁士吸收、“吞并”，成立了德意志帝国；受意大利和德意志排斥的哈布斯堡帝国在与匈牙利商议之后，被纳入了奥匈帝国，分别成立了政府，也就是后来为人们熟知的双元帝国（Dual Monarchy）；在法国，民族主义的坚定拥护者拿破仑三世被德国军队打败，法国爆发民族革命，建立了法兰西第三共和国（Third Republic）。在以上四个大国中，每一位领导人都认识到巩固政权与统治国家的复杂性和任务的持续性，人民对于新生政府的热情很快就被令人生厌的国内利益冲突所取代。

法国，1870—1890

法兰西第三共和国的开端

1870 年 9 月 2 日，法国在普法战争（Franco-Prussian War）中战

败，拿破仑三世在色当被俘，法兰西第二帝国（Second Empire）覆灭。两日后，法国议会中的共和党代表宣告成立共和国，并成立临时政府应对国防危机。新政府的领导人是巴黎市长路易·茹尔·特罗胥将军（General Louis Jules Trochu，1815—1896），但临时政府的真正领导权却掌握在暴躁、激进的内政部长莱昂·甘必大（Léon Gambetta，1838—1882）的手中。10 月 7 日，德军包围巴黎期间，甘必大戏剧性地乘坐一只热气球逃离巴黎，然后开始在一些省内组织大规模的法国保卫战。法国人民受到 1793 年法国革命军击退外敌精神的鼓励，同时凭借对法国民族坚不可摧的信心，甘必大成功地将新的法国军队调动到了战场之上。虽然训练不足又装备短缺，但新的法国士兵非常出色。游击部队干扰德军的补给线，看似要结束的战争一再拖延，这出乎德军的意料，也令德军非常烦恼。最终，10 月 27 日，巴赞将军在梅斯向德军投降，一支经验丰富的德军部队借此抽身，前往其他地方的战场，进而成功围困巴黎。法国外交官没能找到其他国家介入，甘必大维持的战争僵局随之结束。随着巴黎陷入饥荒，法国临时政府于 1871 年 1 月 28 日签订停战协议。

俾斯麦还未与法国进行最终的和平谈判之前，就强烈要求法国建立一个能够代表所有法国人民的政府，在他的坚持之下，法国在普选的基础上进行了选举，成立了国民议会，以法国人民的名义与德国和解。

1871 年 2 月的选举表明绝大多数法国人民都渴望和平，他们中的大多数都投票支持承诺重建和平与政治稳定的君主主义候选人，

上图为莱昂·甘必大1870年10月7日乘坐热气球逃离被围困的巴黎时的情景。气球名为“L.阿尔芒·巴尔贝斯”号（L'Armand Barbès），运送甘必大飞越德军上空，德军曾尝试用大炮和短枪将其击落。

而不愿支持共和党人，因为共和党发言人主张继续不计一切代价地对抗德国。新的国民议会任命法国王室奥尔良派的资深政治家阿道夫·梯也尔担任“法兰西共和国首席执行官”，在他的领导之下，法国最终与德国达成了和平协议。法国同意放弃阿尔萨斯和洛林的大部分领土，赔偿五十亿法郎，并同意德军在法国付清赔款之后再撤军。1871 年 5 月 10 日双方最终签订了《法兰克福和约》（*Peace of*

Frankfurt）。

签订了最终的和平协议之后，国民议会便可以专注于成立正式政府的问题。国民议会中大多数人都支持君主制，所以似乎法国很快就会恢复君主制统治。早在 3 月就有代表明确表达了这一意图，他们进行投票，要把政府所在地从战时的波尔多转移到一直以来法国皇家的所在地凡尔赛。当时阻碍王政复辟的唯一原因就是国民议会中的君主制支持者意见相左，波拿巴主义者仍然因为战争上的失败而得不到人民的信任，所以君主制支持者大致分为势力相当的两派：一派是波旁王朝的正统主义者香波堡伯爵（count of Chambord）、查理十世（Charles X）的孙辈；另一派是奥尔良派候选人，巴黎伯爵（count of Paris）、路易·菲利普（Louis Philippe）的孙辈。在君主制支持者争吵不断期间，共和国一直延续。

激进的巴黎市民在饱尝了德军四个月的围困之后筋疲力尽，德军胜利后在巴黎城内的游行示威又令他们备感耻辱，于是他们对国民议会的行动怀有敌意、报以警惕。巴黎人对与德国签订的和平协议怀恨在心，厌恶将政府移回到凡尔赛，厌恶保守的国民议会领导者，也厌恶其代表财产所有人进行立法。

战争结束后不久，国民议会就取消了战时期票延期偿付的规定，这样巴黎的大部分经济往来都可通过期票进行，战争期间没有缴纳的租金也必须要立即支付。这些决定对于议会中拥有地产的绅士阶层及持有投机票据、租金的金融家而言，似乎是合情合理的，但对于巴黎的下层中产阶级就意味着倾家荡产。此外，国民议会还取消了国民警卫队的薪水，而这是很多劳动者唯一的生计来源。人们对于国民议会的抵制就开始于巴黎国民警卫队。警卫队在中央委员会的指导下，掌握了巴黎主要的军火库，还获得了属于正规军的大炮。梯也尔看到了事态的严重性，于3月18日派正规军进驻巴黎，收缴枪支，控制了巴黎城。但面对反抗的巴黎人民，正规军里的士兵拒绝向自己的同胞市民开枪，相反，士兵们对市民很友好，甚至没有追究巴黎市民杀掉了两位将军。政府的军队撤回，巴黎人民拒绝国民议会的领导，3月26日选举产生了他们自己的政府，即巴黎公社（Commune of Paris）。

马克思主义者通常将1871年的巴黎公社称为第一次无产阶级社会主义革命，这是卡尔·马克思预言的第一次证实。实际上，巴黎公社更多的是受到了1793年之前历史的影响，而并非马克思的理论。而巴黎公社的领导人也形形色色，包括老派的雅各宾派、反对教权主义者、不同派别的社会主义者（其中有些人是真正的马克思主义者），以及政治冒险家。巴黎公社立法时就体现了这些不同派别的影响，立法都源于一时的激情和紧急的情况，而没有任何独特的理论模式。巴黎公社要求法国政府权力下放，扩大基层政府的权力，政教分离，撤销正规军并以受控于公民的国民警卫队取代。所有这些条款都无法实现，因为公社的权威仅限于巴黎。巴黎公社颁布的唯一实用的立法规定就是重新恢复战时国民议会取消的租金、债务的延期偿付，取消面包店里的夜间工作。巴黎公社没有采取任何措施争取法兰西银行（Bank of France）的资金，也没有在国民议会加强力量之前摧毁其脆弱的兵力，更没有采取任何措施加强巴黎城的防御。

在巴黎公社领导人毫无行动的同时，梯也尔稳步提高凡尔赛政府的军事实力。有了大量德国提早释放的囚犯，梯也尔在4月初就有了足够强的兵力包围巴黎城。在5月的最后一周，巴黎城内爆发战争，这次战争比对抗德国的任何一场战争都要残暴、血腥。奋战到最后几日的巴黎公社士兵看到自己大势已去，就开枪射击他们携有的包括巴黎大主教在内的囚犯和人质。同时放火烧毁巴黎城内的公共建筑，卢浮宫（Louvre）和巴黎圣母院（Notre Dame）几乎被毁。国民议会的军队发起了残忍的报复，1871年5月28日，巴黎公社最后一批有组织的防卫者被围捕，在拉雪兹神父公墓（the cemetery of Père-Lachaise）遭到大屠杀。巴黎城内任何疑似为巴黎公社战斗过的人都要被逮捕，不经审判便被枪决。在那个血腥的5月，一周内总计有两万人丧命，约一万人被放逐至位于新喀里多尼亚（New Caledonia）的罪犯流放地。对巴黎公社的残酷镇压在法国政治历史中留下了无法抹去的仇恨，以至于很多年后都被对立的政党利用。在保守人士看来，巴黎公社代表无政府、无秩序，应在未来避免再次发生恐怖事件；对激进分子和社会主义者而言，巴黎公社却是追求社会正义路途上的里程碑，而对巴黎公社的镇压则集中体现了有产阶级在保护其自身不公正特权时的残忍无情。

梯也尔政府在镇压政治叛乱和国内战争时表现出来的坚定决心，使法国的有产阶级开始信任新的国家政权。因为梯也尔燃起了法国金融界人士的信心，所以他争取到了稳定法国货币、重整法国经济的必要资金。1873 年 9 月，法国向德国偿清了全部的战争赔款，最后一批德国军队撤出法国领土，这比原计划提前了两年。1872 年 7 月，梯也尔立法重整了法国的军队体制，实行五年军队服役期。得益于此，到 1875 年法国的常备军规模几乎达到了德国的水平，而且都配备以最先进的武器装备。

在法国国内，梯也尔努力抚平内战的伤口，同时防止国民出现新的政治分裂。虽然他身为奥尔良派，但他开始相信继续共和制政府的好处，因为共和制是“最低程度上分裂我们的制度”。他逐渐开始公开表达自己的共和观点，君主制支持者开始视其为君主制的威胁。1873 年 5 月危机爆发，当时梯也尔的一个副官向议会提交共和国宪法的草案，梯也尔以不够保守为由受到谴责。梯也尔在 5 月 24 日辞职，因为他相信自己的不可或缺性，同时也想让议会召回自己，提高自己的地位。但他低估了对手对他的敌意，对手立即接受了他的辞呈。在同一次会议中，议会就选举出麦克马洪元帅（Marshal MacMahon）作为梯也尔的继任者。麦克马洪元帅是 1859 年马真塔战役中对战奥地利的英雄（同时也是色当战役中的失败者），是一位坚定的君主制支持者，做事认真、心地善良。他在政治上的唯一价值就是在君主制支持者最终选出皇室候选人之前守好皇位。

1873 年 8 月，麦克马洪元帅的任期似乎很快就要结束了，因为君主制支持者最终达成一致，选出了皇位候选人——波旁王朝的亨利五世，即香波堡伯爵（1820—1883）。因为亨利没有继承人，所以他的继

图为法兰西第三共和国的领导人阿道夫·梯也尔及其1872年的内阁，其中伸出手臂的是阿道夫·梯也尔。

位者将会是奥尔良派的巴黎伯爵（1838—1894）。但亨利不是一个明智的人，所以没能察觉到这一点。他坚持要恢复波旁王朝的白色“鸢尾花旗”（fleur-de-lis flag）作为法国的象征，代替自革命以来的三色国旗。“亨利五世无法放弃亨利四世的旗帜。”这位傲慢的皇室候选人曾说道，他是指他的父辈，在成为国王的过程中曾经三次改变自己的信仰。于是旗帜问题成为一个不可逾越的问题。法国不会放弃飘扬在奥斯特利茨和耶拿（Jena）、塞瓦斯托波尔（Sevastopol）和索尔费利诺（Solferino）的法国国旗。即使是皇室的麦克马洪都承认，一旦再次飘扬起白色“鸢尾花旗”，一定会有发生战争的危险。1873 年 11 月，议会中的君主制支持者投票赋予麦克马洪为期七年的“行政权力”，希望七年后亨利五世已经离世，他的继承人能够更加理智。但君主制支持者们却错失了机会。他们之所以在1871年的选举中获得胜利，是源自法国人民对和平的渴望，而不是对皇室复辟的支持。在那之后的补缺选举中，他们就不再一帆风顺。议会中务实的政治家开始根据公众的意见转变自己的公开态度。最终，在政治气氛不明朗的情况下，国民议会完成了法国宪法的起草。

1875年宪法

1875年宪法反映了其出台过程中的政治纷争。它是一个混合产物，是诸多妥协和争辩的结果，因为议会内的每一个派别都尽最大可能地给自己将来的行动留下余地。宪法中没有任何有关一般性原则的陈述，也没有权利相关的法案，成立一个全新的共和政府的提议仅仅以一票领先的优势通过。

新政府总统的任期为七年，将由作为立法机构的两个议院选出，因为议院担心基于民众投票的直接选举可能会给政府带来潜在的独裁者，他们没有忘记路易·拿破仑的历史。总统名义上拥有广泛的权力：可以提出立法；是武装部队的最高领导人；可以任命行政官员和军事官员的最高首领；得到上议院即参议院的同意，总统还可以解散下议院（Chamber of Deputies），进行新的大选。然而，尽管总统明显拥有极大的行政权威，立法机构仍然牢牢控制住国家事务。总统提出的每一项法案都必须经过政府部门部长的签字，而部长则对立法机构负责。实际上，这项限制意味着政府的真正权力掌握在立法机构的手中。

在两院制中，参议院包括七十五位终身成员，起初由国民议会选出。由法国市级政府的代表选出三百位成员，任期一共九年，每三年轮换其中的三分之一。开始时，城镇不分大小拥有一样数量的代表人数，但自 1884 年起，开始根据城镇大小分配代表数量，同时不再任命终生参议员。

下议院中的议员由民众普选而成，任期为四年。参议院和下议院都有权提出立法，但所有法律在提交至参议院做最终投票之前都必须先在下议院通过。此外，下议院有提出财政立法的特殊权力。因为这项特权，加之大多数政府部长都是从下议院中选出，所以下议院成为新法国政府政治权力的核心。虽然首相由总统任命，但作为一个政治领导，首相必须要有能力组织起下议院中的大多数议员。同时也是由首相来任命其他部门的部长，所以首相也常常注意在下议院中为自己的政府争取必要的支持。

新宪法的批准没有公民投票，但事实上 1876 年 2 月大多数法国人都参与了民意测验，这表示他们是接受这一体制的。共和党人在下议院中赢得胜利，要不是保留时期留下来的参议员人数超过了三分之二，他们也能赢得参议院的支持。

议会制的胜利

麦克马洪仍然是法国总统，为期七年的任期还剩下四年的时间。也是他发起了新宪法下第一次重要的权力冲突。支持麦克马洪的君主主义者和教士对共和制的力量表示恐慌，麦克马洪在其支持者的影响下，于 1877 年 5 月 16 日解散了在下议院中占据多数席位的朱尔·西蒙（Jules Simon，1814—1896）内阁，任命了由奥尔良派布罗伊公爵（duke of Broglie，1821—1901）领导的新内阁。5 月 16 日危机呈现了专制主义支持者与代议制政府支持者之间的矛盾冲突，这与 19 世纪 60 年代的普鲁士国内冲突类似。在法国，这一问题并非真的那么难以确定，麦克马洪与布罗伊都不愿冒着军事政变的风险，将专制主义政府断然建立在专制主义者主导的军队之上。相反，布罗伊试图为自己的政府争取到民意基础，采用与拿破仑三世相似的方法来影响投票。7 月 19 日，麦克马洪经过专制主义者控制下的参议院的批准，解散了下议院，召集新的大选。在接下来的大选中，布罗伊动员了中央政府的所有职能，为了得到专家支持，他任命一位波拿巴主义者负责大选。他大胆地运用政府权力在政府的关键职位上任命自己信得过的人，八十七位地方行政长官之中更换了七十七位，共和党的新闻工作者遭到迫害，共和党社团被关闭，议会的自由被严重限制。同时，官方媒体的宣传充斥全国，政府得到教会的大力支持，这着实令许多持有反对教会干预态度的共和党候选人惶恐不已。

但布罗伊的竞选活动却最终失败。他动用政府机器的方式不仅没有震吓住法国的投票人，反而引起了许多人的不满。在 1877 年 10 月的大选中，共和党人仅失去三十六个席位，11 月布罗伊在新的下议院中遭遇不信任投票，布罗伊辞职。麦克马洪任命的下一位首相同样辞职。最终麦克马洪于12月13日任命了一位能赢得下议院信任的首相，代议制政府经受住了重要的考验。在1879年1月的大选中，共和党人第一次在参议院中占据多数席位，就在1月末，麦克马洪本人辞职。5月16日危机最后导致总统成为法国政府中有名无实的领袖，部长仅对下议院负责。1879年之后，总统就再无解散议院的权力。

共和制胜利的标志就是法国政府所在地于1879年从凡尔赛转移至巴黎，7月14日，即攻占巴士底狱的纪念日，被定为国庆日；大革命时的战争歌曲《马赛曲》（“*Marseillaise*”）被定为国歌。

共和党人的共和国

经历了专制主义者的反攻，下议院中多数的共和党人表现出一种病态的恐惧感，恐惧任何形式的强大领导力。共和党代表中最杰出的一位是莱昂·甘必大，他是1870年保卫法国战争中的英勇领导者，同时也是1877年共和党大选胜利的主要功臣。甘必大受到英国议会制政府的影响，认识到一个政党如果要进行有力的立法改革，就必须在下议院中有一个可靠的投票支持力量。他提议将温和派的共和党人团结成一个党派，这样就有足够大的力量有效治理法国，稳定而有力地领导国家。他提倡加强党派纪律，按照英国的模式改变法国的选举体系，促进党派向数量少、力量强的方向发展。

甘必大关于党派组织和选举改革的想法疏远了他和一些共和党

代表的关系，这些代表害怕失去他们在议会中的席位或是失去他们的政治独立性。嫉妒甘必大的同仁不愿承认甘必大的权威；以前支持甘必大的极端的支持者也不喜欢甘必大变得温和，不满于他放弃那些对法国左派人士有利的项目，例如政教分离与取消正规军、支持民兵的措施。保守派、牧师、大企业家和金融家都视甘必大为危险的极端分子，所以很愿意与甘必大的共和派的对手合作。甘必大面对议会中强大的反对力量，只有一次组建内阁的机会，其政府仅仅维持了三个月的时间。1882 年 12 月 31 日甘必大去世，法国失去的是一位有可能将法兰西第三共和国转变为稳定的议会制政府的政治家，一位目标明确、领导有力的政治家。

共和政府放松了对于媒体自由、公众集会、出版物售卖的法律限制，也放松了中央政府对省政府和市政府的控制，大赦了参与巴黎公社的监狱囚犯和流放人员，也赋予了工会更大的自由来组织和管理自己的事务。

然而，共和代表一致同意的主要项目就是反教权主义。耶稣会士被驱逐出法国，政府颁布了针对教会和宗教组织的限制措施，不过这些措施后来没有一直推行下去。反教权主义项目的核心特点就是反对教会控制教育的活动。教育上的抗争很艰辛，因为双方都知道控制下一代法国人的思想与忠诚是非常重要的问题。共和党立法者的目的是为法国年轻人提供一个政府控制下自由的、全体的、义务的教育体制。实现这一目标能够为所有市民提供一个平等的受教育机会，这不仅是一项重大的社会改革，而且也是一次爱国主义改革，使法国在教育上与普鲁士相竞争。许多共和党的教育家坚信在1870年的普法战争中，普鲁士就赢在了教育之上。1882年3月29日，政府颁布法律规定年龄在六岁到十三岁之间的儿童必须要接受初等教育，教育形式不限，在公立、教会或私立学校就读都可以。为了实施国家教育，政府成立了教师培训学校，其中包括罕见的培训女教师的学校。国家在高等教育方面作为较少，但国家在采取措施提高中等教育水平，为19世纪末法国大学体系的大改革奠定了基础。

因为公立学校是免费的，所以能吸引到更多的学生，即使是虔诚的天主教徒也难以抵抗住学校免费的诱惑，因为教会学校都是要收费的。官方的说法是公立学校保持中立的态度，不带有任何宗教的色彩。但从政治上而言，公立学校绝不中立，因为公立学校系统地给学生灌输共和主义、国家主义和反教权主义的思想。对于教会培训出的教师和教会学校，国家有严格的限制，没有国家颁发的教师证明的教师不允许在公立学校里授课，所有教会学校里的宗教课程也都要经过国家的批准。这些规定引起了教会的抗议，国家推行这些规定往往要用到武力。

欧洲经济自1873年开始大萧条，在这一背景之下，19世纪80年代初的法国政府不得不应对亟待解决的经济问题。法国农民要面对来自东欧和美国的粮食竞争，以及来自意大利和西班牙的葡萄酒竞争。所以法国政府于1881年设置了农产品关税来保护法国农民，同时降低了农业用地上的税收，开始实施农产品补贴政策。政府还建立了农业学校和示范农场，引进现代的生产方式，对改良农产品的研究进行补贴。同年，政府设置新的工业品关税以保护法国工业对抗国外竞争，还修改税收以扶持法国商业发展。

鼓励商业发展是法兰西第三共和国的显著特点，同时也是七月王朝（July Monarchy）和法兰西第二帝国（The Second Empire）的共同特点。政府认识到商业群体在法国社会中具有极大的影响力，得到这个群体的支持会是一大政治优势；同时法国人民渴望一个健康的国家经济，而繁荣发展的商业似乎会有助于实现这一目标。政府继续扩展法国的铁路、航路网络，促进自然资源的开采发展，法国仍然是世界上的经济强国之一。

国家采取多种措施鼓励商业发展，提供利润丰厚的建筑合同、商业特权、优惠的税收体系和保护性的关税，但即使这样，法国工业也没有经历德国在同样的政府刺激下的繁荣发展。1880 年之后，法国在工业发展方面开始落后于英国和德国，落后的原因之一是法国的原材料尤其是煤炭资源相对贫乏；同时还因为金融、工业企业缺乏第二帝国时期那样的政府领导和协调，而这种领导和协调在德国的经济发展中发挥了重要作用。此外，法国三分之一到二分之一的可用资本都投资到了海外，就其国内经济的落后条件而言，这一做法并不明智。

法国巨额的海外投资也带来了其他重要的影响。海外投资中的一大部分花在了政府管理薄弱、政局不稳定的国家，投资利率高但风险也大。当这些国家出现政治或经济混乱，威胁到投资利益时，法国金融家会向法国政府寻求保护。这时法国的介入对这些国家而言就是一种金融或经济的帝国主义，带来法国殖民帝国的大面积扩张。

但海外扩张并没有把法国从经济萧条中解救出来。根瘤蚜*使法国许多地区的葡萄酒企业破产，即使政府设置保护关税、提供补贴并减税，法国的工农业仍然无力对抗国外竞争。经济的萧条、印度支那殖民政策的挫败，这两点可能是共和党人在1885年大选中遭遇挫折的原因。君主制支持者在新的下议院中的人数较之前增加了一倍还多，剩下的共和党主体中的温和派和激进派还存在严重分裂。

温和派的共和党人被称作“机会主义者”，因为他们认为新的法律只应该是权宜之举，他们试图避免扰乱性的问题，希望限制改革范畴，并且一次解决一个问题。“任何大多数法国民众不能理解和接受的事情都不应该放在共和国改革的方案里。”甘必大站在机会主义者的立场曾经这样说。与此相反，激进的共和党人希望法国立即开展大刀阔斧的改革，他们要求修改宪法，使宪法变得更加民主；他们倡导选举法官、所得税分级、赋予当地政府更大的自我管理权、立即进行政教分离。激进派还强烈呼吁对德国进行战争复仇，实际上，有些激进的共和党人痴迷于复仇，所以愿意将国家改革放到这项爱国主义事业的从属地位，这种态度被称作法国左翼人士的“原罪”。

共和党人在选举中遭遇挫折和君主制支持者的成功，与后者异乎寻常的强大密不可分。多年来君主制支持者的队伍难得团结一致。

---

* 一种寄生于葡萄树根的害虫，蛀蚀葡萄树根后，葡萄树很容易受感染而枯萎。——译者注

拿破仑三世之子与香波堡伯爵分别在1879年、1883年去世之后，奥尔良派的候选人巴黎伯爵成为唯一一位法国王位的觊觎者。农民和企业家在经济萧条中处境悲惨，有产阶级害怕共和党激进派对社会改革的要求，教会因为共和党颁布反教权主义法律愤怒不已，这些人成为了君主制的同盟军。此外，最为激进的民族主义者也加入其中。他们相信比起软弱、分裂的共和政府，一个君主制或其他形式的政府体制会更有能力带领法国战胜德国。共和国受到威胁，持人性自私论的人则注意到自1789年以来，没有一个法国政府能够维持二十年以上的时间。

布朗热危机

与大家预期相反的是，共和国面临的危险并不是直接来自君主制的支持者，而是源于一位为人熟知的共和党人——乔治斯·布朗热将军（General Georges Boulanger，1837—1891）。布朗热在1886年1月被任命为陆军大臣，因为他被认为是君主制支持者控制的军队中唯一一位共和党将军。作为陆军大臣，布朗热采取措施改善军队中的生存条件，这引起了公众的注意，也使他在军队里大受欢迎。他温和地对军队进行共和化的改革，这也为他赢得了激进派的掌声。他很有做公众宣传的天赋，很快便成了一个家喻户晓的人物。然而他真正受人欢迎的原因是他代表了法国人战胜德国的复仇希望，也正因如此，他才能得到法国社会内不同群体的支持。最终，他成为法国人民一直寻找的那个强者，成为能够对抗俾斯麦的法国人。俾斯麦在 1887 年 1 月的一次演讲中提到布朗热，说他是德、法建立友好关系的最大障碍，而这似乎也是在证实法国爱国人士对布朗热的认可观点。

1887 年 5 月，温和派的共和党人对布朗热的高人气表示担心，于是撤销了他在内阁中的职位，任命他为一个省里的军事指挥官。布朗热被撤销职务然后遭到流放，更让他变得像一位“烈士”，而这只会增加他的人气。总统女婿被卷入出卖国家荣誉和勋章的丑闻，包括出卖法兰西共和国荣誉军团勋章（The Legion of Honor）。布朗热的拥护者利用这一丑闻大做文章，法国社会对布朗热的狂热达到

右图为乔治斯·布朗热将军，19世纪80年代，许多法国的爱国人士视布朗热为“命运的使者”，他们期待布朗热能够领导法国迈入一个全新的富强时代。

了前所未有的高度。虽然总统儒勒·格雷维（Jules Grévy，1807—1891）没有直接涉及这个丑闻，但也不得不辞职，布朗热作为肮脏不堪的政客中的正直者，被赋予了新的光环。

布朗热在法国力量崛起的同时，正值俄国与德国因巴尔干半岛地区而关系严重紧张。俄国与德国之间长久的外交合作关系有可能破裂，这也给法国人带来了新希望。只有最目光短浅的法国爱国主义者才相信法国仅靠单打独斗便可以打败德意志帝国。而法国如果与俄国联手，在布朗热振奋人心的领导下的法国军队，或许可以与德国恺撒（Kaiser）皇帝的军队一较高下。法国人民都认为法、俄联盟的最大障碍就是俄国沙皇反感共和制政府。于是在许多法国人看来，复辟君主制开始成为国家的必由之路，这是一个爱国主义的任务。共和党人开始提出在布朗热的支持下建立君主立宪制度，许多君主制支持者似乎愿意在复辟后的政府中赋予布朗热很大限度的权威。

同时，共和国政府的部长也给了布朗热以可乘之机。1888 年 3 月，部长们做出了一个错误的决定，以兵役期间非法从事政治活动为由撤销了布朗热在军中的职务。从此布朗热不再是接受政府领导的士兵，也就拥有了在下议院中参与竞选的自由。在接下来的几周时间里，布朗热连续参加一场场补缺选举，这符合法国选举体制的规定，每一次补缺选举中他都大获胜利。1889 年 1 月 27 日，布朗热作为大选候选人站在极端的、怀疑的巴黎人面前，这是对其人气的重要检验。政府在大选中动用所有的资源来对抗布朗热，但布朗热又一次大获全胜。人们都认为他会抓住这次机会把握好人民的支持并推翻政府。他的拥护者策划了军事政变，巴黎重要军团的指挥官也只等他的号令。但 27 日晚他却没有带领军队对抗政府，而是与他的情妇共度一晚。后来，听到政府有意因叛国罪逮捕他的消息，布朗热惊慌失措逃往国外。伴随着他的出逃，布朗热神话与布朗热主义瓦解。

布朗热逃离法国之后，在 1889 年 9 月的选举中涌现了一批布朗热主义的候选人，君主制支持者受到严重打击，令人吃惊的是，共和党的温和派大获成功。在经历了一系列严峻的政治危机之后，共和党又躲过一劫。

布朗热作为一段插曲在法国政治史上留下了重要的影响。这使得共和党的立法者更加惧怕强大的个人与政府；现实主义的君主制政治家认识到他们与布朗热之间并不可靠的联手已经暴露，他们只有加入共和党阵营才能有所作为。教会中现实主义的政治家也认识到，在接下来的一段时期内他们要小心应对共和党人。布朗热主义瓦解一年之后，教皇利奥十三世开始同共和党联盟，他相信与共和国议会合作会为教会争取更多的利益，远比固执地反对他们要好。左派的极端分子也因为与布朗热的联系而失去了民众的信任，他们主要的改革提议即修改宪法，也因为曾获布朗热的支持而遭到质疑。

共和党温和派似乎已经起死回生，但其处境仍然风雨飘摇。他们始终要面对君主制支持者、牧师和军官发动军事政变的威胁，他们拒绝向共和派妥协。同时，法国人民对共和制依旧持有一个中立的态度，因为政府不愿采取措施提高工农业劳动者的生活水平，所以法国人民变得更为激进。因此，共和国在面对新的、更为严重的政治危机时依然极为脆弱，而接下来的十年中便爆发了这种危机：巴拿马运河丑闻（Panama Canal scandals）与德雷福斯事件（Dreyfus affair）。

1890年之前的意大利

统一问题

虽然法国领导人面临的问题非常困难，但至少法国拥有悠久的政治传统，以及欧洲最集中、最有效的管理机构。与之相反，新生的意大利政府面临的问题却是要管理一个一千五百多年以来从未被统一领导过的国家。在这个新生国家中，地方忠诚和地方性的政治传统已经根深蒂固。

罗马的教皇庇护九世不愿接受自己失去俗权*的事实，拒绝向新生的国家政权妥协，同时满怀敌意。1871年意大利政府试图改善政府与天主教会的关系，对教皇及教会提供一定的担保，但教皇却拒绝并谴责了这些提议，依旧自愿在梵蒂冈接受监禁。教皇号召各地

* 基督教教会中教皇处理世俗事物的权力。——译者注

的天主教力量来帮助其夺回属地，同时命令意大利的天主教徒不要参与世俗政府的任何事务。教皇没有获得任何直接的国外支持，大部分具有政治头脑的意大利天主教徒也无视教皇政治活动的禁令。但罗马教皇对政府的敌意却始终令政府感到危险和为难。

新政府面临的挑战还来自无所不在的贫困，政府为了平衡财政预算而对穷人增加税收，这也加剧了国家贫困。

其中经济最困难的地方位于意大利的南部。意大利尚未完成统一之前，南部地区就爆发了大规模的内战。南方人憎恨“外地人”萨丁尼亚岛人的统治，厌恶他们的中央集权、高税收和兵役制。波旁家族成为受人欢迎的派别，开始鼓动叛乱以对抗萨丁尼亚岛人。拿波里（Neopolitan）的保皇派领袖成为新的加里波第支持者（the new Garibaldis），参与其中的还有失业者、挨饿的农民和强盗土匪。农民没有得到土地改革曾承诺给他们的利益，感到自己受到了欺骗；强盗土匪利用混乱的局势侵扰农村。一些区域针对国家政府的叛乱带有宗教战争的特征，因为这些叛乱是为了反抗政府实施的反教会政策。1861 年意大利王国宣布成立不久，新政府就意识到必须要把近一半的国家兵力用于解决南方问题。据估计，在平息南方叛乱的战争中丧生的人数要多于整个意大利统一战争的死亡人数。南方叛乱一直延续到 1866 年。即使在残酷的战争结束之后，内战留下的伤痕都难以消除，南方问题也始终会引发局势动荡。

意大利的极端爱国者是另一股令政府为难的危险力量。意大利统一大业刚刚完成，就有人强烈要求意大利从法国收回尼斯、萨伏伊，从奥地利收回特伦托、的里雅斯特（Trieste）、达尔马提亚海岸（Dalmatian coast）等其他应由意大利收复的地区或是尚未收回的领土。帝国主义将意大利卷入了棘手的、复杂的国际局势之中，意大利付出了高昂的代价，这在 20 世纪贝尼托·墨索里尼（Benito Mussolini）上台后达到巅峰。很快，为努力实现大国目标，意大利不得不承担难以负担的军费开支。

意大利的政治制度发展得不够完善，还难以解决国家面临的难题。虽然宪法赋予了国王国家领导的最高权力和唯一的行政权威，但意大利议会中的众议院却是真正的政治权力核心。国王的实际地位并不强大。共和主义始终是一个威胁；不妥协的教会始终满怀敌意；反抗的地方贵族中很多人仍然忠心于已经被撤免了的旧君主，同时憎恨萨丁尼亚岛人对自己传统特权的限制。意大利国王没有教会和大部分贵族的支持，也没有其他国家君主制政府的保护，所以不得不严重依靠军队，依赖于众议院的支持。

然而，众议院本身的政治基础并不稳定。意大利同法国一样，没有发展出清晰的党派体系。自加富尔时期开始，意大利政府很大程度上就基于政治联盟，而不是具有一致的政治体系的单一党派。这种体系有利于进行温和的政治行动，但阻碍强大政府的形成，也阻碍一个强有力的反对党派的形成。选举舞弊，未受教育的大众对政治漠不关心，教会禁止教徒参与政治活动，这些都是支撑这一体系的因素，同时也阻碍意大利形成强有力的议会传统。王朝统一点燃了人们的热情和慷慨的冲动，但又因为政治或经济利益的狭隘谋

右图为意大利统一后的第一位国王——维克托·伊曼纽尔二世，1861—1878年在位。

划与算计而熄灭。曾经献身于意大利民族统一大业的爱国人士开始提出政治、社会改革方案，却被当作危险的革命分子而被疏远回避。加里波第自愿接受流放，理想主义者感到失望，其中最杰出的理想主义者朱塞佩·马志尼在1872年去世前不久曾说：“我曾经希望唤醒意大利的灵魂，但我看到的只是一具躯壳。”

政治演变

阿戈斯蒂诺·德普雷蒂斯（Agostino Depretis，1813—1887）自1876年至其去世，一直是意大利政府的领导人物，是意大利政治的自然产物。他通过政治和经济贿赂将反对党和利益团体“演变”成同盟者，这是他一贯坚持并成功运用的方法，“演变”（*trasformismo*）一词已经被用以形容整个政府体系。1876 年之后，政府内阁不断经历大起大落，令人失措，但德普雷蒂斯一般都能够控制住局势。他在位期间曾实行有关教育、选举权改革和公共健康的措施，但都没有得到充分贯彻。其政府的唯一影响就是意大利议会话语权和声望的进一步下降和恶化。

在意大利政坛上，德普雷蒂斯最重要的继任者是弗郎西斯科 · 克里斯皮（Francesco Crispi，1819—1901）。后者曾是拥护加里波第的极端主义者，受到权力前景的诱惑，接受了德普雷蒂斯的“演变”策略，但保留住了自己激进的理想主义。与他视为英雄的加里波第一样，他也相信独裁是完成自己目标的有效办法。他也确实完成了自己的目标，再到后来开始崇拜墨索里尼。1888 年，克里斯皮政府颁布了有关公共健康、监狱改革和地方政府选举权改革的措施。1889 年，修订刑法，设立行政处罚纠纷的特别法庭，也赋予了工人一些有限的罢工权利。克里斯皮的一些改革是有益的，但他的独裁策略却进一步抑制了真正的意大利议会政府的发展。为了增加武器装备、支持其野心勃勃的外交政策，他突然大幅度地增加税收。他冷酷无情地镇压西西里岛上的叛乱，而那是他的故土。他也对极其严重的政治、金融腐败视而不见。他采取高关税的政策，废除 1887 年意大利与法国签订的贸易协定，导致了严重的经济萧条。

经济危机已经持续发展了一段时间，修建铁路，开辟穿越阿尔卑斯山脉塞尼山口（Mont Cenis）和勃伦纳山口（Brenner passes）的新线路，以及航运费用的降低，这些都促使意大利从美国和欧洲其他国家大规模进口价格低廉的农产品和工业产品。这导致意大利国内产品价格下降，国内要求实行关税保护措施，但克里斯皮的保护主义走向了极端化，严重冲击了意大利与法国的经济关系。随后法国将大量投资撤出意大利，一定程度上导致了意大利几家重要银行的破产，随即是严重的通货膨胀。农业产品高关税导致食品价格高昂，造成一些地区出现饥荒，而这也是19世纪80年代后期西西里岛严重叛乱的主要原因。

意大利政府在1861年面对的许多问题到了1890年仍然存在，南北分裂的问题比统一之前更为严重。国内经济仍然不稳定，税收高而且征收不公平，财政预算终于在1876年实现平衡，但很快国家又负债累累。通货膨胀政策降低了意大利在国外的信誉度，导致强势货币撤出意大利。意大利政府几乎没有采取任何措施扶持农业，而这是大部分人口赖以生存的基础，意大利农民根本无法对抗国外竞争。克里斯皮的高关税在一定程度上帮助了农民，但同时也提高了所有意大利人的食品价格。

并非所有都是暗淡无望的。19世纪70年代后期，意大利的纺织业、丝绸业和橡胶工业都取得了长足发展，其中发展最大的是武器装备的生产，得到了国家的大力补贴。工业同农业一样，受到了克里斯皮保护性政策的扶持，但也给整个国家带来了巨大的损失。产品价格居高不下，生产方式过时落后、效率低下。

主导意大利政治生活的是对特殊利益的追求，意大利从未建立过值得尊崇的议会传统或是民主政府。意大利的政府体制能够履行常规的政府工作，但因为缺乏目标、效率低下而无法解决困扰国家的根本性问题。

1890年之前的哈布斯堡帝国

奥匈帝国的建立

1859 年的意大利战争刚刚结束，哈布斯堡帝国的政府和机构就迎来了根本性的变革。战争暴露出许多非德意志军队人员不够忠诚，尤其是马扎尔人，他们中的很多人曾经在战场上放弃抵抗，表现很不可靠。暴露出来的民族问题成为哈布斯堡帝国面临的最为严重的问题之一。

在意大利战败之后，奥皇弗朗茨·约瑟夫（Francis Joseph）撤销了巴赫等支持德意志人统治下官僚集权政策的内阁部长，并开始其第一次内阁建立实验，旨在解决帝国面临的民族问题。在波兰贵族果鲁霍夫斯基伯爵（Count Agenor von Goluchowski，1812—1875）的影响下，奥皇于 1860 年发布了新宪法，被称作《十月文告》(*October Diploma*)，赋予了当地贵族主导下的省议会大部分权力。理论上而言，这结束了有利于德意志人的集权政策，也表现了奥皇赢得所有民族群体中封建贵族支持的努力，尤其是重获匈牙利人的支持。

斯拉夫人中的一些封建贵族对《十月文告》十分满意，因为后者给了他们很大程度的当地自治权力。但匈牙利人却对此表示反对，因为这一文告没有给予他们足够的独立。德意志人也持仇视态度，因为文告降低了他们的权力和重要性。德意志人与匈牙利人联合起来反对文告，使得《十月文告》下的政府难以作为，而文告也没有真正生效。

奥皇将国内政策委托于新一任内政部长安东·冯·施梅林（Anton von Schmerling，1805—1893），施梅林于 1861 年针对民族问题提出了另一设想。他提出的《二月专权》（*February Patent*）本来要重新解释并补充《十月文告》，却变成了对后者的完全改变。《二月专权》没有赋予省议会更多权力，相反，它提出了建立由帝国所有民族代表的帝国议会。这一想法是好的，但选举程序却赋予德意志人最大份额的投票权，非德意志人几乎没有代表，于是大部分非德意志人联合抵制新议会，称之为“施梅林的剧场”。实际上，施梅林的政府体系同巴赫的体系非常相似，真正的权力都掌控于一个集权的行政机构，德意志人在帝国中又一次占据优势。

施梅林政府就如同巴赫政府一样，因为外交政策上的失误而垮台。为了安抚自己的波兰人民，也为了同西方国家建立更紧密的外交关系，奥地利人与英国人、法国人一起表达了对在 1863 年反抗俄国的波兰人的同情。但这一举措实属徒劳无功，不仅没有帮到波兰人，而且还进一步疏远了俄国人。1864 年，奥地利加入普鲁士在石勒苏益格、荷尔斯泰因对抗丹麦的队伍，引起了英法的敌意。于是在 1866 年，奥地利与普鲁士争夺欧洲中部的霸权之时，奥地利已经没有任何大国盟友。

1864 年丹麦战争之后，普鲁士与奥地利之间的局面不断紧张，奥皇弗朗茨·约瑟夫对德意志自由主义者表示害怕，因为他们努力提高奥地利议会的力量，奥皇担心这会对自己的皇位造成威胁。而且，很明显，他们愿意与匈牙利带有叛意的团体合作来达到其目的。

匈牙利最激进的民族团体是马扎尔人，是 9 世纪定居在那里的芬兰－乌戈尔人种，统治着当时的各个小民族。为了打击德意志议员，赢得匈牙利的支持，奥皇鼓励马扎尔人的领袖草拟一份能够满足他们民族抱负，促进他们与帝国政府合作的方案。

这一提议得到了现实主义的匈牙利政治家的热情欢迎，他们反感独立党的目标，独立党想要割断与哈布斯堡帝国的所有联系。他们认识到一个独立的匈牙利永远不会成为一个大国，一个受到哈布斯堡帝国反对的匈牙利可能无法控制其管控的民族。为了响应奥皇的和解提议，匈牙利政治家费伦茨·戴阿克（Ferencz Deák，1803—1876）与久洛·安德拉希伯爵（Count Gyula Andrássy，1823—1890）共同制定出一个方案，能够让匈牙利享有很大的民族自治权，同时享有与大国保持紧密联系的优势。奥皇表示愿意就这些条款进行协商，但在尚未做出任何最终安排之前，奥地利就爆发了同普鲁士的战争。

1866 年奥地利战败。自当年 10 月开始担任奥地利外交大臣的斐迪南·冯·博伊斯特伯爵（Count Ferdinand von Beust，1809—1886）代表奥地利与匈牙利就成立奥匈帝国进行协定谈判。博伊斯特的首要目标是让奥地利在政治上和外交上都做好准备，以发动对普鲁士的复仇战争。他支持签订《奥匈帝国协定》（*Ausgleich*）的主要动机是重新获得马扎尔人的忠诚，因为得到匈牙利的支持是重新与普鲁士展开竞争的必要前提。

但他没有认识到马扎尔人是最不愿支持复仇战争的，对他们而言，奥地利赢得复仇之战就意味着恢复哈布斯堡在德意志的影响，继而就是重新建立德意志在整个帝国的影响。签订协定却标志着德意志人在帝国内永远失势，帝国将开始在更大程度上由非德意志人统治。1867 年与匈牙利的协定将会是弗朗茨 · 约瑟夫在位期间持久的宪政改革。

根据协定的条款，哈布斯堡帝国仍然由一位君主统治，君主管理新成立的奥匈二元帝国，既是奥地利的皇帝，又是匈牙利的国王。皇帝仍是最高权威，仍能自己制定影响整个帝国的主要的政策决定。整个帝国的统一维持在三个重要方面：外交、战争及金融，每一项都由一个帝国部门管辖，部门领导由皇帝任命。帝国内实行共同的邮政系统和共同的货币，1878 年之后出现通用的国家银行。

帝国的两部分在其他方面是分开独立的，都有其各自的宪法和议会，以及各自负责国内事务的内阁。奥地利的官方语言是德语，匈牙利的则是马扎尔语。常见问题则通过双方的议会代表协商解决。经济事务则直接由两方议会直接谈判达成一致。匈牙利有权重新协商关税政策，以及他们每十年向帝国财政贡献的数量。

涉及国内事务，就当时的情况来看，马扎尔人拥有了独立民族的身份。

协定之后的奥地利

1867 年之后，哈布斯堡帝国中非匈牙利的部分官方被称为“由奥地利议会代表的王国及土地”（“kingdoms and lands represented in the Reichsrat”），但为方便起见，一般简称为奥地利。签订协定之后，帝国中仅奥地利尝试通过宪法改革解决政府问题，尤其是民族问题。

1867 年，奥地利起草新宪法，承认各民族平等，承认各民族有权保护自己的语言和文化。其中包括广泛的权利法案，保障法律面前人人平等，保障言论自由、出版自由和集会自由；保障法官独立地位；承认内阁对议会负责原则。新宪法一直到 1918 年都有效，其间唯一的重要变化就是选举权不断扩大，在 1907 年实现普选权时到达顶峰。

从理论上讲，奥地利的宪法似乎充分保障了必要的国家自由和个人自由，但宪法中的条款却常常没有得到全部执行。选举体系赋予德意志人在议会中更多的席位，这违背了各民族平等的原则。内阁对议会负责原则受到皇帝的忽视，皇帝掌握了任命和辞退部长的权力。此外，宪法还赋予了皇帝在非议会期间发布号令的权力，任何法律必须要有皇帝的签名才能生效。所以皇帝可以在未经议会同意的情况下进行立法，也可以否决议会的行动。

新宪法下第一届奥地利政府部门的政策反映了德意志自由主义

者的观点，他们是新议会中最大的群体。政府颁布了规定义务兵役制和初等义务教育的法律，还有一些反对教会干预的措施。与罗马教廷签订的《1855 年协定》（*The 1855 Concordat*）在 1870 年被废除，以反抗教皇无谬论（papal infallibility）。世俗婚姻的权利得以恢复，教育系统不再由教会控制，所有的基督信仰拥有了平等的法律地位。自由的政体也在刑法上引进了许多人道主义改革，取消了对犹太人在宗教和法律上的歧视。

1871 年普鲁士战胜法国，奥地利人近期内向普鲁士成功复仇的希望破灭。时下的危险是普鲁士会吞并哈布斯堡王国中的德语区，努力完成德意志的统一进程。奥地利的德意志人对俾斯麦的成就反响热烈，这表明其中很多人并不反对奥地利与普鲁士进一步的政治统一。奥皇对其德意志国民的忠诚忧虑不安，受到德意志人掌控的政府自由化政策的冷落，他于 1871 年任命了由卡尔·西吉斯蒙德·冯·霍亨瓦特伯爵（Count Karl Sigismund von Hohenwart）领导的新内阁。霍亨瓦特提倡赋予奥地利少数民族更大的自治权，认为安抚好人数众多的斯拉夫人是王朝存续的关键。

在新内阁中有着主要影响的是商务部长阿尔伯特·谢夫勒教授（Professor Albert Schäffle，1831—1903），他是一位德意志新教教徒，一位经济学家。1848 年的他，曾经是一名极端分子。谢夫勒对工业贫民窟中人们的悲惨遭遇感到悲伤，拒绝经济自由化的概念，认为这种自由化仅仅是企业家剥削工人的工具。他推荐以国家社会主义方向的改革替代放任自由的资本主义体系。谢夫勒也厌恶德意志人自认为种族上优于斯拉夫人的想法，为了能够同时打破德意志人和资本主义企业家的权力，他提议引入全民普选。他认为这样就能够赋予奥地利每个人、每个民族适当的代表，从而结束德意志资本主义者对奥地利议会的人为控制。

新内阁赋予了波兰人许多特权，波兰人在加利西亚处于支配地位。自那之后，他们成为哈布斯堡政府相对更为忠诚的支持者。但谢夫勒民族政策中最重要的一部分是有关捷克人的。在奥皇的允许下，他开始与捷克领导人谈判，旨在让波希米亚的捷克人（the Czechs of Bohemia）在帝国中拥有与马扎尔人一样的地位。这些努力遭到了奥地利德意志人的反对，后者担心自己的影响力会受到影响。同时，匈牙利人也反对这一举措，认为这是对其独特地位的一种威胁。因为有帝国的支持，谢夫勒的政策或许应该能够成功推行，但捷克人坚持要求得到对“历史上的”波希米亚王国的管辖权，这片区域比捷克人实际占领的地方要大得多，所以谢夫勒的政策最终只能以失败告终，否则捷克人就会控制包括德意志人在内的非捷克人的民族团体了。捷克人要求得太多，维也纳德意志人造成革命威胁，匈牙利人坚决反对（他们声称如果赋予捷克人与他们一样的地位，会有损帝国的“统一性”），这些促使奥皇决定不赋予捷克人自治权。1871 年 10 月 28 日，霍亨瓦特内阁辞去职务。

在阿道夫·奥尔斯佩格亲王（Prince Adolf Auersperg，1821—1885）的领导下，奥地利政治史上又迎来了一段德意志自由主义统治时期。选举法改革，城里人即德意志人有了更大的代表权，斯拉夫人对此表示强烈反对，而反对之声最强烈的是波兰人和捷克人，后两者联合抵制议会选举，反对新的选举法。

经济问题是奥尔斯佩格政府最紧迫的问题，奥地利在19世纪70年代早期经历了经济大繁荣，但这种繁荣在1873年经济大危机之后结束，取而代之的是严重的经济萧条。政府想通过财政支持公共工程来为经济注入新的活力。为了缓解工人的困难并创造更多的工作岗位，政府限制了妇女和儿童就业，并通过了加强工作环境安全的法律。然而，这些法律没有得到严格执行，工人阶级的命运没有得到任何真正的提高。工人组织在过去十年发展迅速，经济萧条进一步促进了工人组织的发展。政府立法限制工会和社会主义政党的发展，却无济于事，不仅不能阻挡其扩张，反而使其越发激进。

经济萧条，以及非德意志民族团体持续不断的反对，削弱了奥尔斯佩格内阁的力量。政府颁布的反教权措施使政府有权力对教会财产征税，并掌握了控制教会教育和任命牧师的实权，这引起了教会的反对。此外，内阁在议会中的许多支持者都被曝曾在国家经济繁荣发展时期涉及金融丑闻，这也进一步削弱了内阁的力量。奥皇对其政府在管理国内事务上的失败感到失望，也对自由派议员提高自身力量而有损皇权怀恨在心。1879年8月，奥皇解散了奥尔斯佩格内阁。德意志自由派之后再也没有在奥地利政府中占据领导地位。在他们的国内影响力崩塌的同时，奥地利与德意志的军事同盟也结束，取而代之的是德意志与奥匈帝国在外交关系上新建立的紧密联盟。

奥皇儿时的玩伴爱德华·冯·塔弗伯爵（Count Eduard von Taaffe，1833—1895）是奥尔斯佩格的继任者，是一位阅历丰富的保守主义官僚，他公开表示自己不受限于党派和民族（其本身为爱尔兰后裔），只效忠于国王。与奥皇一样，塔弗也对理论家持有怀疑，更倾向通过权宜之计和调节安抚的方式治理国家。在“应付了事”（“muddling through”）一词尚未风靡英国之前，塔弗就用这个词来形容他的治国方法了。

虽然塔弗政府对不同民族做出了许多让步，但却从未制定出一个全面的方案来解决少数民族问题，也没有颁布任何政策来解决奥地利面临的经济与劳动力问题，以及其他主要问题。他的执政方法是使国内各竞争力量之间保持一种“轻微不满的制衡状态”。基于这一政策，他统治奥地利十四年，其间并无大的国内动荡。但在这种表象之下，奥地利的民族问题和社会问题不断加剧。

为了争取人们对其政府的支持，也为了打击德意志自由派的势力，塔弗劝说捷克人和其他的斯拉夫群体放弃对奥地利议会的联合抵制。他同时也争取到了牧师的支持，这些牧师既代表帝国内信奉天主教的农民教徒，也代表所有阶级和民族中厌恶奥尔斯佩格政府自由政策的保守派。塔弗与斯拉夫人、牧师和保守派的联合帮助他在议会中占据了多数席位，人称“塔弗的钢铁圆桌”（Taaffe's Iron Ring）。1882年，塔弗促成了一项选举法的通过，使得德意志人的代表地位降低，而斯拉夫少数民族的代表地位提高，这进一步巩固了他在议会中的地位。

为了保住非德意志人的支持，塔弗向少数民族做出了一系列让步。例如，在波希米亚、加利西亚和斯洛文尼亚（Slovenia），斯拉夫诸语言和德语在教育和行政管理中同时使用。

然而，这些措施却没有安抚到斯拉夫人，反而增加了他们的自信心和好战性。老一代的捷克领导人不得不退居二线，因为一些极端民族主义者要求在波希米亚全面清除德意志的影响，而且要求在王国的“历史”领土内获得民族独立，这一态度促成的与捷克人的条约根本不可能达成。与19世纪60年代的匈牙利领导人不同，捷克的民族主义者看不到当时的帝国体制能为他们自身带来的优势。正如一位年长的捷克领导人所言，波希米亚太小，无法独立成事。

塔弗伯爵在自己的书桌前。

如果哈布斯堡王朝崩塌，捷克人就注定会受控于德意志人或俄国人，而这一预言最终也悲剧性地发生了。

尽管捷克的民族主义者抱怨维也纳政府的政治压迫和经济压制，但波希米亚的经济在哈布斯堡王朝的统治下取得了繁荣发展。在整个帝国中工业化水平最高，成为欧洲工业制造的一个主要中心。捷克的纺织品、皮革制品、瓷器和蕾丝制品世界闻名，斯柯达（Skoda）机器和武器装备亦是如此。

塔弗的让步不仅没有成功安抚斯拉夫人，而且激怒了德意志人，后者在帝国内居于少数地位，影响力逐步下降。1890 年，政府倡议立法，要在民族问题上再进行一些妥协，激进的德意志和斯拉夫民族主义者对此联合抵制，立法没有通过。1891 年，捷克和德意志的温和派在议会选举中遭遇溃败。

塔弗没能解决少数民族的问题，也没能解决帝国面临的严重的经济问题。帝国的军费开支、行政开支和公共服务开支不断增加，税收金额不足，征税方式困难而复杂。日用消费品、文件与报纸的间接税收是国家资金的主要来源。面对这一问题，塔弗没有采取大规模的税收改革措施予以应对，而是仅仅依靠提高国家借款利率，这样一来就增加了偿还国债的压力。

政府在社会改革方面所做的努力同样毫无成效。政府通过了管理矿井和工厂工作环境的新法律；对工厂和矿井里的工作时长进行了规定，最长分别是十一小时和十小时；雇用童工和妇女劳动者受到更严格的控制；制定了有关疾病和意外保险的条款。这些法律的颁布大多都是仿效德意志，是改善劳动者工作环境的一大步。然而就如同奥地利的诸多法律一样，这些法律缺乏足够的实施保障，没能让劳动者满意，也没能阻止社会主义和工会运动的发展。

1893 年，塔弗提出要推行普选，随后塔弗政府垮台。塔弗希望通过扩大选举权来削减民族主义者反对派的势力，当时他错误地认为这些反对派只存在于中产阶级，因此他想获得保守的、忠诚的农民的支持。此外，他也希望通过颁布新的大规模的劳动改革法来赢得工人阶级的支持。但塔弗的普选提议和劳动改革提议触犯了国内所有的既得利益者。新政策不仅受到固有敌人——德意志自由派和民族主义者的反对，而且遭到所有民族保守派、商人和教会的反对。最重要的是，塔弗激进的改革项目也引起了奥皇的恐慌。失去了皇帝的支持，塔弗不得不辞职。

塔弗立法给德意志人在奥地利的地位带来了威胁，这引发了新一轮恶意的德意志民族主义运动，尤其是在德意志人感到受到非德意志民族压迫最重的地方。维也纳就是如此，它吸引了来自哈布斯堡王朝各个地方有胆量、有魄力的人，比起帝国的其他地方，维也纳爆发了更多民族间的直接对抗。在维也纳，德意志人感受到来自新邻居斯拉夫人的强烈的竞争气息。这些斯拉夫人通常能接受工资较低的工作，工作能力常常高到令对手感到不安。在维也纳，德意志人和斯拉夫人与犹太人也有联系，很多犹太人在金融、商业和文化领域内已经地位显著。

这种情况带来的政治反应是维也纳基督教徒社会主义运动的迅

上图为奥皇弗朗茨·约瑟夫统治期间维也纳的宫廷舞会。在维也纳，有快乐的施特劳斯圆舞曲（Strauss waltzes），有令人愉悦的咖啡厅，里面有“独立分开的小房间”，气氛看似无忧无虑。同样，维也纳也是一座有着社会、种族与宗教敌对冲突的城市，也是反闪米特人的（anti-Semitic）鲁伊格市长（Mayor Lueger）所在的城市，同样也是精神疾病研究的伟大先驱西格蒙德·弗洛伊德所在的城市。

速发展，这是德意志民族主义与劳动者苦难的产物。卡尔·鲁伊格博士（1844—1910）是这一运动杰出的领导者，拥护工人、农民和小商业者的权利，反对大商业者和“犹太”资本主义。他提倡建立一个社会主义福利的国家，但要是一个基于德意志人和天主教的国家，斯拉夫人、犹太人和新教教徒都不受欢迎。鲁伊格在维也纳极受欢迎，多次被选为维也纳市市长。

丰富的人才、文化的交流碰撞、不同民族之间的竞争，这些都使得维也纳这个哈布斯堡王朝的首都，成为一个充满生机活力、令人激动的地方，成为一个能与巴黎相抗衡的知识中心与艺术中心。同时，维也纳也是一个令德意志人感到备受威胁的地方；是斯拉夫人、犹太人一边被同化一边努力保持自己独立身份的地方；是所有平凡无力的民族因为各种原因感到自卑的地方。鲁伊格市长管理下的维也纳既有音乐家布鲁克纳（Bruckner）、马勒（Mahler）、约翰·施特劳斯（Johann Strauss），作家阿图尔·施尼茨勒（Arthur

图为奥皇弗朗茨·约瑟夫与长期担任维也纳市市长的卡尔·鲁伊格博士。

Schnitzler)，同时又有西格蒙德·弗洛伊德与阿道夫·希特勒（Adolf Hitler）。

1867年之后的匈牙利

在1867年《奥匈帝国协定》中真正获益的是匈牙利贵族。他们不仅获得了很大程度的独立权来管理国内事务、控制国内少数民族，而且在管理整个帝国事务中保留了非常重要甚至是决定性的话语权。

1867年协定之后开始采用的匈牙利宪法基于1848年起草的宪法，新宪法宣布哈布斯堡君主为匈牙利的君王，有召集和解散议会、提出立法、任命内阁大臣及其他重要官员的权力。虽然新的匈牙利宪法赋予君王的权力看似要比奥地利宪法所赋予的权力大，但君王的实际权威是更为受限的。皇室颁布的所有法案和任命都要经过相关内阁大臣的允许才能生效，而内阁大臣对匈牙利议会中的下议院负责，并非对君王负责。很大程度上而言，匈牙利真正的权力核心掌握在下议院手中，而能够赢得下议院主要支持的内阁大臣一般就能够在匈牙利国内事务中成为具有决定性的权威力量。匈牙利的下议院与18世纪的英国下议院类似，绝不代表匈牙利人民大众的利益，而是由匈牙利有产阶级口头选举而成的一个寡头政治机构。下议院与君王共享提出立法的权力，同时又由于对辩论自由几乎没有任何限制，所以仅仅一些议员的反对，就可以否决任何一部法律的通过。上议院由大贵族、教会和国家高官、君王委任人员组成，拥有的权力微乎其微。他们能够否决立法却不能提出立法，而且在任命内阁大臣方面没有任何法律权力。

与奥地利一样，少数民族问题也是匈牙利政府所面临的主要问题之一。1880 年，匈牙利的人口根据使用语言来划分，主要包括马扎尔人（占 47%）、德意志人（占 14%）、斯洛伐克人（占 14%）和罗马尼亚人（占 18%）。此外还有鲁塞尼亚人（Ruthenians）、克罗地亚人和塞尔维亚人，三者一共占 7%。与奥地利人不同，面对少数民族问题，匈牙利人没有做出让步，而是采取镇压办法，以及成体系的“马扎尔化”（Magyarization）措施。匈牙利 1879 年颁布法案规定所有公办小学必须使用马扎尔语，到了 1883 年，范围扩大到所有公立中学。马扎尔语是政府官员、邮政及电报服务、军队甚至是铁路工人的唯一指定用语。没有被“马扎尔化”的一个重要区域是克罗地亚，克罗地亚人拥有独立性，可以保留自己的议会和语言。

匈牙利对少数民族运动采取了镇压的政策，这使得匈牙利没有像奥地利那样长期处于明显的民族敌对状态，但从长远角度来看，在缓和民主主义情绪方面，镇压策略并不优于安抚办法。

19 世纪后半叶期间，工业革命波及匈牙利和其他中欧国家，但匈牙利仍然是一个农业国家，是哈布斯堡王朝的主要粮仓。虽然有一些大土地主购买了农耕机械、引进了科学的农业生产方法，但大多数农民还是坚持使用传统办法，因此匈牙利难以与国外的竞争者相抗衡。即便如此，马扎尔人凭借其在帝国政府中的影响力，成功地在整个帝国范围内施加了高农业关税，这保护了过时的农业生产技术，提高了整个帝国的食品价格。高关税也使得一些大土地主大获利润，使农民至少能够维持基本的生活。

然而高关税并没有拯救马扎尔人的小贵族阶层，这些人自1848年农奴制废除后就陷入了经济困境。他们失去了农奴，没有了足够的土地，无法通过经营自己的地产而从中获利，而且也没有因失去农奴而获得足够的补偿金，因此无法成为农业企业家。1867—1900年间，约十万独立的土地主被迫将自己的土地出售给了大贵族。到1900年时，大贵族拥有整个国家约三分之一的土地。大多数小贵族成为政府公务人员以维持生活，他们对政府的依赖性是他们忠于1867年协定的主要原因，也是他们保护自己国家特权地位的原因。1900年，约95%的国家政府官员、92%的地方政府官员及90%的匈牙利法官都是马扎尔人。

匈牙利的工业和金融业很大程度上掌握在德意志人和犹太人的手中，马扎尔贵族人士认为从事贸易与商业活动有损自己的尊严。犹太人在1867年获得了完全的公民权利，基本上成为充满热情的爱国公民。

匈牙利产业工人的主体是没有土地而进城务工的农民。不同于其他国家的农民工，马扎尔的劳动者难以适应城市生活，他们中大多数人的梦想都是挣到足够多的钱之后购买土地，然后回到农村。这种流动性阻碍了工人阶级自我意识的成长，也有碍于强大的工会和工人政党的形成。1872年规定，工会如果不参与政治就是合法的。到19世纪末，工会已经与马克思社会主义紧密相连，但被判为非法。

政府在改善工作环境方面鲜有作为。1872年颁布的一部工厂法将每日的最长工时规定为十六小时，也对雇用童工做出了一定的限制。1884 年通过的一部法律对女工的工作时长、工作条件，以及工厂、矿井里的安全措施做出了规定。但这两部法律都没有得到认真推行。

19 世纪后期最主要的匈牙利政治家是蒂萨 · 卡尔曼（Kálmán Tisza，1830—1902）。他是自由党的领袖，于 1875—1890 年期间担任首相。他年轻时是匈牙利独立的虔诚拥护者，是 1867 年协定的坚定支持者，但他坚持不懈地为匈牙利谋利。为了执行这一政策，他代表小贵族的利益，在匈牙利议会的下议院中具有主导的影响力。他始终反对土地和劳动改革，也反对扩大选举权，坚决捍卫马扎尔贵族的政治特权不受其他阶级和少数民族侵犯。

蒂萨主要关注的是金融问题。因为财务管理不善，铁路建设花费巨大，以及官僚体制和军队发展造成的花销，匈牙利的国债自 1867 年之后迅猛增加。到 1875 年，大约三分之一的国家收入都用于填补国债，国家很难再有钱投入当下的各种运行。蒂萨提高偿债能力的主要措施是以更低的利率偿还国债，此外也采取更有效的税收办法。1877 年奥地利与匈牙利就整个帝国经常性支出的分担问题进行商议，虽然整个帝国政府和军队的支出在不断增加，但蒂萨仍拒绝提高匈牙利的分担数额。同时，在他的力劝下，奥地利同意将奥地利国家银行重组为奥匈帝国的国家银行，由此为匈牙利人争取到了在帝国金融事务中更大的话语权。

蒂萨的政府因 1890 年在军队中推行“马扎尔化”政策而失利。匈牙利的爱国主义者要求将马扎尔语定为官方语言，要求赋予匈牙

左图为蒂萨·卡尔曼伯爵（Count Kálmán Tisza）。

利军队领导人更大的独立权。虽然蒂萨已经在国内事务中推行了坚定的“马扎尔化”政策，但他意识到上述两项要求会威胁到帝国的安全。他拒绝在军队问题上做出让步，激怒了极端的民族主义者。1890 年以蒂萨为首的自由党让位于复苏的独立党，独立党的领导人是弗朗西斯·科苏特（Francis Kossuth，1841—1914），系 1848 年匈牙利民族主义领袖路易斯·科苏特（Louis Kossuth）之子。不出意料，独立党推行的政策激化了奥地利、匈牙利两国之间的矛盾，进一步削弱了整个帝国的力量。

时至 1890 年，哈布斯堡王朝中奥地利、匈牙利两国所面临的问题，以及两国间的关系问题已十分严重，而实际上一些学习哈布斯堡王朝历史的学生曾形容这一问题是无法解决的：在一个民族主义原则盛行的时代，由多民族构成的哈布斯堡王朝注定会走向毁灭。当然，人们要留意使用这种“后见之明”。所有的欧洲政府都面临着严峻的问题，其中很多经过证实都是无法解决的，但这并不意味着这些政府都会垮台。而就哈布斯堡王朝而言，它又继续撑过了四分之一个世纪，最终因为在历史上前所未有的恐怖战争中失败而倒下。

德意志帝国，1871—1890

与哈布斯堡王朝明显不同，德意志帝国由众多的单一民族组成，但过于离心的力量似乎也会威胁国家的稳定。不同于法国，德意志帝国并没有形成紧密的中央集权，其联邦体制基于普鲁士与其他德意志国家间的协议，协议允许每个国家保留自己独立的身份和很大程度的当地自治权。其中很多国家都保持着经济独立，而一些大国在和平时期还保留着对自己军队名义上的控制。巴伐利亚与符腾堡还保留着自己的邮政系统。因为对特殊主义（particularism）做出的极大让步和当地政府掌握的极大权力，许多柏林的政治家非常确信德意志帝国无法度过严重的危机，这种担忧常常在他们的政治思考中隐约可见。这种忧虑并非毫无理由，因为特殊主义始终是德意志政治中的一股强大力量。

德意志帝国的宪法与1867年北德意志联邦的宪法类似，与之前的文件也类似，基本上都是俾斯麦的杰作。帝国的至上权威由皇帝（恺撒）掌握，皇帝是普鲁士的君王，掌握着德意志里最强大的国家。皇帝有权任命帝国所有的官员，是帝国外交政策的领导者，是战争期间所有德意志军队的总司令，有权召集或中止帝国的立法，并通过总理在国内提出立法。

在整个帝国所有事务中代表皇帝的是总理，总理仅对皇帝负责。这是俾斯麦为自己量身打造的职位，威廉一世在位期间基本上都接受了俾斯麦的政治指导，俾斯麦在国家中拥有最高权威。

各个国家在帝国联邦参议院（Bundesrat）中代表的人数由国家的大小和人口数决定，联邦参议院是帝国议会中的上议院，其代表议员由每个国家的政府任命。联邦参议院有权提出立法，按规定，影响整个帝国的政府措施也由联邦参议院颁布。因为联邦参议院由普鲁士主导，普鲁士对宪法修订案有足够的否决权，所以如果一项立法没有事先得到普鲁士政府的批准，则在联邦参议院中很难通过。其他小国之间只有联合起来才能抵制普鲁士的行动，以维持联邦参议院中的力量平衡。

帝国议会中的下议院是国民议会，代表国家和民众的意愿，其代表在帝国各选区内普选产生。国民议会也有提出立法的权力，但由于国民议会通过的措施要得到联邦参议院认可才行，所以联邦政府可以否决任何决议。因此国民议会提出立法的权力就被大大削弱了。然而，国民议会也有权力否决联邦参议院通过的立法，所以国民议会能够以行使此项权力为威胁，通过修订案迫使联邦参议院同意自己所做出的立法或是就此进行协商。此外，国民议会控制着财政拨款，财政拨款已经不再是宪法规定的固定数额，而是会有新的或额外的花销，包括用于陆军和海军的费用。因此国民议会绝不是一个毫无意义的机构，也不仅仅是普鲁士专制独裁的傀儡。历任帝国总理都付出不懈努力来争取在国民议会中的主体地位，以保证自己的立法得以通过，这也体现了国民议会的重要性。

德意志帝国因为本身属于联邦帝国，所以实际的行政管理更加复杂。包括普鲁士在内的每一个国家的行政权由国家自身的政府和行政机构承担，每个国家内部的法律并不适用于整个帝国。另一方面，帝国作为一个整体并没有一个属于自己的完整的行政机构，而是依托于每个国家的公务人员来执行整个帝国的法律法规。实际上，帝国的某些关键部门都只是普鲁士政府相应部门的扩展，尤其是军队和外交部门。德意志帝国没有帝国内阁，只有一位帝国首相，即总理。帝国行政部门的领导人不是大臣，而是具有国务卿头衔的公务人员，这些公务人员可能也是普鲁士同一部门中的大臣。因此，德意志帝国与普鲁士的政府部门虽然各自独立，但联系紧密，这使得曾兼任帝国总理和普鲁士首相两年的俾斯麦能够通过任何一方将权力牢牢掌握在自己的手中。

由于政府部门缺乏明确的界线，俾斯麦在位的最后几年内，情况变得越发复杂，后来成为冲突的主要来源。例如，普鲁士的大臣应该首先向普鲁士首相负责还是向具有普鲁士皇帝地位的君主负责，就这一点的规定并不清晰。同样，帝国国务秘书应该向帝国的大臣负责还是向君主负责，这一点也没有明确规定。但有一点是确定的：大臣与国务秘书绝不向任何议会或民意负责。

或许俾斯麦政府的最大弱点在于除俾斯麦之外的其他人缺乏实际参与管理国家的机会，这也是俾斯麦作为行政者的一个弱点。俾斯麦拒绝向其部下分配真正的实权，也不允许其他人做出重要的政治决定，这意味着德意志的整个公务员和政治家队伍都把遵循上级的命令视为理所当然的事情。一位官员曾经表示，在俾斯麦的麾下决不允许其他人有茁壮的成长和发展。政治家缺乏领导力培训，对自己的能力和自己应该拥有的管理权力没有信心，这些都在俾斯麦垮台后得到充分的证实，也成为俾斯麦所遗留下来的不幸之一。

在德意志帝国成立的最初几年里，俾斯麦将其主要精力投注到了巩固新生帝国、加强行政管理方面。1878 年，支持俾斯麦的自由派——国家自由主义人士，与支持俾斯麦的保守派——帝国党（Reich party）人相联合，在国民议会中为俾斯麦争取到了有效的多数席位。虽然这些党派并不支持众多的立法措施，但也确实颁布了一些有利于维护国家统一的建设性措施。俾斯麦与国民议会中具有国家意识的议员相联合，做出了很多成绩，如：统一货币体系，制定贸易与工业的商业规则，统一民事法庭与军事法庭的审判程序，建设国家银行，成立帝国铁路局。

皇帝威廉一世与其妹妹大公爵夫人亚历山德琳·冯·梅克伦堡·什未林（the Grand Duchess Alexandrine von Mecklenburg Schwerin）在埃姆斯河温泉。

插图名为《驯兽师俾斯麦》（“Bismarck As Wild Animal Trainer”），这幅匈牙利漫画展现了外国人对俾斯麦与其国民议会议员关系的典型印象。俾斯麦也常常叹息，国民议会的议员既没有沉默不语，也没有坚定地拥护自己，他们之间的关系就像这幅漫画所展示的一般。

文化斗争

俾斯麦与国家自由主义者联合后，最主要的行动是对德意志帝国内罗马天主教会的攻击，因为俾斯麦将其视为威胁新生帝国的潜在的反国家力量。对俾斯麦与其他德意志民族主义者而言，罗马天主教会在精神上效忠国外力量，而国外力量可能会支持或鼓励罗马天主教会反对其所在地的普鲁士统治，如普鲁士控制下的波兰、阿尔萨斯、洛林，以及其他刚刚统一的德意志国家。俾斯麦认为，更为危险的是，奥地利与法国有可能形成具有复仇性质的天主教势力联盟来反抗普鲁士，还有可能号召德意志的天主教徒一起帮助他们推翻普鲁士新教的统治。

在对抗天主教会的行动中，俾斯麦似乎曾经力图将其控制在政府的管理之下，然后使其成为有利于维护而不是威胁帝国统一的力量。天主教会内部在当时刚刚宣布的教皇无谬论问题上存在争议，这对于俾斯麦是个好的契机，许多重要的德意志牧师、年长的天主教徒都脱离教会以示抗议，俾斯麦认为可以利用这一分歧，来建立他一直以来想建立的国家教会。

俾斯麦对天主教会的攻击被其自由派的支持者称为文化斗争（the Kulturkampf），即“文化间的斗争”或“文明的抗争”，行动几乎立即有了效果，在德意志中央党中起到了巩固天主政治力量的作用。中央党曾是德意志的一小股政治力量，之后发展成为德意志政党中最强大稳定、具有影响力的政党之一，后又继续发挥作用直至纳粹时期。但在国民议会中反对中央党的力量也使得政府不可能通过任何反天主教立法。1872 年，耶稣会士被逐出德意志帝国；1875 年，帝国规定人们要进行非宗教仪式的婚姻，但在国家范围内再没有其他类似的举措。只有普鲁士通过了反对教会的重要立法。当然包括其中最值得一提的 1873 年所谓的《五月法令》(*May Laws of* 1873)，是将天主教会置于国家管控之下的一次公开尝试。而教会给予了强硬的回击，普鲁士的所有主教与超过一半的教区牧师都宁愿被监禁或革职也不接受这一法律，同时教会公众对他们也是忠心耿耿地支持。

文化斗争以失败告终。1874 年选举，中央党在国民议会中取胜，甚至在普鲁士也占据优势，尽管政府对此抱有敌意。俾斯麦认识到了自己的错误，试图修正。1878 年，利奥十三世接任教皇庇护九世，态度上更为缓和，外交上更为老练，之后不久，俾斯麦与罗马教廷展开谈判以结束文化斗争。俾斯麦之所以这样做，是出于有利的政治原因。在文化斗争期间，他对天主教会的强大性和组织性表示尊重，也对中央党代表的政治力量给予重视。俾斯麦希望通过与教会就文化斗争的立法达成交易，以获得中央党的支持，实现自己的政治目的。

与自由主义人士的新冲突以及反社会主义运动

1878 年，俾斯麦已经在留意寻找新的政治同盟，因为他逐渐发现与国家自由主义人士合作变得日益困难。1874 年，俾斯麦与国家自由主义人士又在军事预算这一老问题上产生了冲突。俾斯麦想要一个长期的预算以便军队领导人能够提前计划，但国民议会中的自由主义人士却坚持要对军事花销实施议会控制，因为这是他们最大的政治权力所在。虽然一个长达七年的政府军事预算最终在国家自由主义人士领导者的支持下通过了，但这一问题在自由主义人士之间造成了裂缝，削弱了国家自由主义人士作为一个政府支持政党的有效力量。

俾斯麦为减少政府在经济上对国民议会的依赖性，想要在一些经济举措上赢得自由主义人士的支持，但全都失败了。他提出直接征收啤酒税和糖税，政府对烟草进行垄断，这样政府便能有大量稳定的收入，不再依赖于国民议会或州政府拨款。但这一提议遭到了自由主义人士的拒绝，因为他们意识到一旦通过了这些举措，将减弱他们对于帝国金融业的控制力，然后导致权力的削弱。此外，他们中许多人都坚持自由竞争的原则，反对政府垄断。然而俾斯麦与自由主义人士之间最严重的不合，源自双方在对社会主义者采取何种政策上的意见分歧。

自 1870 年起，在自由主义人士拒绝支持战争拨款之后，俾斯麦便采取了打击社会主义者的行动，社会主义者似乎与天主教徒一样，也效忠于帝国外的势力。1875 年，德意志社会民主党中的所有社会主义群体在哥达会议（Gotha Congress of 1875）上联合了起来，然后在 1876 年的地区和国家选举中获得了胜利。对此，俾斯麦加紧了打击，理由是社会主义者的国际革命性纲领威胁了国家安全，扰乱了当时的政治与社会秩序。1876 年，他提出立法，规定如果印刷物中出现了对“家庭、财产、全民服兵役或其他公共秩序基础”的攻击性字眼，或者“以类似的方式破坏道德、法律尊严与对祖国的热爱”，就属于刑事犯罪。这一规定虽然表面是针对社会主义者，但自由主义人士认为，这一规定很容易就会转向针对任何政府批评者或是俾斯麦看不惯的人，于是自由主义人士对这一规定投了反对票。

1878 年，在有人试图刺杀皇帝之后，俾斯麦再次开始对社会主义者进行打击。虽然刺杀嫌疑人并非社会主义者，但俾斯麦试图利用刺杀案件激起的民愤在国民议会中通过一项新的反对社会主义者的提案。自由主义人士整体上厌烦也惧怕社会主义制度，但他们将俾斯麦的提议视为对政治自由的侵犯，于是再次投了反对票。但不幸的是，一个月之后又发生一起刺杀皇帝的案件，而当时年事已高的皇帝身受重伤，凶手仍然不是社会主义者，但俾斯麦利用这一事件对自由主义人士反对其打击社会主义者进行激烈抨击。他指控自由主义人士无视皇帝的性命安危，并解散了国民议会，在接下来的竞选活动中主打公共秩序与爱国主义。他的宣传颇为有效，自由主义人士大败，保守派获胜。

当时，俾斯麦已经坚定地决定成立新的政治同盟以支持自己在国内的一系列措施。俾斯麦曾经希望将国家自由主义人士培养成顺从政府的政党，但尝试失败，因为自由主义人士与俾斯麦之间的分歧，以其作为政党的功用越来越小。但当时俾斯麦远离自由主义人士的主要原因，是他担心他们会成为公开自称为自由主义人士的皇储的政治同盟。因为皇帝当时已经八十一岁高龄，皇储随时都有可能接任皇位。如果新的君主想要真正代表政府，那他会更想任命一个在国民议会中享有主要支持力量的首相。所以很可能他不会在议会中选择一个强大的自由主义群体，而是有可能支持俾斯麦的多数支持者。同时，大众因社会主义者的威胁而感到惊恐，因此对任何政府领导的巨变都抱有敌意。

竞选活动所争取的打击社会主义者的立法在 1878 年 10 月通过，甚至也得到了许多国家自由主义人士的支持，他们或是迫于选民的压力，或是被俾斯麦的论证所说服。法律宣布：社会民主党为非法政党，禁止其召开会议、出版刊物；社会主义者一旦被发现触犯法律则会被逐出帝国里的几个主要城市，流放至其他地方。俾斯麦对社会主义者的法律打击令德意志内外真正的自由主义人士恐惧不已，但从某些角度来说，俾斯麦究竟是真的要打击社会主义，还是只是以此作为政治手段来震慑财产所有人，树立起自己无比强大的形象，来对抗皇储“民主化的”倾向，这一问题还有待讨论。社会主义的候选人仍然可以参加国民议会的竞选，如果竞选成功就可以成为议员；社会主义的文学作品自瑞士涌入德意志的边境地区；社会民主党成立了高度有效的地下组织；受到驱逐的社会主义鼓动者走向郊区，继续他们的宣传。社会主义在迫害下不断繁荣。1878—1890 年间，社会主义者的普选票数从三十万增加至一百五十万，在国民议会中的席位数从九位增加至三十五位。反社会主义法作为打击社会主义的举措以失败收场，但从巩固俾斯麦权力的角度来看，打击社会主义的活动却卓有成效。

新的政治融合、保护主义与经济扩张

接下来，俾斯麦直接向中央党争取政治支持。1878 年，他开始与罗马教廷协商，结束文化斗争；1879 年 6 月，他迫使普鲁士文化教育部部长阿达贝尔特 · 法尔克（Adalbert Falk，1827—1900）辞职，后者的姓名常常与《五月法令》紧密相关。1879 年夏，俾斯麦聚集了含有中央党成员、支持政府的保守派和若干国家自由主义人士的议会同盟。有了这一同盟的支持，俾斯麦开始了与之前九年截然不同的政治历程。

他放弃了自由贸易的政策，提出设立保护德意志工农业的保护性关税。德意志 1873 年开始经历严重的经济萧条，自从银行业、商业灾难性地失败后，帝国成立时投机性的经济繁荣就不复存在。德意志的工业面对来自大英帝国的强有力的竞争，恢复缓慢。德意志的农业根本没有恢复，反而因美俄两国价格低廉的粮食涌入而持续下滑。1879 年 7 月 13 日，德意志颁布关税法保护工农业。中央党因其选民大多为农民而对此表示支持；许多守旧地主也对此表示支持，因为他们的经济利益主要来源于农业；保守派和自由主义人士代表也因自身的商业利益而表示支持。对此持反对态度的，是那些仍然坚信自由贸易的自由主义人士。

关税使经济得到显著恢复，也标志着德意志一段工业扩张历史的开始，这一扩张将使德意志成为欧洲最为强大的工业国家。德意志很快就在钢铁产量上超过了法国和大英帝国；火车里程数在1870—1914 年间增长了三倍；商船队数量一跃上升至第二位，仅次于英国。

德意志拥有丰富的自然资源优势。煤炭、铁矿、褐煤、碳酸钾，这些资源都得到了巧妙、高效的利用。德意志人深入研究了其他工业国家尤其是英国的生产方法，从其他国家的经验中取其精华去其糟粕。他们购入或是自己生产最为精良、现代的设备。1875 年，中央银行即德意志国家银行（Reichsbank）成立后，政府与工业之间开始合作，在第二帝国时期给法国带来了繁荣。政府以合理的利率向新的工业企业提供长期贷款，为德意志打破英国在海外市场的垄断而提供金融和政治支持。同时，大托拉斯*（卡特尔**）的形成控制住了德意志主要的工业企业，促进了越来越高效率的生产方式的引进，包括大规模的生产技术。此外，只有达到这种规模的企业才有能力建立实验室，吸引大学里的科学家就产品创新与改良进行实验。德意志的工业家首先在科学家与技术专家之间建立紧密的联系。这其中最令人瞩目的成果就来自化学工业，尤其是药物、合成染料与摄

* 托拉斯（英语Trust的音译），是较高级的垄断组织形式。指由许多生产同类商品或在生产上有密切关系的企业，为了垄断某些商品的产销以获得高额利润，而组成的大垄断企业。——译者注

** 卡特尔（源自法语Cartel），原义协定或同盟，是垄断组织的一种重要形式。指生产同类商品的企业，为了获取高额利润，在划分销售市场、规定商品产量、确定商品价格等方面达成协议而形成的一种垄断联合。——译者注

影方面的发展；而价格低廉的化学肥料的供应大大提高了每英亩土地的产量，提高了地主的生活水平，给德意志农业带来了革命性的变化。大托拉斯在促进德意志发展为主要的工业大国方面功不可没，但与英美两国的大公司一样，这些准垄断机构都将自由经济视为笑谈。

德意志在19世纪80年代迅速工业化，与此同时工业革命时期所拥有的悲惨经历也相伴而生。因此，在俾斯麦的关税法令德意志工业繁荣发展之后，社会主义开始成为德意志一股重要的政治力量。社会主义宣传主要针对由农村涌入城市的新兴无产阶级，而社会主义人士投票率的稳步上升表明其宣传正逐步产生效果。

国家社会主义

俾斯麦面对社会主义的威胁，继续采取压制性的立法措施，直到1890年，反社会主义法都周期性地进行修订；但同时，针对社会主义的不断繁荣，俾斯麦也纠正了一些权力滥用的问题。在社会立法方面，他采取了与经济领域一样的态度，即拒绝采用放任不管的自由主义政策。通过政府支持的关税政策与政府对德意志工农业的鼓励，俾斯麦成功获得了强大的商业与农业群体的支持。相应的，一个政府支持的社会福利项目也有可能使工人阶级成为他的同盟者。革命社会主义受到了国家社会主义的打压。

政府在1881年11月的国民议会上以帝国通知的形式表明了自己引入社会福利项目的意向。“不能仅仅依靠压迫来打击社会主义的发展，”皇帝说道，“同时必须要采取积极措施提高工人阶级的福利。”1883—1889 年间，国民议会通过了一系列政府支持的法律，建立了健康、意外事故、养老和病残保险，为工人阶级提供了比任何国家都更为全面的保障制度。俾斯麦对立法规定工作时间和改善工作环境的做法持反对态度，这是因为根据他在农村的观察，妇女和儿童白日里与男性在田间工作一样长的时间，他不赞成禁用女工和童工、规定最长工作时长的想法。

俾斯麦的福利项目在其继位者手中得以延续和发展，但却没有取得政府所期望的政治效果。社会主义没有因此被消灭，工人阶级接受了国家给予的福利，但却继续煽动活动，想要得到更多。虽然有社会福利项目和反社会主义法，但国民议会中社会主义得票数与代表席位仍然稳步增长。尽管如此，福利项目的一个重要目的却得以实现：虽然社会主义政党不断发展，革命社会主义却渐渐瓦解，因为越来越多的工人都在现存的体制中分得了利益股份。

金融危机与俾斯麦倒台

由于 19 世纪 80 年代的繁荣复苏和德意志外交政策的普遍成功，俾斯麦与保守派、中央党成员、自由贸易保护主义者成功结盟。但在 1886 年 12 月，在军队拨款问题上，俾斯麦再次与国民议会产生了冲突。俾斯麦仍想颁布一项长期的军事拨款法案，但国民议会为保留对军事花销的控制力仍予以拒绝。俾斯麦处境艰难，老皇帝性命危在旦夕。在俾斯麦与国民议会产生分歧的情况下，一旦腓特烈·威廉皇储继任皇位，其自由派的支持者会将这视为一个扳倒俾斯麦的千载难逢的机会。而与此同时，俾斯麦还面临着严重的外交危机。俄法两国的反德情绪异常高涨，而且他们很有可能联合起来对抗德意志。

俾斯麦解散了拒绝军事拨款法案的国民议会，并召集新的选举。为推进竞选活动，俾斯麦成功团结起了由温和保守派和国家自由主义人士组成的旧联盟，被称为“俾斯麦卡特尔”（the Bismarck Cartel）。爱国主义是其主基调：祖国正处于危难之中，反对军事拨

“气球吹得巨大却没爆破”——这是1884年德国讽刺杂志《碰撞》（*Kladderadatsch*）中的一则漫画，是对反社会主义法没有起到任何作用的评论。

款法案就是背叛自己的祖国；所有正直的德意志公民都有义务为拥护这项法案的俾斯麦支持者投上赞成的一票。

1887年大选，俾斯麦的支持者大获全胜。这似乎是帝国成立以来俾斯麦第一次在议会中收获忠心耿耿地支持自己、保证自己国内立法政策能够通过的多数选票。一旦腓特烈·威廉皇储登上皇位，想要选择一个在议会中拥有多数支持者的人来担任首相，那么他就会发现这个人非俾斯麦莫属。但事实证明，俾斯麦在此次选举中的胜利只是空欢喜一场，因为他看中的是一位命已不长的皇储。1887年春，人们得悉皇储身患癌症，皇储和老皇帝，谁的时日剩得更多都不得而知。

1888年3月9日，皇帝威廉一世逝世，皇储继承皇位，成为腓特烈三世，但是因为身患疾病，他根本无法行使任何实权。腓特烈三世仅仅在位九十九天，根本无法实现自己十七年来梦寐以求的自由主义改革，最终于1888年6月15日去世。其子威廉二世继位，成为最后一位德意志君主。

威廉二世（1888—1918年在位）继承皇位时二十九岁，但想法、行动仍然尚未成熟。他始终未能成熟起来，这是德意志的一大悲剧。威廉二世出生时就有一只手臂残疾，这样的不便造成了他的自卑感。为了弥补这一点，他表现得夸夸其谈、独断专行。他不喜欢反对自己的人，身边尽是阿谀奉承之辈和平庸之人，但若是有人愿意且能够将其引领到正确的道路上，他是会接受建议的。

威廉二世尽管对俾斯麦怀有钦佩之心，但因其自命不凡，不愿听到反对意见，所以不是一个愿意轻易听从俾斯麦安排的人，他迟早会使用俾斯麦在德意志宪法中赋予国王的最高的权力。俾斯麦若想维持自己的影响力，就要对这个年轻人使出非常手段；或是巧妙地发动一场军事政变，找到一个修订宪法的理由，赋予首相比皇帝还要大的权力。

俾斯麦在其任职的最后几个月里仍在努力尝试，但都以失败告终。几次政治上的尝试都在重要关头失败，他还犯了一个严重错误：相信自己自1886年开始就担任国务卿的儿子赫尔伯特（Herbert）已经牢牢控制住了新皇帝，于是花了太多时间待在自己的庄园。

俾斯麦与德皇之间的最后一次冲突表面上看是有关劳工政策，但实际上是权力之间的冲突。威廉二世受到多方的提醒，提醒他俾斯麦在蓄谋酝酿一场国内危机，以证明自己对于缺乏经验的新皇帝而言是不可或缺的，然后达到自己独裁的目的。1890年3月，威廉二世要求俾斯麦辞职；1890年3月20日，俾斯麦签署辞职文件，俾斯麦时代结束。取而代之的是威廉二世独自掌权的时代，威廉二世行使国家至高无上的权力，丝毫没有意识到权力的有限性正是俾斯麦权力政治失败的主要原因。

第八章

寻求国际新稳定，1871—1890

就在 1871 年普鲁士战胜法国、成立德意志帝国后不久，英国政治家本杰明 · 迪斯雷利就宣称：

这场战争代表了德意志革命是比上世纪法国大革命更为巨大的政治事件……六个月前所有被政治家们接受的、可以用于指导我们处理外交事务的原则，现在都不复存在。所有的外交传统都被一扫而光。我们面临的是一个新世界，具有新的影响力，要应对的是全新的、陌生的事物和危险……大国间的制约平衡荡然无存，而对此巨变感受最深、最为痛苦的便是英国。

迪斯雷利的这段陈述多少带有几分夸张，作为忠诚于女王陛下的反对党领袖，他是在批评其竞争对手格莱斯顿的外交政策，因为德意志的最终统一就发生在格莱斯顿掌权期间。但他确实也表达出了许多欧洲政治家都有的担忧。当时普鲁士是德意志帝国的领导力量，而德意志帝国又毫无疑问地拥有欧洲大陆上最强的军事力量。普鲁士会如何运用这一力量呢？会不会德意志统一的目标已经扩展到了荷兰、比利时和瑞士？生活在哈布斯堡王朝、俄国波罗的海省份和斯堪的纳维亚地区的德意志人的命运又将如何呢？

俾斯麦很清楚地意识到了欧洲人的恐惧，他也知道新生的德意志帝国会给他们带来的危险。他们惧怕德意志，所有国家都迫切地希望能够成立一个反德意志联盟，打败这个普鲁士敌人，然后恢复欧洲大国之间的力量制衡。所以俾斯麦首先是要消除欧洲国家的疑虑，他说新生的德意志帝国是一个自我满足的国家，因此其外交政策的主要目标与原则就是维护和平、维持现状。

俾斯麦确实也是这样考虑的。欧洲大国间的权力制衡会使得德意志无法再进一步扩张，至少在可以预见的未来是这样的。他还认为，鉴于进一步扩张所涉及的成本和风险，没有哪个地方能值得这样做。然而，当时俾斯麦采取和平政策最重要的原因是他坚信要想保住其一手创建的帝国，维持和平才是最可靠、成本最低的办法。俾斯麦对于未来德意志政策的认识具有极为重要的基础意义。作为欧洲最强国的领导人，同时身为当时最有才干的外交家之一，直到1890年辞职前，他都主导着欧洲的国际局势。正因为他认为维持欧洲和平才是维护其国家利益的最好方式，他成为1914年之前少有的几位能够追求欧洲和平、反对民族的或是动荡的外交政策的政治领导者。

寻求东欧稳定

三大国的首次联盟

俾斯麦为稳定 1871 年建立的欧洲国家体系的第一步，就是尝试在欧洲保守派国家间重建“梅特涅式协调”。在他看来，俄国与奥地利是实现这一目标的天然同盟。这两国一直都面临着革命的威胁，也都希望加入德意志维护国际稳定、维持国内现状的行列，因为一旦发生大的战争，那么战争带来的风险都将助长革命势力。

1873 年，德意志、奥地利与俄国三大帝国之间达成了多项协议，形成了日后为人们熟知的三大国首次联盟（the first Three Emperors' League）。三国达成一致，在各自国家内打压颠覆性的活动并相互协商，以防其他国家威胁欧洲的和平，随后意大利于 1873 年 9 月也加入联盟。因此这一联盟的形成旨在保护相互的利益，镇压国内革命，防止其他联盟形成以影响其成员的利益。只要成员国家间的利益和谐一致，这一联盟就会发挥效用；一旦他们之间的利益开始出现分歧，则会立即分崩瓦解。

巴尔干危机，1875—1878

1875 年和 1876 年巴尔干半岛地区爆发了反对土耳其统治的暴动，三大国首次联盟作为一个维持国际稳定的工具却显得毫无用处。所有的欧洲大国，尤其是俄国和奥地利都在这一区域有自身的利益。对于俄国而言，巴尔干地区意味着通往君士坦丁堡的最近的陆上线路；对于已经被德意志、意大利排除在外的奥地利而言，则是其扩大领土、增加自身影响力的最后一条通道。大英帝国和法国在克里米亚战争期间就唯恐俄国利用巴尔干地区作为跳板，进一步在地中海和中东地区扩展势力，而自从1869年苏伊士运河开通后，就为俄国提供了可能。这对两国都是很大的威胁。

德意志在巴尔干地区并没有非常重要的利益。因此在俾斯麦看来，德意志需要担心的是欧洲大国在争夺巴尔干地区利益时爆发战争，一旦如此，德意志就不得不参与其中，以防止东欧地区各国间力量制衡的瓦解。因为他相信在这样的冲突中德意志不会有任何好处，反而会失去许多。俾斯麦对俄国、奥地利施加外交压力，以和平划分巴尔干地区，并声称如果俄奥两国真的爆发战争，那么德意志会进行干预，以防任意一方取得决定性的胜利。

俾斯麦的外交策略暂时限制住了俄国和奥地利，但在1876年夏，巴尔干地区的塞尔维亚和黑山共和国对土耳其宣战，虽然俄国向其提供了志愿人员和战争援助，但塞尔维亚和黑山共和国仍然大败。俄国采纳了俾斯麦的建议，与奥地利签订了协议，确认了两国在巴尔干各自的势力范围，然后在1877年4月对土耳其作战，确保最终将其逐出巴尔干半岛。1877年夏，两国在巴尔干山脉的普列夫纳（Plevna）要塞经历了持久的拉锯战，俄国最终在年底攻破了土耳其的防御，并在1878年3月8日与土耳其签订了《圣斯特法诺和约》（*Treaty of San Stefano*）。

《圣斯特法诺条约》中最重要的条款是建立大保加利亚公国，东起黑海、西至阿尔巴尼亚山脉（mountains of Albania），北起多瑙河，南至爱琴海。因为新的保加利亚公国很明显附属于俄国，所以这一条约实则为俄国控制地中海地区提供了条件，这也是俄国梦寐以求的。这一条约对英、法两国可谓是当头一棒，这两国一直都想把俄国排除在地中海区域之外。同时，这一条约也违反了俄国在战前与奥地利就巴尔干地区签订的战前协议。

俄国与土耳其签订的条约是对联盟中三大国利益的触犯，在这之后俄国又犯下了一个严重的错误。就在俄国与土耳其签订条约的三天后，奥地利外交部长邀请欧洲国家领导人前往柏林参加会议，意在修订《圣斯特法诺和约》。俄国在与土耳其交战中已将资源消耗殆尽，所以不得不接受邀请，否则就要面对欧洲同盟的战争威胁。

为了尽可能地保住在土耳其战争中所获的利益，俄国试图在会议召开之前收买主要大国的支持。俄国首先尝试与奥地利协商，但奥地利担心再一次遭到俄国的背叛，所以提出了许多条件。俄国接下来又与英国协商，英国始终不确定三大国联盟会不会联手侵犯英国的利益，所以就抓住机会保护自己的利益。1878 年 5 月 30 日，英俄两国秘密签订条约，将新生的大保加利亚公国的边界从爱琴海推远，以防止俄国在地中海地区建立自己的海军基地。

英国的外交活动并没终止于与俄国签订的条约。英国同意俄国保留其从土耳其处获得的黑海以东的区域，这就意味着俄国的势力很明显地扩展到了中东地区，而增大了对英国在中东地区利益的威胁。英国为了巩固自己在中东地区的地位，于 1878 年 6 月 4 日与土耳其秘密签订条约，条约保证了土耳其在亚洲的领土，因此英国为自己一旦感觉利益受损便随时可以向土耳其派兵找到了借口。为了保证这一条约能够起作用，英国说服土耳其将具有战略性地位的塞浦路斯交与自己。于是，英国在地中海东部就有了一个极好的海军基地，攻击距离可以到达君士坦丁堡、土耳其在亚洲的领土、巴尔干地区及苏伊士运河。

此外，英国在会前又签订了第三份条约。奥地利自俾斯麦处得知英国与俄国秘密签订了条约，生怕俄国在接下来的会议中获得主要国家的支持，于是便急忙与英国进行交易。奥地利最为关心的是保持其在欧洲东南部的经济与政治影响力，同时防止巴尔干地区出现任何大国，从而阻挡其通往欧洲东南部的大门或者威胁奥地利的安全。1878 年 6 月 6 日，奥地利与英国签订条约，使其需求得以保障。

就这样，在柏林会议尚未召开之前，针对《圣斯特法诺和约》的最重要的修订内容，各大国间就已经达成了协议。柏林会议就只需要使这些会前的决定正式生效，然后制定出相关细节。

柏林会议

柏林会议（1878 年 6 月 13 日至 7 月 13 日）是 19 世纪最精彩的外交会议之一。代表大英帝国参会的是首相本杰明 · 迪斯雷利及外交大臣索尔兹伯里侯爵；俄国的代表是总理戈尔恰科夫亲王及俄国驻英大使彼得 · 舒瓦洛夫伯爵（Count Peter Shuvalov）；哈布斯堡王朝、法国、意大利的代表均是其外交部长，分别为安德拉希伯爵（Count

Andrássy）、威廉·亨利·瓦丁顿（William Henry Waddington）、科尔蒂伯爵（Count Corti）。全权大使齐聚柏林，会议选在柏林召开，也显示了新生的德意志帝国在欧洲国家体制中的重要地位。俾斯麦作为德意志的领导人主持会议，并依照外交传统被选为会议主席。但实际上俾斯麦已不仅仅是名义上的会议领导，而是主导会议，操控着会议协商的速度和走势。

根据《柏林条约》（*Treaty of Berlin*）的总决议书，《圣斯特法诺和约》中建立的大保加利亚公国被划分为三个部分。第一部分也是其中最大的部分归保加利亚所有，北边以多瑙河为界，西边以阿尔巴尼亚山脉为界，南边以巴尔干山脉为界。名义上，保加利亚获得自治权，由土耳其统治。但实际上，却默认是俄国的附属国。第二部分，即巴尔干山脉以南的部分，成为东鲁米利亚省（Eastern Rumelia）。仅仅从名字上来看，它就与附属于俄国的保加利亚大不相同。东鲁米利亚受土耳其总督的管理，但将要接受欧洲委员会所推出的政府改革。大保加利亚公国剩下的第三部分就直接受土耳其统治，包括临近爱琴海的区域。

名义上仍归土耳其帝国统治的塞尔维亚、黑山和罗马尼亚三国获得独立，却失去了一些在圣斯特法诺的领土。罗马尼亚在最近几次战争中都是俄国对抗土耳其的同盟，因此不得不将自己在比萨拉比亚的肥沃领土及多瑙河河口的控制权交与俄国，作为交换，罗马尼亚得到了从土耳其割让出来的不毛之地——多布罗加（Dobruja）。

大国之间，奥地利获得了波斯尼亚（Bosnia）和黑塞哥维那

（Herzegovina）的占用权而非所有权，并且能够派兵驻守土耳其管理下的新帕扎尔（Novi Pazar）区，该地位于塞尔维亚与黑山之间，具有战略性地位。因此奥地利在塞尔维亚与黑山之间形成了一个军事三角区，挫败了塞尔维亚要建立一个大的巴尔干国家的想法，也为自己打开了向南通往巴尔干地区的大门。俄国获得了位于黑海东部的巴统、卡尔斯和阿尔达汉（Ardahan），并控制保加利亚剩下的领土。大英帝国获得了塞浦路斯。法国秘密获得了名义上归土耳其帝国所有的突尼斯（Tunis）。意大利代表空手而归，因没有任何收获而受到国内同胞的诟病。德意志没有获得领土，却免去了针对东欧问题在俄国与奥地利之间做出选择的麻烦，也避免了卷入不会给自己带来利益的高消耗、高危险的国家冲突之中。维护和平本身对于德意志而言就是重要的收获。

1879 年德奥联盟

俾斯麦拒绝因俄国、奥地利两国而影响东欧国家之间的力量制衡，帮助修订《圣斯特法诺和约》的个别协议，在柏林会议上担任“调解人”的角色，所以俾斯麦贡献巨大，避免了因近东危机而爆发一场欧洲战争。但他为此也付出了巨大的代价。俄国本来期待在柏林会议上得到德意志的支持，但德意志却坐视俄国经历外交失败而不管不问，对此俄国极为不满。柏林会议之后，令俄国人怀恨在心的不是其在危机中真正的对手奥地利和英国，而是德意志这个不忠实的朋友。俄国上下弥漫着一股反德意志情绪，由此带来的结果是，德意志不仅要面对法国人的敌意，同时还有俄国人的。如果这两方联合起来形成一个反德意志同盟，那么迫切想要夺回中欧主导地位的奥地利也很有可能会加入其中。

俾斯麦对于俄国敌意的反应，是与奥地利形成一个防御联盟以对抗俄国或由俄国支持的势力的袭击。这一联盟成立于 1879 年 10 月 7 日，具有多重目的。首先，联盟保证了双方互相支持，不用担心俄国的进攻；其次对于奥地利而言，减少了与德意志、俄国和意大利签订条约分割哈布斯堡王朝的危险；对于德意志而言，则避免了奥地利与俄法两国联盟的可能。对于俾斯麦而言，另一个好处是他能够操控奥地利的外交政策。只要奥地利在东欧有任何进攻性的举动，就会有与俄国发生战争的危险，而奥地利在没有获得确定的德意志支持时，不敢贸然与俄国产生冲突。只要德意志始终明确立场、提供支持，就能对奥地利在东欧的行动产生强大的控制力，即使这种控制力并不具有决定性的意义。

三大国再次联盟

考虑到俾斯麦随后结交的几个同盟，可以看出俾斯麦当时并不打算只与奥地利进行联盟，而是希望也与俄国签订一些条约，目的是避免俄国与法国形成联盟。但他很清楚地意识到，要与俄国签订条约并非很快就能达成的任务。因为当时的俄国社会到处弥漫着反德情绪，德意志任何想要与俄国拉近关系的努力都几乎被理解为害怕的表现。即使德意志能够与俄国签订协议，那也一定为之付出了巨大的代价。

图为1884年再次联盟的三大国代表齐聚斯凯尔涅维采（Skierniewice），从左到右依次是：俄国外交部长格尔斯伯爵（Count Giers）、俾斯麦和奥匈帝国外交部长卡尔诺基伯爵（Count Kálnoky）。

于是，俾斯麦似乎决定采用间接的办法处理与俄国的关系。德意志与奥地利之间的同盟本应是一个秘密，但因保密不慎，德、奥双方尚未签订条约之前俄国就听说了这一消息。俄国发现自己处于一个尴尬的地位，因为两个中欧大国正在组建联盟，英国又是其伙伴。

俄国接下来的反应正是俾斯麦所期望的，德、奥结盟的消息对于俄国人的反德情绪是一种惩罚。俄国领导人开始意识到自己的反德意志态度不仅毫无意义而且极其危险。最终，就在德意志与奥地利尚在商谈条约的时候，俄国就主动登门，恳求俾斯麦恢复三大国的联盟。因此当时俾斯麦在商讨中就占据优势，比起他主动直接接触俄国要好得多。

恢复三大国联盟的请求在柏林会议上提了出来。俾斯麦说自己与奥地利结成同盟的主要目的就是拉开奥地利与西欧大国之间的距离，让俄国大使放心；并说他很愿意重建三大国联盟，因为这是“唯一能够最大程度维护欧洲和平的体系”。

俾斯麦恢复三大国联盟的主要困难在于说服奥地利接受俄国加入德意志－奥地利之间的同盟，许多德意志政治家本来希望利用这一同盟对抗俄国。俾斯麦努力劝说奥地利接受俄国，而格莱斯顿在1880年3月英国大选中的胜利也对俾斯麦起到了帮助的作用。格莱斯顿在竞选期间猛烈地谴责了奥地利，获得了胜利，致使奥地利企图获得英国支持去东欧对抗俄国的希望也暂时破灭。但即便如此，直到俾斯麦明确支持俄国一方，并在有关东欧的所有时事问题上都针对奥地利时，奥地利才最终妥协并接受俄国。

与第一次联盟不同，三大国再次联盟是基于清晰明确的协议条款。协议于1881年7月18日秘密签订，期限为三年。其中最重要的规定是，如果联盟中的一国与第四国（土耳其除外）发生战争，那么其余两国要保持中立。这一规定避免了所有成员国面对敌对联盟的危险。协议的其他条款主要旨在减少签约国之间的摩擦：巴尔干的西部地区是奥地利的势力范围，东部地区是俄国的势力范围。

这一协议绝不可能结束俄国与奥地利之间的紧张局势，也不会解决东欧的所有问题。它仅仅能起到缓和紧张局势的作用，为各帝国之间针对危机事件的协商奠定一个基础。三大国的再次联盟尽管有其局限性，但仍然好过没有联盟。

奥地利对巴尔干政策

为了降低巴尔干地区发生进一步国际摩擦的危险性，俾斯麦多次尝试在奥地利和俄国之间签订协议，明确划分巴尔干地区。他的理由是，两个国家会在接下来的几年中忙于同化自己的势力范围，但划分计划却从未成形。奥地利领导人害怕俄国在巴尔干地区的势力永久地扩张，而匈牙利人也不想巴尔干地区被划分，因为如果哈布斯堡王朝内有了更多的斯拉夫人，他们的影响力就会减弱。

同时，在不进行领土兼并的情况下，奥地利的利益也成功得到了增加。巴尔干地区铁路的迅速修建使得奥地利的经济影响力从欧洲东南部扩展到了新的区域，这些区域因为不通海洋一直没有受到英、法两国的经济影响。奥地利也成功扩大了其政治影响力。奥地利利用贷款贿赂塞尔维亚王子，并以重新承认其塞尔维亚国王的地位对其进行诱惑，于 1881 年与塞尔维亚签订了政治及经济条约，从此塞尔维亚成为奥地利的附属国。1883 年，奥地利与罗马尼亚建立防御同盟，之后德意志加入其中。

保加利亚问题

奥地利在巴尔干地区取得的最惊人的成功在于保加利亚，或者更恰当来说，这也是俄国最大的失败。俄国没能机智地利用其在保加利亚的影响力；面对民族意识日益减弱的保加利亚人，俄国也没能处理好其高度敏感的荣誉感和威望。俄国人选择亚历山大·巴滕贝格（Alexander of Battenberg，1857—1893）作为保加利亚王子也是一种不幸。亚历山大王子不愿扮演俄国的傀儡，而想要成为一个独立国家的独立统治者。虽然俾斯麦很明确地警告过亚历山大，让他不要期望能从德意志获得支持，但奥地利和大英帝国的维多利亚女王却支持他追求独立。

1883年，这位王子与普鲁士的维多利亚公主（Princess Victoria）订婚，维多利亚公主是德意志皇位继承人之女、维多利亚女王的孙女。订婚后亚历山大的野心大大膨胀。从政治角度来看，这场婚姻是最受英国人欢迎的，因为他们急切地想要消除俄国在保加利亚的影响力，所以他们将这次联姻看作能够利用德意志帮助自己达到目的的机会。虽然德意志拒绝支持亚历山大王子对抗俄国，但其与普鲁士公主订婚一定会引起俄国人对德意志的严重怀疑，怀疑德意志在巴尔干地区政策上的忠诚度；也一定会动摇俄国对于德意志政府的信心，而这是俾斯麦千辛万苦才重新获得的。

这场联姻会带来的危险性在俾斯麦看来显而易见，所以他不顾一切地要利用自己的权力阻止这场巴滕贝格婚姻的发生。他对奥地利外交部长指出，奥地利如果反对俄国在保加利亚形成影响力的话，就是不顾其与俄国签订的条约，就是在巴尔干地区制造极为危险的局势。为了弥补奥地利态度的不足，俾斯麦必须努力使俄国相信德意志，消除疑虑。他谴责亚历山大王子并对奥地利施压，要求其放弃在巴尔干地区的政策。

尽管俾斯麦付出了诸多努力，但保加利亚问题仍然几乎将欧洲各大国都卷入了战争。1885 年 9 月，东鲁米利亚爆发革命，革命人士的目的是要与保加利亚一起团结起来。受到保加利亚民族情绪的感染，亚历山大王子认识到自己不得不担任革命运动的领导人，否则就要放弃王位。

保加利亚与东鲁米利亚的联合违反了《柏林条约》，也影响到所有大国的利益。塞尔维亚人看到其邻国有可能会扩大领土，心生嫉妒，意欲获得领土补偿，就占领了保加利亚，这使得局势更为复杂。最终，塞尔维亚与保加利亚之间在保持战前现状的基础上恢复了和平；欧洲大国于 1886 年 4 月承认了保加利亚与东鲁米利亚的联合。但当时的国际局势依然紧张。俄国人无法再忍受亚历山大王子的统治，将其绑架，最终于 1886 年 8 月逼其退位。但俄国在保加利亚的控制力没有得到提升。新的保加利亚政府像亚历山大王子一样不愿意再接受俄国的封建专制统治。

俄国人备感受挫，他们对奥地利违反三大国联盟精神和条约的行为愤怒不已；许多俄国人都坚信如果没有德意志的支持，奥地利不敢如此。俄国的泛斯拉夫主义信徒一直就对日耳曼人的德意志帝国和奥地利心怀敌意，于是公开表示俄国不会再寄希望于三大国联盟以巩固其在巴尔干地区的利益，而是要转而从别处获取支持。

寻求西欧稳定

德意志与法国

俄国反德情绪的涌现与法国反德情绪的复苏恰逢同时。自柏林会议之后，俾斯麦就一直在努力降低法国人对德国人的敌意，帮助法国建立海外殖民地来弥补法国在阿尔萨斯–洛林地区的损失。俾斯麦希望通过这种方式将法国的注意力从德意志转移到其他的殖民大国。虽然法国政治家意识到了俾斯麦的动机，但其中很多人认为法国应该利用俾斯麦的支持来扩大自己的殖民地。但这些殖民主义者遭到了法国大陆派政治家的反对，他们害怕殖民政策会导致法国与其他欧洲大国发生争端，延迟法国重建其在欧洲主导地位的时间。

1881 年，在殖民主义者朱尔·费里（Jules Ferry，1832—1893）的领导下，法国购得突尼斯，这是柏林会议上俾斯麦与索尔兹伯里所做出的承诺。二人深知法国夺得突尼斯会导致德意志与意大利的冲突，因为意大利在这一地区投入巨大，并将其视为意大利扩张顺其自然获得的领土范围。但法国同样也在突尼斯有巨大的投入。法国人看到意大利有意向要收入突尼斯，于是在 5 月 12 日强迫突尼斯省长（Bey of Tunis）签订了《巴尔杜条约》(*Treaty of Bardo*)，正式在突尼斯建立了保护权。

1882 年三国联盟

正如法国反殖民主义者所惧怕的那样，法国得到突尼斯后就与意大利产生了严重冲突，意大利因此与德意志、奥地利结盟。突尼斯事件使意大利认识到自己保持外交独立，与出价最高者保持友好关系的旧政策已经不能给国家带来利益了。意大利国内，主要由共和主义者组成的一股强大势力主张无视突尼斯事件，继续与共和制的法国保持友好关系，希望借助法国争取回仍在奥地利统治之下的意大利语地区。但国内更具影响力的政治群体却希望意大利与德意志合作，因为德意志拥有强大的军事力量，能够更好地帮助意大利扩大殖民地，与其结盟比与法国结盟更具价值。德意志作为一个新教国家，在对抗罗马教皇方面会起到协助作用，因为罗马教皇仍然意图恢复教皇国。德意志是一个君主制国家，所以会支持意大利政府对抗共和主义和革命力量。

就个人而言，俾斯麦有意保留意大利的君主，因为意大利君主并不像意大利的共和派那样主张与法国结盟。最重要的是，俾斯麦意识到与意大利结盟对奥地利更有价值。意大利想要得到奥地利控制下的特伦托、的里雅斯特，这始终会带来危险。如果奥地利与俄国爆发战争，那么能保证意大利保持中立总归是有好处的。

在意大利、奥地利和德意志三国商讨联盟的谈判过程中，俾斯麦施压意大利，要其解决维也纳问题，虽然俾斯麦总是协调使谈判顺利进行，但在这些宿敌面前他并没有必要再扮演调解人的角色。1882 年 5 月 20 日，协议达成，三国联盟成立。协议达成了一般性共识，支持君主制原则和现存的政治、社会秩序。同时这是一个防御性的联盟，对抗法国或者“两个及两个以上的非成员国大国”，换句话说，就是对抗法英俄联盟。这一协议巩固了意大利稳定政府的前景，也让德意志能够放心——如果其与法国之间爆发战争的话，意大利会保持中立。奥地利向意大利保证，如果意大利与俄国爆发战争，奥地利会保持中立。这缓解了意大利民族主义者对于意大利仍有“未收回的”领土在奥地利控制之下的焦虑心情。意大利君主获得了亟需的声望、两个强大的防御性盟友、对抗梵蒂冈重建教皇国的支持力量，以及对抗革命的支持力量。

新成立的三国联盟注定会成为欧洲国际政治的一个固定框架，三国联盟本意是要持续五年，但却周期性地更新，直至 1915 年，意大利在第一次世界大战中抛弃德意志和奥地利，联盟才废止。

英国占领埃及

就在三国联盟的成立条约签订后不久，埃及爆发了国际性危机。随着 1869 年苏伊士运河的开通，埃及开始成为一个具有重要战略意义的地区，而在运河修建之前，埃及就成为了欧洲经济帝国主义的目标。埃及总督虽然名义上受土耳其苏丹*的统治，但已经持续多年都以独立统治者的身份行事，并向欧洲银行借取大量资金，而且高利贷居多。1875 年，埃及总督因为急需金钱来偿还高利息的债务，所以不得不将苏伊士运河的股票售与英国，但这并没有稳定埃及的金融状况。1876 年 11 月，英法两国政府以埃及债权人的身份联合控制埃及政府。这一行为引发了埃及人民深深的仇恨，他们发现自己

* 苏丹：某些伊斯兰国家对统治者的称法。——译者注

上图为修建中的苏伊士运河。在一百英里深的沙子和沼泽之中修建运河不仅是一个巨大的技术工程难题，同时也涉及重大的金融和外交问题。手拿铁铲和棕榈叶篮子的体力劳动者最终被蒸汽挖掘机和挖泥船所替代，后者能够以每月六百万立方英尺的速度挖掘运河。苏伊士运河开凿于1859年，十年后完工，这一运河使到达印度的海上线路缩短了不止一半，极大提高了地中海东部及其周围区域，尤其是埃及的战略重要性。

承受高税收，仅仅是为了偿还高利率的外债。1882 年 1 月，一批埃及军官推翻了欧洲统治，成立了埃及国家政府。

英国于同年 7 月做出反应，轰炸亚历山大港（Alexandria），派兵保护苏伊士运河。1882 年 9 月，英国军队与埃及军队在泰勒凯比尔（Tel el-Kebir）发生冲突。埃及军队被击溃，令反殖民主义的格莱斯顿政府多少有些尴尬的是，英国完全控制住了埃及。

格莱斯顿反对殖民主义，但他同时也是一位聪明的金融家，是法律和秩序坚定的信奉者。所以他决定利用英国占领埃及的机会重建秩序，稳定埃及的金融业。他对其他欧洲大国保证，说英国只是暂时占领埃及，“只要埃及总督的权威能够维持这个国家和社会的稳定”，英国军队就会撤离。然而埃及对法国和意大利同样有着重要的战略和经济意义，但令这两国愤怒的是，英国对于埃及重建的国家秩序始终不满意。英国一直保持着对埃及的控制，直到第二次世界大战之后，埃及成功爆发民族主义运动，英国才被迫离开。

在整个埃及危机期间，俾斯麦一直在督促大国之间达成协议，以防止埃及危机引发一场欧洲大战。随着危机一拖再拖，没有达成任何共识，俾斯麦一方面鼓励英国单独采取行动，一方面利用自己的影响力来阻止其他国家的干预。俾斯麦也不想看到英国、法国及意大利之间的后续冲突。他担心格莱斯顿的自由派政府与民主共和的法国之间形成协约，而变化无常的意大利也有可能会加入。不过，埃及危机则暂时让这些变得不可能。

俾斯麦的殖民政策

俾斯麦很快就利用英国棘手的外交状况来实现自己的政治目的。早在 1884 年他就向英国政府建议，如果英国要继续得到德意志在埃及问题及其他问题上的外交支持，就要将位于北海（North Sea）的战略基地黑尔戈兰岛（island of Helgoland）割让给德意志，并同意德意志占领一些海外殖民地。为了达到殖民目的，俾斯麦采取了他之前一直反对的政策。之前他认为海外扩张不会在任何方面给德意志带来国家安全或是繁荣，那究竟为什么俾斯麦改变了他的殖民政策呢?

照例，俾斯麦做出改变的动机仍是多方面的。毋庸置疑，他被自称反帝国主义的格莱斯顿政府在非洲扩大其影响力的操纵手段所惹恼。倘若只是这个原因的话，似乎他只是主要受国内政治因素的影响。然而德意志多年以来的皇位继承制度问题显得更为严重。皇帝威廉一世已经年至八旬，身体虚弱；而其子腓特烈·威廉皇储，思想自由开放，丝毫不隐藏自己对俾斯麦的厌烦，也不掩盖其当政后要撤销俾斯麦职务的想法，皇储的想法得到其妻子——维多利亚女王之女的强烈支持。毋庸置疑，俾斯麦希望通过建立殖民地来增加自己在德意志日益强大的帝国主义者中的受欢迎度，也希望得到能从殖民地中获得利益的商业领袖的支持，然后巩固其在国民议会中的地位，为下一任政府做准备。推行殖民政策能带来更进一步的益处：削弱腓特烈·威廉皇储的地位，因为他的妻子公开表明自己对于德意志殖民野心的反对。就像一位俾斯麦的副官说的那样："最好的办法就是将未来的皇后及其亲英派的想法置于一个与德意志民族相对立的位置上，因为无论是德意志的自由派还是民主派都是支持殖民扩张的。"

俾斯麦并不希望与英国发生严重冲突，而且在正常情况下，如果俾斯麦发现格莱斯顿政府对此的反应并不如他所料，那么他就很有可能放弃整个殖民政策。然而，1884 年的局势并不平常。德意志与欧洲大陆上所有的大国都结了盟，只法国除外。而法国与德意志一样，也机敏地想通过英国的反对来扩大自己的殖民地。此外，当时领导法国政府的是朱尔·费里，他准备在殖民地问题上与俾斯麦合作。所以俾斯麦就占据了一个比较优越的位置，能够对英国稍微施压。他也愿意这样，因为英国当时正在格莱斯顿的统治之下，而俾斯麦不仅蔑视格莱斯顿政府，而且也希望看到其垮台。

英国人发现自己在对抗俾斯麦的大陆联盟时孤立无援，于是不得不放弃与葡萄牙签订条约，借此以确保英国在刚果地区的影响力。1884—1885 年，在俾斯麦和费里的主持下，几个欧洲大国代表汇聚柏林，就非洲问题召开了国际会议，会上明确了几个欧洲大国在刚果的势力范围。同样也是在这次会议中，大国之间达成协议，同意合作废止非洲的奴隶制度和奴隶贸易；同时订立了规则：一个帝国主义国家只有在对殖民地建立了有效的控制之后，才能宣称对其领土的所有权。

时至 1885 年，俾斯麦通过法德合作的外交协议向英国施压，已经成功控制了非洲西南部、多哥兰（Togoland）、喀麦隆（the Cameroons）、东非及新几内亚（New Guinea），并得到了国际社会的认可。法国则让出了法属几内亚（French Guinea）、红海沿岸的部分区域，以及亚洲东南部的大部分区域。

在与法国就殖民问题的合作过程中，俾斯麦或许还有别的想法。他因为法国始终对德意志怀有敌意而不安，所以试图通过多方面支持法国的政策来缓和这种敌意。“我想劝你放下色当的那一场战役，就像你们放下了滑铁卢之役那样。”俾斯麦对法国大使这样说道。俾斯麦是否真的相信自己能够改变法国对德意志的态度，我们无从得知，但 1884—1885 年间的形势使他有理由进行这样的尝试。

安抚法国的尝试以失败而告终。1885 年 3 月底，法国在印度支那遭受军事挫败，费里政府垮台，这也标志着法德合作的结束。对俾斯麦而言，短命的合作协议已经发挥了它的作用。俾斯麦认识到要真正与法国和解，在一段时间之内是不可能实现的，他也向英国证明了英国不能恣意妄为地忽视德意志的要求，而且还将德意志扩张成一个殖民帝国。在他与法国合作的这段时期内，他意识到与法国建立友谊的局限性，而也正是因为这个原因，他才没有毫无限度地对英国施压，以免造成英德关系的永久破裂。

针对俾斯麦推行殖民政策的动机存有激烈的争论，人们认为俾斯麦推行殖民政策主要源自经济和社会层面的考虑，而更为基础而深层次的政治考虑在前文已经有所论述。这种观点也在殖民地传播，俾斯麦努力确保不断扩张的资本主义体系能保持一个稳定的增长速度，为其保障廉价的原材料来源和海外商业出口市场。从社会角度而言，俾斯麦认为帝国主义能够团结一个充满阶级分歧的国家，也能将国内的不满转移至海外，捍卫普鲁士－德意志国家传统的社会与权力结构。这一分析恰好将俾斯麦的帝国主义观点置于马克思主义理论的框架之中，而在某一方面这也确实如此：自 1871 年之后，俾斯麦所有的政策都旨在维护现存的政治和社会结构，对于这一事实俾斯麦从未隐瞒。然而，没有任何证据表明俾斯麦转而采取殖民政策是从其自身利益出发的，也没有证据证明俾斯麦可能占领的贫穷的非洲领土会给德意志的经济或社会安全带来什么实质性的贡献。“所有的殖民交易都是虚假的，”俾斯麦曾被报道这样说过，“但我们需要依靠殖民交易来支持大选。”一旦他的殖民政策发挥了作用，他就会彻底放下殖民政策，专注于欧洲大陆的问题（实际上他也一直如此），因为他认为这才是德意志真正的安全问题。曾有一名德意志的殖民热衷者表示要在非洲版图上进行更多的殖民扩张，针对这一观点，俾斯麦说道："你的非洲版图看起来很漂亮，但我的非洲版图存在于欧洲大陆。欧洲大陆上有俄国和法国，而我们就在两国之间，这就是我的非洲版图。”

俾斯麦联盟体系的高潮

伴随费里政府的垮台，法国国内迅速出现了对费里政策的反对声音。殖民扩张已经让法国在海外与其他国家发生了代价高昂的冲突，也激起了诸多反对之声。对于许多法国的爱国人士而言，整个殖民交易似乎就是德意志布下的一个局，要转移和分散法国恢复阿尔萨斯－洛林的资源和注意力，而费里与俾斯麦的合作就是叛国。法国在印度支那战败，法国爱国主义团体焦虑不安，要求收回阿尔萨斯－洛林地区，这使得法国的反德意志情绪强势复苏。而基本上就是这股情绪将能够带领法国成功复仇、对抗德意志的布朗热将军推上了高位。

在法国出现反德意志浪潮和布朗热地位上升的同时，俄国在保加利亚遭遇挫败，同样也引发了反德意志的浪潮。俾斯麦再一次发现自己处于一个危险的外交境地。三国联盟在 1887 年失效，而俄国已经明确表示不会再续订。尽管俄国沙皇不喜欢法国的共和政府，但俄国很有可能与法国联盟。而一旦俄法联盟，两国中任何一个性急的领导人都可能决定是时候与德意志和奥地利进行清算了。到时候德意志就腹背受敌，面临着战争的威胁。即使德意志在这场战争中获胜，也收不到任何的好处，无法弥补其在战争中付出的高昂代价和遭受的危险。所以到目前为止，对于德意志而言最好的政策就是维护和平，而如何维护和平则成为俾斯麦政治生涯中最难处理的问题之一。

俾斯麦通过一系列最为复杂、精明的联盟解决了这一难题。俄国最初在 1886 年确实是拒绝继续三国联盟的，很明显，俄国对于奥地利的不信任使得俄国不可能与奥地利达成什么协议，就像法国不可能与德意志达成协议一样。但德意志与俄国之间达成协议却并非不可能，而这似乎也是防止法俄联盟、避免德意志腹背受敌最简单、最显而易见的办法。可是要与俄国联盟，德意志就要消除俄国对德政策的所有怀疑，让俄国看到与德意志结盟比与法国结盟所能获得的更具实质性的好处。

同时，俾斯麦不打算抛弃奥地利，也无意让俄国在东欧占据政治主导地位，扰乱欧洲大国间的势力平衡。如果德意志要偏向俄国一方，奥地利就要获得额外的支持来保证其在东欧的位置。而实际上奥地利会成为反俄联盟的核心，德意志不加入反俄联盟，所以就有与俄国讨价还价的自由。

奥地利在几个大国中最明显的盟友就是英国，但如果要战胜英国的孤立主义，就要使英国确信结盟国家能够分担其控制俄国的重担，德意志与奥地利不会允许俄国将势力扩张到地中海地区。只要有其他国家的支持，土耳其就能够作为对抗俄国的一个盟友。奥地利已经与塞尔维亚、罗马尼亚和意大利组成了防御性同盟，保加利亚对俄国仍然怀有敌意。有了英国、意大利、土耳其以及巴尔干地区国家的支持，奥地利的处境就会极好。德意志也能够对俄国做出必要的让步，因为俄国会被奥地利联盟所限制。这样的联盟会给德意志带来进一步的好处，置法国于孤立无援之地。

在 1886 年的最后几个星期和 1887 年年初，俾斯麦忙于进行四项谈判：恢复三国联盟，确保奥地利背后不受意大利的攻击；签订一个以奥英两国为主的协议，维持巴尔干地区和近东的现状；签订一个以英国、意大利和奥地利为核心的协议，维持地中海地区的现状；签订一个德意志与俄国之间的协议。

这个复杂联盟网络中的第一个三国协议就是 1887 年签订的所谓的《第一次地中海协定》（*The First Mediterranean Agreement of 1887*），这个协定并不是正式的条约，而是相关国家以互换照会的形式秘密签订而成。协定旨在维持地中海地区、土耳其和巴尔干国家的现状。意大利支持英国在埃及的政策，英国支持意大利在北非的政策，英奥之间的照会强调了两国在近东的共同利益。虽然照会措辞松散，可以有不同的解释，但还是为相关国家的合作及共同利益的明确提供了基础。

1887 年 2 月 20 日，三国联盟又续签了五年。意大利清晰地看到法、俄两国的反德意志情绪增加了意大利作为盟友的重要性，因此提高了与自己结盟的代价。之前的三国联盟条约没有改动，但为了满足意大利新增的要求，条约增加了独立的、秘密签署的奥地利 – 意大利、德意志 – 意大利照会作为补充条款。奥地利 – 意大利照会旨在维持近东的现状，规定如果不能维持现状的话，意大利就会参与到近东的事务之中。德意志 – 意大利之间的照会旨在维持北非的现状，德意志做出承诺，如果法国在北非的行动威胁到了意大利的利益，德意志会予以协助。英国也对意大利做出了同样的保证。俾斯麦有信心，德意志和英国能够一起防止意大利滥用这些承诺中的支持。

随着《第一次地中海协定》的签署，以及三国联盟条约的续签，形势已经明朗，俾斯麦可以依照自己的想法与俄国进行沟通。正如俾斯麦料想的那样，虽然俄国沙皇断然拒绝与奥地利继续签订任何协议，但并不反对与德意志签订协议。即使如此，俄国与德意志之间的谈判仍是相当困难的。俾斯麦最需要的是俄国做出保证，如果法国攻击德意志的话，俄国要保持中立，但俄国对此犹豫不决。

最终，1887 年 6 月 18 日俄国与德意志之间秘密签署了一个为期三年的《再保险条约》（*Reinsurance Treaty*）。两国在条约中达成共识，一旦其中一国被卷入与第三国的战争，则另一国要保持中立，但这一条款并不适用于德意志发动的对法战争，也不适用于俄国发

俾斯麦。图片摄于他辞职之前。

动的对奥战争。两国承诺维持巴尔干地区的现状；德意志对俄国在保加利亚的利益做出特别认可。两国确认了战时封闭直布罗陀海峡的原则。该条约中最重要的事项在于一份绝密协议：德意志表示支持俄国重建在保加利亚的影响力，反对亚历山大·巴滕贝格王子复辟。德意志还承诺会对俄国进行道义和外交上的支持，支持俄国为控制其“帝国关键点”君士坦丁堡和直布罗陀海峡所采取的任何必要举措。所以，俾斯麦在德意志利益不会直接受到影响的地方向俄国的行动自由提供了外交支持，只是他此前已经帮助奥地利形成了一个国家联盟来维持这些地方的现状。

《再保险条约》的主要成就是降低了法俄联盟的概率，或者至少是降低了法俄联盟直接对抗德意志的概率。只要法国不确定俄国会支持自己发动对德战争，法国就不太可能袭击德意志。

这一条约在其正式生效之后的几个月里价值显著。1887 年年中及 1888 年，布朗热主义（Boulangism）在法国达到巅峰。尽管俄国百般阻挠，在 1887 年大选中，斐迪南·萨克森·科堡王子（Prince Ferdinand of Saxe-Coburg，1861—1948）还是成为保加利亚王子，对此俄国的不满也上升到新的高度。如果没有《再保险条约》，法俄两国极有可能结成联盟。

1887 年法俄两国反德意志情绪的加深，使俾斯麦不再把全部的希望寄托于《再保险条约》，而是竭尽全力地加强地中海联盟来对抗法俄两国。同一时期，法俄两国在殖民地问题上针对英国进行合作，这有利于俾斯麦采取行动，因为这使英国政治家意识到了法俄合作潜在的危险性，也更易于接受他们要在近东采取更明确行动的观点。

1887 年 12 月 12 日，奥地利、英国和意大利以互换照会的方式签订了《第二次地中海协定》（*The Second Mediterranean Agreement*）。协定重申了维持近东现状的原则。最重要的是，这一协定强调了保持土耳其独立、不受任何外国势力控制的重要性。土耳其将不会放弃任何权利，也不会允许任何外国势力占领保加利亚、直布罗陀海峡或是小亚细亚（Asia Minor）的任何地方。协定签署国同意帮助土耳其抵御侵犯，捍卫主权。如果土耳其没能抵挡住侵犯，则为保护土耳其的独立地位，这三国将考虑暂时占领土耳其，为其提供正义帮助。

1887 年各种条约中的条款都是保密的，但为了增加条款作为维护和平工具的有效性，条约的内容梗概可以泄露——这是对潜在侵略国的一种警告。

与第一次世界大战爆发之前生效的那些同盟不同，此时俾斯麦促成的同盟并没有将大国划分为两个敌对的阵营。相反，却将各大国都置于一个环环相扣的网络之中，包括德意志在内，没有任何一个国家可以确保自己发动侵略战争时会得到支持。而与此相反，侵略国要面对力量强大的防御同盟，这些同盟或是基于相互的同盟条约，或是基于天然的同盟。因为这一体系会有效对抗任何扰乱现状的势力，所以对于任何国家的沙文主义的鼓动者而言，都是一种遏制力量。

俾斯麦促成的条约之所以重要，是因为这些条约为相关国家带来了巨大的好处，所有的签署国都愿意遵守条约以维持既得利益。同时，正式的条约都有一定的有效期，以免任何国家受限于一个特定的条约而变得厌烦。当条约的期限一到，它就会被废止，或是根据国际局势的变化而重新商议更新，因为所有国家都希望能够得到某种形式的支持或保障。

俾斯麦同盟体系中最薄弱的一环是旨在维持欧洲领土和政治现状的“梅特涅式协调”。绝大多数欧洲国家都不满意欧洲的现状。俄国和奥地利对欧洲东南部虎视眈眈；法国有意收回阿尔萨斯－洛林；意大利觊觎特伦托、的里雅斯特和达尔马提亚海岸（Dalmatian coast）。在俾斯麦的同胞当中，有越来越多的人批评他对德意志现状容易满足，如果德意志继续守着欧洲中部有限的领土，那么会有越来越多的人对德意志作为一个大国的未来进行猜测。德意志的民族主义者想要更多的领土，或者是海外扩张，或者是东欧扩张；军队领导人和外交家都希望停止外交策略，直接与法国、俄国进行战争，一劳永逸地彻底结束这些危险。

俾斯麦任职期间控制住了这些国内的不安情绪，凭借其影响力和能力维护和平，维持欧洲的现状。但在 1888 年，德意志新皇帝继位，接受了最不负责任的国家扩张的要求。自 1890 年俾斯麦被撤职后，俾斯麦的联盟体系就开始瓦解，而新的联盟开始形成，欧洲被划分成两个军事阵营。俾斯麦被撤职不仅标志着德意志国内一个时代的结束，更标志着国际事务中一个时代的终结。

充满希望的黄金时代

研究 19 世纪最后几十年的历史学家很容易就可以看出那些很快就会爆发的战争和革命力量。这些力量存在于每个国家，而 1890 年的欧洲似乎没有理由无故惊恐。相反，这之前的四十年是一个伟大的时代。物质成果似乎证明进化是进步的同义词，而最近的人类精神的表现也促使人们相信人类的素质正一代代不断提升。加里波第奋不顾身地投入民族主义事业之中，与此相当的是人道主义者在革命事业中的壮举。得益于民族主义领导人的努力，欧洲大陆上的大部分地区都在民族主义原则的基础上建立起了新的政治单元。这是许多理论家和务实的政治家所能接受的，成立一个国家天然的，也是最为合理的基础。得益于革命者的努力，所有国家人民的生存条件都稳步提升。最明显的农奴制度和奴隶制度被废除，人类社会在对抗饥饿与疾病的道路上迈出了巨大一步。此外，这些革命者为对抗无知、社会不公和一切形式的人类残暴付出努力，他们曾经在荒野之中大声哭号，但现在他们可以依靠开化了的民众的广泛支持。尽管民族敌意和民族对抗依然存在，但国际交流却前所未有的普遍。人们可以不用护照，轻而易举地在西欧、中欧安全旅行。不同国家的艺术家和学者也可以去往国外的城市和大学进行学习和思想交流。

善于思考的欧洲人充分意识到他们的社会中仍然存在一些严重问题，而其中也不乏对于灾难的预言家，但在19世纪即将结束之际，欧洲人普遍都持乐观的态度。人类的理性似乎展现了其解决人类问题的能力，欧洲社会近七十五年内没有爆发欧洲范围的全面战争，人们开始对未来抱有希望。从之后所发生的事件来看，似乎这样的自信心过于天真。但成长于这一时期的人们在第一次世界大战之后回顾过往，将该时期视为黄金时代，也就不难理解了。或许这一时期不是现实中的黄金时代，但无疑是一个人们满怀希望的黄金时代。

推荐阅读

通俗读物

J. P. T. Bury，*New Cambridge Modern History* Vol. X，*The Zenith of European Power*，1830—1870（Cambridge，Eng.，1960）

F. H. Hinsley，*New Cambridge Modern History* Vol. XI，*Material Progress and WorldWide Problems*，1870—1898（Cambridge，Eng.，1962）

Asa Briggs，*The Nineteenth Century：The Contradictions of Progress*（London，1970）

William L. Langer，*Political and Social Upheaval*，1832—1852（New York，1969）

A. R. Vidler，*The Church in an Age of Revolution*，*1789 to the Present Day*（London，1961）

Josef L. Altholz，*The Churches in the Nineteenth Century*（New York，1967）

Theodore Ropp，*War in the Modern World*（Durham，N.C.，1959）

Cyril Falls，*A Hundred Years of War*，1850—1950（New York，1953）

Cyril Falls，*The Art of War from the Age of Napoleon to the Present Day*（New York，1961）

David Healy，*Modern Imperialism：Changing Styles in Historical Interpretation*（Washington，D.C.，1967）

Richard Koebner and H. D. Schmidt，*Imperialism：The Story and Significance of a Political Word*，1840—1960（Cambridge，Eng.，1964）

George H. Nadel and Perry Curtis，*Imperialism and Colonialism*（New York，1964）

D. K. Fieldhouse，*The Colonial Empires：A Comparative Survey from the Eighteenth Century*（New York，1966）

D. K. Fieldhouse，*Economics and Empire*，1830—1914（Ithaca，New York，1973）

经济和社会史

M. M. Postan and H. J. Habakkuk，*Cambridge Economic History of Europe* Vol. VI，*The Industrial Revolutions and After*（Cambridge，Eng.，1965）

David S. Landes, *The Unbound Prometheus: Technological Change and Industrial Development in Western Europe from 1750 to the Present* (Cambridge, Eng., 1969)
J. D. Chambers and G. E. Mingay, *The Agricultural Revolution*, 1750—1880 (New York, 1966)
E. L. Jones and S. J. Wolf, *Agrarian Change and Economic Development* (London, 1970)
A. P. Usher, *A History of Mechanical Inventions* (Cambridge, Mass., 1954)
T. K. Derry and T. I. Williams, *A Short History of Technology* (London, 1961)
N. J. G. Pounds and W. N. Parker, *Coal and Steel in Western Europe* (Bloomington, Ind., 1957)
G. R. Taylor, *The Transportation Revolution*, 1815—1860 (New York, 1951)
L. F. Habcr, *The Chemical Industry during the Nineteenth Century* (Oxford, 1958)
W. Ashworth, *A Short History of the International Economy*, 1850—1950 (London, 1951)
Herbert Feis, *Europe: The World's Banker*, 1870—1914 (New Haven, 1930)
Leland Jenks, *The Migration of British Capital to 1875* (London, 1927)
R. N. Salaman, *The History and Social Influence of the Potato*, 2 vols. (Cambridge, Eng., 1949)
Peter N. Stearns, *European Society in Upheaval: Social History since 1800* (New York, 1967)
Asa Briggs, Victorian Cities (London, 1963)
R. E. Dickenson, *The West European City: A Geographical Interpretation* (London, 1962)
E. A. Gutkind, International History of City Development, 3 vols. (New York, 1964—67)
A. F. Weber, *The Growth of Cities in the Nineteenth Century* (New York, 1969)
Franklin D. Scott, *Emigration and Immigration* (Washington, D.C., 1966)
Herbert Moller, *Population Movement in Modern Europe History* (New York, 1964)
D. V. Glass and D. E. C. Eversley, *Population in History: Essays in Historical Demography* (London, 1965)
C. M. Cipolla, *The Economic History of World Population* (Harmondsworth, Eng., 1962)
Walter F. Willcox, *International Migrations*, 2 vols. (New York, 1929—31)

思想和文化史

J. T. Merz, *A History of European Thought in the Nineteenth Century*, 4 vols. (Edinburgh and London, 1896—1914)
W. C. D. Dampier, *A History of Science and its Relations with Philosophy and Religion* (New York, 1949)
W. P. D. Wightman, *The Growth of Scientific Ideas* (New Haven, 1951)
Charles Singer, *A Short History of Scientific Ideas to 1900* (Oxford, Eng., 1959)

C. C. Gillespie, *The Edge of Objectivity: An Easy in the History of Scientific Ideas* (Princeton, N.J., 1960)
J. D. Bernal, *Science in History* (London, 1954)
S. F. Mason, *Main Currents in Scientific Thought* (New York, 1954)
A. D. White, *A History of the Warfare of Science with Theology* (New York, 1896)
Nora Barlow, *Autobiography* (New York, 1958)
Gertrude Himmelfarb, *Darwin and the Darwinian Revolution* (New York, 1959)
Stephen Toulmin and June Goodfield, *The Discovery of Time* (New York, 1965)
John Bowler, *Politics and Opinion in the Nineteenth Century* (London, 1954)
Boyd C. Shafer, *Nationalism: Interpretors and Interpretations* (Washington, D.C., 1959)
Boyd C. Shafer, *Nationalism: Myth and Reality* (New York, 1955)
Hans Kohn, *The Idea of Nationalism: A Study of its Origins and Background* (New York, 1944)
K. R. Minogue, *Nationalism* (New York, 1967)
H. M. Chadwick, *The Nationalities of Europe and the Growth of National Ideologies* (Cambridge, Eng., 1945)
E. Kedourie, *Nationalism* (London, 1960)
F. S. L. Lyons, *Internationalism in Europe*, 1815—1914 (Leyden, 1963)
Walter M. Simon, *European Positivism in the Nineteenth Century* (Ithaca, N.Y., 1963)
Frederick M. Watkins, *The Political Tradition of the West: A Study in the Development of Modern Liberalism* (Cambridge Mass., 1948)
Guido de Ruggiero, *A History of European Liberalism* (London, 1927)
Carl Landauer, *European Socialism: A History of Ideas and Movements from the Industrial Revolution to Hitler's Seizure of Power*, 2 vols. (Berkeley, Calif., 1959)
G. D. H. Cole, *Socialist Thought: Marxism and Anarchism*, 1850—1880 (London, 1954)
George Lichtheim, *The Origins of Socialism* (New York, 1969)
Isaiah Berlin, *Karl Marx: His Life and Environment* (Oxford, 1939)
George Lichtheim, *Marxism: An Historical and Critical Study* (London, 1961)
M. M. Bober, *Karl Marx's Interpretation of History* (Cambridge, Mass., 1927)
Walter A. Kaufmann, *Nietzsche: Philosopher, Psychologist, Anti-Christ* (Princeton, N.J., 1950)
William Boyd, *The History of Western Education* (London, 1966)
Brain Simon, *Studies in the History of Education*, 1780—1970 (London, 1960)
H. M. Pollard, *Pioneers of Popular Education*, 1760—1850 (London, 1856)
John Hurt, *Education in Evolution: Church, State, Society, and Popular Education*, 1800—1870 (London, 1971)
E. P. Richardson, *The Way of Western Art*, 1776—1914 (Cambridge, Mass., 1939)
Fritz Novotny, *Painting and Sculpture in Europe*, 1780—1880 (London, 1960)
Herbert Read, *A Concise History of Modern Painting* (London, 1959)
Linda Nochlin, *Realism* (Harmondsworth, 1972)

John Rewald, *The History of Impressionism* (New York, 1973)
George H. Hamilton, *Manet and his Critics* (New York, 1969)
W. E. Houghton, *The Victorian Frame of Mind*, 1830—1870 (New Haven, Conn., 1957)
Eda Sagarra, *Tradition and Revolution: German Literature and Society*, 1830—1890 (New York, 1971)
F. W. J. Hemmings, *Culture and Society in France, 1848—1898: Dissidents and Philistines* (New York, 1971)
Harry Levin, *The Gates of Horn: A Study of Five French Realists* (New York, 1963)
René Wellek, *A History of Modern Criticism, 1750—1950: The Later Nineteenth Century* (New Haven, Conn., 1965)
A. G. Lehmann, *The Symbolist Aesthetic in France*, 1885—1895 (Oxford, 1950)
Donald Jay Grout, *A History of Western Music* (New York, 1960)
The Memory of Hector Berlioz (New York, 1960)

民族史

Robert K. Webb, *English History*, 1815—1914 (Washington, D.C., 1967)
Robert K. Webb, *Modern England: From the Eighteenth Century to the Present* (New York, 1968)
Derek Beales, *From Castlereagh to Gladstone*, 1815—1885 (London, 1969)
Henry Pelling, *Modern Britain*, 1885—1955 (London, 1960)
Ernest L. Woodward, *The Age of Reform*, 1815—1870 (Oxford, 1962)
R. C. K. Ensor, *England*, 1870—1914 (Oxford, 1936)
David Thomason, *England in the Nineteenth Century*, 1815—1914 (London, 1950)
Asa Briggs, *The Making of Modern England, 1783—1867: The Age of Improvement* (New York, 1959)
W. L. Burn, *The Age of Equipoise: A Study of the Mid-Victorian Generation* (London, 1964)
J. H. Clapham, *The Economic History of Modern Britain*, 1815—1914, 2 vols. (Cambridge, Eng., 1921)
Sir Ernest Barker, *Political Thought in England*, 1848—1914 (Oxford, 1928)
Emmeline Cohen, *The Growth of the Britain Civil Service*, 1780—1939 (Hamden, Conn., 1965)
Elizabeth Longford, *Queen Victoria: Born to Succeed* (New York, 1965)
Lytton Strachey, *Queen Victoria* (London, 1921)
Lytton Strachey, *Eminent Victorians* (London, 1918)
H. C. Bell, *Lord Palmerston*, 2 vols. (Hamden, Conn., 1936)
John Morley, *The Life of William Ewart Gladstone*, 3 vols. (1903)
Philip Magnus, *Gladstone: A Biography* (New York, 1964)

Robert Blake, *Disraeli* (New York, 1967)
Gwendolyn Cecil, *Life of Robert, Marquis of Salisbury*, 4 vols. (London, 1921—1931)
L. P. Curtis, *Coercion and Conciliation in Ireland*, 1880—1892 (Princeton, N.J., 1963)
C. C. O' Brien, *Parnell and his Party*, 1880—90 (Oxford, 1957)
Jean T. Joughin, *France in the Nineteenth Century: Selected Studies in English since 1956* (Washington, D.C., 1968)
Gordon Wright, *France in Modern Times: 1760 to the Present* (Chicago, 1960)
Alfred Cobban, *A History of Modern France*, vol. 2, 1799—1871; vol. 3, 1871—1962 (Harmondsworth, 1966)
John B. Wolf, *France*, 1814—1919 (New York, 1963)
D. W. Brogan, *The French Nation: From Napoleon to Pétain*, 1814—1940 (London, 1961)
Theodore Zeldin, *France, 1848—1945: Ambition, Love, and Politics* (London, 1973)
Albert Guérard, *Napoleon III: A Great Life in Brief* (New York, 1955)
James M. Thompson, *Louis Napoleon and the Second Empire* (Oxford, 1954)
Roger L. Williams, *The World of Napoleon III*, 1815—1870 (New York, 1962)
Michael Howard, *The Franco-Prussian War* (New York, 1961)
Roger L. Williams, *The French Revolution of 1870—1871* (New York, 1969)
Alexander Sedgwick, *The Third French Republic*, 1870—1914 (New York, 1968)
D. W. Brogan, *France under the Republic*, 1870—1939 (New York, 1940)
David Thomason, *Democracy in France since 1870* (London, 1969)
R. H. Soltau, *French Political Thought in the Nineteenth Century* (London, 1931)
J. P. Mayer, *Political Thought in France from the Revolution to the Fourth Republic* (London, 1949)
J. H. Clapham, *The Economic Development of France and Germany*, 1815—1914 (Cambridge, Eng., 1936)
Shepard B. Clough, *France: A History of National Economics* (New York, 1964)
Rondo Cameron, *France and the Economic Development of Europe*, 1800—1914 (Princeton, N.J., 1961)
David H. Pinkney, *Napoleon III and the Reconstruction of Paris* (Princeton, N.J., 1958)
J. M. and Brian Chapman, *The Life and Times of Baron Haussmann* (London, 1957)
Jean T. Joughin, *The Paris Commune in French Politics*, 1871—1880, 2 vols. (Baltimore, 1955)
P. Campbell, *French Electoral System and Elections* (London, 1958)
Fredric H. Seager, *The Boulanger Affair: Political Crossroads of France*, 1886—1889 (Ithaca, N.Y., 1969)
David B. Ralston, *The Army of the Republic*, 1871—1914 (Cambridge, Mass., 1967)
Norman Rich, *Germany*, 1815—1914 (Washington, D.C., 1968)
Walter Simon, *Germany: A Brief History* (New York, 1966)
Golo Mann, *The History of Germany since 1789* (New York, 1968)

Koppel S. Pinson, *Modern Germany: Its History and Civilization*, second ed. (New York, 1966)
W. H. Dawson, *The German Empire, 1867—1914, and the Unity Movement*, 2 vols. (New York, 1919)
Hajo Holborn, *A History of Modern Germany*, Vol. III (New York 1968)
Otto Pflanze, *Bismarck and the Development of Germany: The Period of Unification*, 1815—1871 (Princeton, N.J., 1963)
Charles G. Robertson, *Bismarck* (New York, 1919)
Erich Eyck, *Bismarck and the German Empire* (London, 1950)
A. J. P. Taylor, *Bismarck: The Man and the Statesman* (New York, 1955)
Michael Balfour, *The Kaiser and his Times* (New York, 1964)
Leonard Krieger, *The German Idea of Freedom: The History of a Political Tradition* (Boston, 1957)
Theodore S. Hamerow, *Restoration, Revolution, Reaction: Economics and Politics in Germany*, 1815—1871 (Princeton, N.J., 1958)
Theodore S. Hamerow, *The Social and Economic Foundations of German Unification*, vol. 1, *Ideas and Institutions* (Princeton, N.J., 1969), and vol. 2, *Struggles and Accomplishments* (Princeton, N.J., 1972)
Gordon Craig, *The Politics of the Prussian Army*, 1640—1945 (New York, 1955)
Gerhard Ritter, *The Sword and the Scepter: The Problem of Militarism in Germany*, vol. 1, *The Prussian Tradition*, 1740—1890 (Coral Gables, Fla., 1969)
John R. Gillis, *The Prussian Bureaucracy in Crisis, 1840—1860: Origins of an Administrative Ethos* (Stanford, Calif., 1971)
E. N. Anderson, *The Social and Political Conflict in Prussia*, 1858—1864 (New York, 1954)
Henry Cord Meyer, *Mitteleuropa in German Thought and Action*, 1815—1945 (The Hague, 1955)
C. A. Macartney, *The Habsburg Empire*, 1790—1918 (London, 1969)
A. J. May, *The Habsburg Monarchy*, 1867—1914 (Cambridge, Mass., 1951)
Oscar Jaszi, *The Dissolution of the Habsburg Monarchy* (Chicago, 1929)
Robert Kann, *The Multinational Empire: Nationalism and National Reform in the Habsburg Monarchy*, 1848—1918, 2 vols. (New York, 1950)
William M. Johnston, *The Austrian Mind: An Intellectual and Social History*, 1848—1938 (Berkeley, Calif., 1972)
Charles F. Delzell, *Italy in Modern Times: An Introduction to the Historical Literature in English* (Washington, D.C., 1964)
Arthur J. Whyte, *The Evolution of Modern Italy* (New York, 1959)
Derek Beales, *The Risorgimento and the Unification of Italy* (London, 1971)
George Martin, *The Red Shirt and the Cross of Savoy: The Story of Italy's Risorgimento*, 1748—1871 (London, 1969)
Bolton King, *A History of Italian Unity, Being a Political History of Italy from 1814 to*

1871, 2 vols. (London, 1912)
Christopher Seton-Watson, *Italy from Liberalism to Fascism*, 1870—1925 (London, 1967)
Denis Mack Smith, *Italy: A Modern History* (Ann Arbor, Mich., 1959)
Shepard B. Clough, *The Economic History of Modern Italy* (New York, 1964)
Benedetto Croce, *A History of Italy*, 1871—1915 (Oxford, 1929)
William R. Thayer, *The Life and Times of Cavour*, 2 vols. (Boston, 1911)
Denis Mack Smith, *Cavour and Garibaldi, 1860: A Study in Political Conflict* (Cambridge, Eng., 1954)
Denis Mack Smith, *Garibaldi: A Great Life in Brief* (New York, 1956)
Arthur C. Jemolo, *Church and State in Italy*, 1850—1950 (Oxford, 1960)
Hugh Seton-Watson, *The Decline of Imperial Russia*, 1855—1914 (New York, 1952)
Hugh Seton-Watson, *The Russian Empire*, 1801—1917 (London, 1967)
Nicholas Riasanovsky, *A History of Russia* (New York, 1969)
M. T. Florinsky, *Russia: A History and an Interpretation*, 2 vols. (New York, 1953)
Werner E. Mosse, *Alexander II and the Modernization of Russia* (New York, 1958)
P. I. Liashchenko, *History of the National Economy in Russia to the 1917 Revolution* (New York, 1949)
G. T. Robinson, *Rural Russia under the Old Regime: A History of the Landlord-Peasant World and a Prologue to the Peasant Revolution of 1917* (New York, 1930)
Terence Emmons, *The Russian Landed Gentry and the Peasant Emancipation of 1861* (Cambridge, Eng., 1968)
Daniel Field, *The End of Serfdom: Gentry and Bureaucracy in Russia*, 1855—1861 (Cambridge, Mass., 1975)
S. Frederick Starr, *Decentralization and Self-Government in Russia*, 1830—1870 (Princeton, N.J., 1972)
Jacob Walkin, *The Rise of Democracy in Pre-Revolutionary Russia: Political and Social Institutions under the Last Three Tsars* (New York, 1962)
Franco Venturi, *The Roots of Revolution: A History of the Populist and Socialist Movements in Nineteenth Century Russia* (New York, 1960)
B. H. Summer, *Russia and the Balkans*, 1870—1880 (Oxford, 1937)
B. H. Summer, *Tsardom and Imperialism in the Far and Middle East*, 1880—1914 (London, 1942)
Michael B. Petrovich, *The Emergence of Russian Panslavism*, 1856—1870 (New York, 1956)
Charles Jelavich, *Tsarist Russia and Balkan Nationalism: Russian Influence in the Internal Affairs of Bulgaria and Serbia 1879—1886* (Berkeley, Calif., 1958)
Richard A. Pearce, *Russian Central Asia, 1867—1917: A Study in Colonial Rule* (Berkeley, Calif., 1960)
Donald W. Treadgold, *The Great Siberian Migration: Government and Peasant in*

Resettlement from Emancipation to the First World War (Princeton, N.J., 1957)

国际关系

A. J. P. Taylor, *The Struggle for Mastery in Europe*, 1848—1914 (Oxford, 1954)
Brison D. Gooch, *The Origins of the Crimean War* (Lexington, Mass., 1969)
M. S. Anderson, *The Eastern Question*, 1774—1923 (London, 1966)
Harold Temperley, *England and the Near East: The Crimea* (London, 1936)
G. B. Henderson, *Crimean War Diplomacy* (Glasgow, 1947)
Paul W. Schroeder, *Austria, Great Britain, and the Crimean War: The Destruction of the European Concert* (Ithaca, N.Y., 1972)
Peter Gibbs, *Crimean Blunder: The Story of War with Russia a Hundred Years Ago* (New York, 1960)
C. Woodham-Smith, *The Reason Why* (New York, 1954)
W. E. Mosse, *The Rise and Fall of the Crimean System*, 1855—1871 (New York, 1963)
William L. Langer, *European Alliances and Alignments*, 1871—1890 (New York, 1931)
R. J. Sontag, *European Diplomatic History*, 1871—1932 (New York, 1933)
R. J. Sontag, *Germany and England: Background of Conflict*, 1848—1894 (New York, 1938)
Robert Furneaux, *The Breakfast War* (New York, 1958)
R. W. Seton-Watson, *Disraeli, Gladstone, and the Eastern Question* (London, 1935)

专有名词对照表

A Natural and Social History of a Family under the Second Empire 《第二帝国时期一个家族的自然史和社会史》

Aaland Islands 奥兰群岛

Abandoned 《遗弃》

Achille Fould 阿希尔·富尔德

Act of Union 《国家统一法》

Act of Union of 1801 1801年《联合法案》

Adalbert Falk 阿达贝尔特·法尔克

Adolf Hitler 阿道夫·希特勒

Adolphe Thiers 阿道夫·梯也尔

Affirmation Bill 《宣誓法案》

Afghanistan 阿富汗

Afghans 阿富汗人

Agostino Depretis 阿戈斯蒂诺·德普雷蒂斯

Agricultural Holdings Act 《农业持有地法》

Alabama “阿拉巴马号”

Albrecht von Roon 阿尔布雷希特·冯·罗恩

Alexander Herzen 亚历山大·赫尔岑

Alexander Ⅱ 亚历山大二世（俄国沙皇）

Alexander Ⅲ 亚历山大三世（俄国沙皇，亚历山大二世之子）

Alexander of Battenberg 亚历山大·巴滕贝格（保加利亚王子）

Alexander von Bach 亚历山大·冯·巴赫

Alexandria 亚历山大港

Alfred Krupp 阿尔佛雷德·克虏伯

Alfred Nobel 阿尔弗雷德·诺贝尔

Algeria 阿尔及利亚

Alma River 阿尔玛河
Almor 阿尔莫
Alsace 阿尔萨斯
Amur River 阿穆尔河
anti-Semitic 反闪米特人的
Anton von Schmerling 安东·冯·施梅林
Anton von Werner 安敦·冯·维讷
Antonie Lavoisier 安托万·拉瓦锡
Archduck Karl Ludwig 卡尔·路德维希大公
Archduck Louis Victor 路易斯·维克多大公
Aral Sea 咸海
Ardahan 阿尔达汉
Armageddon 哈米吉多顿
Army Enlistment Bill 《陆军入伍法》
Arthur Koestler 亚瑟·库斯勒
Arthur Schnitzler 阿图尔·施尼茨勒
Artisans'Dwellings Act 《工人住宅法》
Asia Minor 小亚细亚
Auguste Comte 奥古斯特·孔德
Auguste Renior 奥古斯特·雷诺阿
Ausgleich 奥匈帝国协定
Austerlitz 奥斯特利茨
Austria 奥地利
Austria-Hungary 奥匈帝国
Avon 埃文
Bach System 巴赫体系
Balaclava 巴拉克拉瓦
Ballot Act 《投票法》
Baltic 波罗的海
Bank of France 法兰西银行
Basutoland 巴苏陀兰
Battle of Austerlitz 奥斯特里茨战役
Battle of Königgrätz 克尼格雷茨战役
Battle of Langensalza 朗根萨尔察战役
Batum 巴统
Bavaria 巴伐利亚

Baylis 贝利斯
Beethoven 贝多芬
Belgium 比利时
Benito Juárez 贝尼托·胡亚雷斯
Benito Mussolini 贝尼托·墨索里尼
Benjamin Disraeli 本杰明·迪斯雷利
Berar 贝拉尔
Bessarabia 比萨拉比亚
Bey of Tunis 突尼斯省长
Biarritz 比亚里茨
Bible 《圣经》
Birmingham 伯明翰
Bismarck 俾斯麦
Bleak House 《荒凉山庄》
Boers 布尔人
Bohemia 波希米亚
Book of Genesis 《创世记》
Bois de Boulogne 布洛涅森林
Bordeaux 波尔多
Boris Godunov 《鲍里斯·戈东诺夫》
Borneo 婆罗洲
Bosnia 波斯尼亚
Bosporus 博斯普鲁斯
Brenner passes 勃伦纳山口
Brest 布列斯特
British India 英属印度
Brothers Grimm 格林兄弟
Bruckner 布鲁克纳
Bulgars 保加利亚
Bundesrat 联邦参议院
Caesar 恺撒
Calais 加来
Camillo Benso di Cavour 米洛·奔索·迪·加富尔
Cape Colony 开普殖民地
Caprera 卡普雷拉
Carl Carlsen 卡尔·卡尔森

cartel 卡特尔
Caspian Sea 里海
Castlereagh 卡斯尔雷
Catholic Center party 天主教中央党
Caucasus 高加索
Chamber of Deputies 下议院
Charles Baudelaire 夏尔·波德莱尔
Charles Boycott 查尔斯·博伊科特
Charles Bradlaugh 查尔斯·布拉德洛
Charles Darwin 查尔斯·达尔文
Charles Garnier 查尔斯·加尼叶
Charles Louis Napoléon Bonaparte 夏尔·路易·拿破仑·波拿巴
Charles Stewart Parnell 查尔斯·斯图尔特·帕奈尔
Charles X 查理十世
Cherbourg 瑟堡
Circassia 切尔克西亚
city of Khartoum 喀土穆城
Civil Service Commission 文官事务委员会
Claude Monet 克劳德·莫奈
Clifton 克利夫顿
Cobden-Chevalier trade treaty 《科布登—切维利尔条约》
Commune of Paris 巴黎公社
Concert of Europe 欧洲协调
Conservative 保守党
Conservative-Unionist 保守党-统一派
Constantinople 君士坦丁堡
Constitution of the Consulate 领事宪法
Cornwall 康沃尔
Council of Trent 特伦托大会
Count Agenor von Goluchowski 果鲁霍夫斯基伯爵
Count Corti 科尔蒂伯爵
Count Dmitri Tolstoi 康特·德米特里·托尔斯泰
Count Eduard von Taaffe 爱德华·冯·塔弗伯爵
Count Ferdinand von Beust 斐迪南·冯·博伊斯特伯爵
Count Giers 格尔斯伯爵
Count Gyula Andrássy 久洛·安德拉希伯爵

Count Kálnoky 卡尔诺基伯爵
Count Karl Sigismund von Hohenwart 卡尔·西吉斯蒙德·冯·霍亨瓦特伯爵
count of Chambord 香波堡伯爵
count of Paris 巴黎伯爵
Count Peter Shuvalov 彼得·舒瓦洛夫伯爵
Count Vincent Benedetti 文森特·贝内德蒂伯爵
County Council 郡议会
Crime and Punishment 《罪与罚》
Crimean War 克里米亚战争
Croatia 克罗地亚
Cromwell 克伦威尔
Czech 捷克
Dalmatian coast 达尔马提亚海岸
Danube 多瑙河
Dardanelles 达达尼尔海峡
Darlington 达灵顿
Das Kapital 《资本论》
Dickens 狄更斯
Die Meistersinger Von Nürnberg 《纽伦堡的名歌手》
Disestablishment Act 《政教分离法》
Dobruja 多布罗加
Don Pacifico 大卫·帕西菲科
Dotheboys Hall 杜德波伊斯学堂
Dover 多弗
Dual Monarchy 双元帝国
duke of Broglie 布罗伊公爵
Dreyfus affair 德雷福斯事件
Düppel 杜佩尔
Earl of Beaconsfield 比肯斯菲尔德伯爵
Earl of Shaftesbury 沙夫茨伯里伯爵
Eastern Rumelia 东鲁米利亚
Édouard Manet 爱德华·马奈
Eduard Ivanovich Totleben 爱德华·伊万诺维奇·托德莱本
Education Act 《教育法》
Edward Jenner 爱德华·詹纳
Elisabeth Förster-Nietzsche 伊丽莎白·福尔斯特-尼采

Émile Ollivier 埃米勒·奥利维耶

Émile Zola 埃米尔·左拉

Emperor William Ⅱ 威廉二世（德意志帝国末代皇帝）

Employers and Workmen Bill 《雇主与工人法》

Employers' Liability Act 《雇主责任法》

Ems 埃姆斯河

Eugen Langen 尤金·兰根

Eugénie de Montijo 欧仁妮·德·蒙蒂若（拿破仑三世的皇后）

Factories Act, Factory Act 《工厂法》

Far East 远东

February Patent 《二月专权》

Ferdinand Joseph Maximillian 斐迪南·马克西米连大公

Fëdor Dostoevsky 费奥多尔·陀思妥耶夫斯基

Ferencz Deák 费伦茨·戴阿克

Finland 芬兰

fleur-de-lis flag “鸢尾花旗”

Florence Nightingale 弗罗伦斯·南丁格尔

Francesco Crispi 弗郎西斯科·克里斯皮

Francis Joseph 弗朗茨·约瑟夫，约瑟夫一世（奥地利帝国皇帝，奥匈帝国的建立者）

Francis Kossuth 弗朗西斯·科苏特

François Guizot 弗朗索瓦·基佐

Frankfurt 法兰克福

Franz Kruger 弗朗茨·克吕格

Frederick Ⅰ 弗雷德里希一世（巴登大公，威廉一世的女婿）

Frederick the Great 腓特烈大帝（普鲁士国王，腓特烈·威廉一世之子）

Frederick William Ⅳ 腓特烈·威廉四世（普鲁世国王，腓特烈·威廉三世之子）

French Guinea 法属几内亚

Freud 弗洛伊德

Friedrich Engels 弗里德里希·恩格斯

Friedrich Nietzsche 弗里德里希·尼采

G. W. M. Reynolds G.W.M.雷诺兹

Gaeta 加埃塔

Galicia 加利西亚

Gambia 冈比亚

General Achille Bazaine 阿基利·巴赞将军

General Charles George Gordon 查理·乔治·戈登将军

General Georges Boulanger 乔治斯·布朗热将军
General Louis Jules Trochu 路易·茹尔·特罗胥将军
George Canning 乔治·坎宁
Georges Eugene Haussmann 乔治·欧仁·奥斯曼
Georges Seurat 乔治·修拉
Georgia 格鲁吉亚
German customs union 德意志关税同盟
German Reichstag 德意志国民议会
Gilbert 吉尔伯特
Giuseppe Garibaldi 朱塞佩·加里波第
Giuseppe Mazzini 朱塞佩·马志尼
Giuseppe Verdi 朱塞佩·威尔第
Gladstone, William Ewart Gladstone 格莱斯顿，威廉•尤尔特•格莱斯顿
Goethe 歌德
Gold Coast 黄金海岸
Gorchakov 戈尔恰科夫
Gotha Congress of 1875 1875年哥达会议
Gottingen 哥廷根
Gramont 格拉蒙
Grand Duchess Alexandrine von Mecklenburg Schwerin 大公爵夫人亚历山德琳•冯•梅克伦堡•什未林
Griqualand 格里夸兰
Gulf of Bothnia 波的尼亚湾
Gustave Courbet 居斯塔夫·库尔贝
Gustave Eiffel 居斯塔夫·埃菲尔
Gustave Flaubert 居斯塔夫·福楼拜
Habeas Corpus Act 《人身保护法》
Habsburg empire 哈布斯堡王朝
Hanover 汉诺威
Hans Kohn 汉斯·科恩
Hans Olde 汉斯·奥尔德
Hector Berlioz 艾克托尔·柏辽兹
Helmuth von Moltke 赫尔穆特·冯·毛奇
Henri de Saint-Simon 昂利·圣西门
Henry John Temple 亨利·约翰·坦普尔
Herbert 赫尔伯特

Hermann von Helmholtz 赫尔曼·冯·霍尔兹曼
Herzegovina 黑塞哥维那
Hesse-Cassel 黑森—卡塞尔
Hohenzollern-Sigmaringen 霍亨索伦—西格马林根
Honoré Daumier 奥诺雷·杜米埃
Honoré de Balzac 奥诺雷·德·巴尔扎克
Hyde Park 海德公园
Indochina 印度支那
Irish Land Act 《爱尔兰土地法》
Irish Home Rule party 爱尔兰自治党
Isambard Kingdom Brunel 伊桑巴德·金德姆·布鲁内尔
island of Cyprus 塞浦路斯岛
island of Helgoland 黑尔戈兰岛
island of Sakhalin 库页岛
Isaac Newton 艾萨克·牛顿
Italy 意大利
Jacob Grimm 雅各布·格林（格林兄弟中的哥哥）
Jacques Offenbach 雅克·奥芬巴赫
Jakob Burckhardt 雅各布·布克哈特
James Watt 詹姆斯·瓦特
Jane Austen 简·奥斯汀
Jena 耶拿
Jenny von Westphalen 燕妮·冯·威斯特法伦
Jesuits 耶稣会士
Johann Gottfried Herder 约翰·戈特弗雷德·赫尔德
Johann Strauss 约翰·施特劳斯
Johanna von Puttkamer 约翰娜·冯·普特卡默
Johannes Brahms 约翰内斯·勃拉姆斯
John Ruskin 约翰·拉斯金
John Seeley 约翰·西莱
John Stuart Mill 约翰·斯图亚特·穆勒
Joseph Chamberlain 约瑟夫·张伯伦
Joseph Ⅱ 约瑟夫二世（神圣罗马帝国皇帝）
Joseph Paxton 约瑟夫·帕克斯顿
Judicature Act 《司法法》
Jules Ferry 朱尔·费里

Jules Grévy 儒勒·格雷维
Jules Simon 朱尔·西蒙
July Monarchy 七月王朝
Junkers 贵族大地主
Justus von Liebig 尤斯图斯·冯·李比希
Kaiser,Caesar 恺撒
Kálmán Tisza 蒂萨·卡尔曼
Kamchatka and the Kuril Islands 堪察加半岛和千岛群岛
Karl Ferdinand von Boul Schauenstein 卡尔·费迪南·冯·布奥尔·绍恩斯泰因
Karl Ludwig von Bruck 卡尔•路德维希·冯·布鲁克
Karl Marx 卡尔·马克思
Kars 卡尔斯
Kashmir 克什米尔
Kazakhstan 哈萨克斯坦
Kilmainham Treaty 《凯勒梅堡条约》
King Francis Ⅱ 弗朗切斯科二世
Kladderadatsch 《碰撞》
Konstantin Pobedonostsev 康斯坦丁·波贝多诺斯切夫
L' Armand Barbès "L.阿尔芒·巴尔贝斯"号
Lagos 拉各斯
Le Havre 勒阿弗尔
Legion of Honor 法兰西共和国荣誉军团勋章
Leo ⅤⅢ 利奥十三世（教皇）
Léon Gambetta 莱昂·甘必大
Leviathan 利维坦
Liberal 自由党
Local Government Act 《地方政府法》
Lombardy 伦巴第
Lord Ashley 洛克勋爵
Lord Derby 德比伯爵
Lord Frederick Cavendish 弗雷德里克·卡文迪什勋爵
Lord Hartington 哈廷顿爵士
Lord John Russell 约翰·罗素伯爵
Lord Palmerson 帕默斯顿勋爵
Lord Raglan 拉格兰勋爵
Lord Robert Cecil, Lord Salisbury 罗伯特·塞西尔,第三代索尔兹伯里勋爵

Lord Rosebery 罗斯伯里伯爵
Lord Stratford de Redcliffe 斯特拉斯夫子爵
Lorraine 洛林
Louis Kossuth 路易斯·科苏特
Louis Pasteur 路易·巴斯德
Louis Philippe 路易·菲利普
Louis ⅩⅣ 路易十四
Louvre 卢浮宫
Low Countries 低地国家
Lower Burma 下缅甸
Lutherans 路德教教徒
Luxembourg 卢森堡
Madame Bovary 《包法利夫人》
Madrid 马德里
Magyar 马扎尔人
Mahler 马勒
Main 美因河
Malay states 马来亚联合邦
Marches 马尔凯
Maria Fedorovna 玛丽亚·费奥多罗芙娜（苏菲·弗雷德里卡·达格玛的俄国名字）
Marquesas 马克萨斯群岛
Marseilles 马赛
Marshal Marie Edmé de MacMahon 玛利·埃德米·德·麦克马洪元帅
May Laws of 1873 《五月法令》
Mayor Lueger 鲁伊格市长
Merchant Shipping Act 《商船法》
Metz 梅斯
Michael Faraday 迈克尔·法拉第
Michelangelo 米开朗琪罗
Midlothian 中洛锡安郡
Mikhail-Loris Melikov 米哈伊尔-洛里斯·梅里科夫
Millwall 米尔沃
Modena 摩德纳
Modest Mussorgsky 穆捷斯特·穆索尔斯基
Moldvia 摩尔达维亚
Mont Cenis 塞尼山口

Montenegrins and Serbs 黑山与塞尔维亚
Moravia 摩拉维亚
mountains of Albania 阿尔巴尼亚山脉
Mrs. Kitty O'Shea 基蒂奥谢夫人
Naples 那不勒斯
Napoleon Joseph Charles Paul Bonaparte 拿破仑·约瑟夫·夏尔·保罗·波拿巴
Napoleonic Wars 拿破仑战争
Natal 纳塔尔
Near East 近东
Netherlands 尼德兰，荷兰
Neopolitan 拿波里
New Caledonia 新喀里多尼亚
New Guinea 新几内亚
Nice 尼斯
Nicholas Nickleby 《尼古拉斯·尼克贝》
Nicolas Changarnier 尼古拉斯·尚加尔涅
Nikola Rimsky Korsakov 尼古拉·里姆斯基·科尔萨科夫
Nikolai Ignatiev 尼古拉·伊格那提也夫
Nikolaus August Otto 尼柯劳斯·奥格斯特·奥托
North Sea 北海
Notre Dame 巴黎圣母院
nouveaux riches 新富阶层
Novi Pazar 新帕扎尔
October Diploma 《十月文告》
Olympia 《奥林比亚》
Order in Council 枢密令
Origin of Species by Means of Natural Selection 《论借助自然选择的方法的物种起源》/《物种起源》
Orleanist ministry 奥尔良王朝
Orthodox Church 东正教
Ottoman Empire 奥斯曼帝国
Oudh 奥德
Paddington 帕丁顿
Palermo 巴勒莫
Pan-Slavism 泛斯拉夫主义
Panama Canal scandals 巴拿马运河丑闻

papal infallibility 教皇无谬论
Papal States 教皇国
Park Lane 公园路
Parma 帕尔马
particularism 特殊主义
Paul Cézanne 保罗·塞尚
Paul Leroy Beaulieu 保罗利莱·博利厄
Peace of Nikolsburg 《尼科尔斯堡和约》
Peace of Frankfurt 《法兰克福和约》
Peace of Prague 《布拉格和约》
Penjdeh 平狄
Peter Stolypin 彼得·斯托雷平
Petticoat Lane 衬裙巷市场
Phoenix Park 凤凰公园
Pierre Magne 皮埃尔·马格纳
Pius Ⅸ 庇护九世（罗马教皇，最后一任兼任世俗君主的教皇）
Plevna 普列夫纳
Poles 波兰人
Pope Gregory the Great 格里高利一世（第64任罗马天主教教皇）
Prince Adolf Auersperg 阿道夫·奥尔斯佩格王子
Prince Ferdinand of Saxe-Coburg 斐迪南·萨克森·科堡王子
Prince Karl Anton 卡尔·安东亲王
Prince Klemens von Metternich 克莱门斯·冯·梅特涅亲王
Prince Leopold 利奥波德亲王（卡尔·安东亲王之子）
Princess Victoria 维多利亚公主
Procurator of the Holy Synod 圣议会的教会官员
Professor Albert Schäffle 阿尔伯特·谢夫勒教授
Prussia 普鲁士
Public Health Act 《公共卫生法案》
Punjab 旁遮普
Pyrenees 比利牛斯山
Quanta cura 《何等关怀》
Queen Victoria 维多利亚女王
Queen's College 皇后学院
Querétaro 克雷塔罗
Red Sea 红海

Reform Bill of 1867 1867年《改革法案》
Reformation 宗教改革运动
Reich party 帝国党
Reichsbank 德意志国家银行
Reichsrat 奥地利议会
Reinsurance Treaty 《再保险条约》
Rerum novarum 《劳工通谕》
Rhine 莱茵河
Rhineland 莱茵兰
Richard Cobden 理查德·科布登
Richard Wagner 理查德·瓦格纳
Richelieu 黎塞留
Robert Koch 罗伯特·科赫
Robert Peel 罗伯特·皮尔
Rocroi 罗克鲁瓦
Roger Fenton 罗杰·芬顿
Rome 罗马
Rothschild Family, Rothschilds 罗斯柴尔德家族
Rumanians 罗马尼亚
Ruthenians 鲁塞尼亚人
Sadowa 萨多瓦
Sale of Food and Drugs Act 《食品与药品销售法》
Samuel Plimsoll 塞缪尔·普利姆索尔
Sardinia 萨丁尼亚王国
Savoy 萨伏依
Saxony 萨克森
Schewarzenberg 施瓦岑贝格
Scotland 苏格兰
Scutari 斯库台
Sebastopol 塞巴斯托波
Sedan 色当
Sevastopol 塞瓦斯托波尔
Siberia 西伯利亚
Sicily 西西里
Sierra Leone 塞拉利昂
Sigmund Freud 西格蒙德·弗洛伊德

Silesia 西里西亚
Simplicissimus 《同步漫画》
Sind 信德
Sinop 锡诺普
Skierniewice 斯凯尔涅维采
Skoda 斯柯达
Slav 斯拉夫
Slovenia 斯洛文尼亚
Solferino 索尔费里诺
Sophie Frederica Dagmar 苏菲·弗雷德里卡·达格玛（沙皇亚历山大三世的皇后，丹麦公主）
St Peter's 圣彼得大教堂
St. Petersburg 圣彼得堡
Stendhal 司汤达
Stéphane Mallarmé 斯特芳·马拉美
Stockton 斯托克顿
Strasbourg 斯特拉斯堡
Strauss waltzes 施特劳斯圆舞曲
Studies on Homer and the Homeric Age 《荷马与荷马时代研究》
Suez Canal 苏伊士运河
Sullivan 沙利文
Sybil, or The Two Nations 《西比尔》/《两个国家》
Sydenham 西德纳姆区
Syllabus of Errors 《错误学说汇编》
Taaffe regime 塔弗政权
Taaffe's Iron Ring “塔弗的钢铁圆桌”
Tahiti 塔希提岛
Talleyrand 塔列朗
Tashkent 塔什干
Tel el-Kebir 泰勒凯比尔
“*Marseillaise*” 《马赛曲》
The 1855 Concordat 《1855年协定》
the Balkans 巴尔干地区
The Brothers Karamazov 《卡拉马佐夫兄弟》
The Convention of Gastein 《盖斯登协议》
The First Mediterranean Agreement of 1887 《第一次地中海协定》

The Gambler's Wife 《赌徒的妻子》
The Great Eastern “大东方号”
The Large Bathers 《浴女们》
The Loves of a Harem 《后宫的爱》
The Plombieres agreement 《普隆比埃协定》
The Possessed 《群魔》
The Resurgence 《复兴报》
The Seamstress 《女裁缝》
The Second Empire 法兰西第二帝国
The Second Mediterranean Agreement 《第二次地中海协定》
The Soldier's Farewell 《士兵的告别》
The Stonebreakers 《采石工》
The Third Republic 法兰西第三共和国
The Trojans 《特洛伊人》
Thirty Year' s War 三十年战争
Thomas A. Edison 托马斯•阿尔瓦•爱迪生
Thomas Aquinas 托马斯•阿奎纳
Thomas Burke 托马斯•伯克
Thomas Malthus 托马斯•马尔萨斯
Times 《泰晤士报》
Titian 提香
Togoland 多哥兰
Tory 托利党
Trade Union Act 《工会法》
Transvaal 德兰士瓦
Transylvania 特兰西瓦尼亚
Treatise on Instrumentation and Orchestration 《管弦乐配器法》
Treaty of Bardo 《巴尔杜条约》
Treaty of Olmützer 《奥尔米茨条约》
Treaty of Paris 《巴黎条约》
Treaty of Pretoria 《比勒陀利亚条约》
Treaty of San Stefano 《圣斯特法诺条约》
Treaty of St. Petersburg 《圣彼得堡条约》
Trieste 的里雅斯特
Trust 托拉斯
Tsar Nicholas Ⅰ 沙皇尼古拉一世

Tsar Liberator “沙皇解放者”
Turin Treaty 《都灵条约》
Tunis 突尼斯
Turkestan 土耳其斯坦
Turkey 土耳其
Tuscany 托斯卡纳
Ulster Irish 阿尔斯特的爱尔兰人
Umbria 翁布里亚
Universal Postal Union 万国邮政联盟
University Tests Act 《大学考试法》
Ural River 乌拉尔河
Vatican 梵蒂冈
Velázquez 委拉斯贵兹
Venetia 威尼西亚
Venus of Urbino 《乌尔比诺的维纳斯》
Versailles 凡尔赛
Victor Emmanuel II 维克托·伊曼纽尔二世（萨丁尼亚王国国王）
Victor Hugo 维克多·雨果
Vienna 维也纳
Villafranca 维拉弗兰卡
Vincent van Gogh 文森特·凡·高
Vladivostok 符拉迪沃斯托克
Waiting for the Doctor 《等待医生》
Walachia 瓦拉几亚
Wales 威尔士
Werner von Siemens 维尔纳·冯·西门子
Whig 辉格党
Wilhelm Grimm 威廉·格林（格林兄弟中的弟弟）
Will to Power 权力意志
William Henry Waddington 威廉·亨利·瓦丁顿
William I 威廉一世，威廉大帝（普鲁士国王）
Winterhalter 温德尔哈尔特
Württemberg 符腾堡
Young Italy 青年意大利党
Zollverein 关税同盟
Zulus 祖鲁人